ZEN
ET VIE QUOTIDIENNE

« Spiritualités vivantes »

TAISEN DESHIMARU

Zen
et vie quotidienne
la pratique
de la concentration

La rédaction de cet ouvrage
a été assurée par
Anne-Marie Fabbro, Vincent Bardet, Katia Robel,
Evelyn et Marc de Smedt

Albin Michel

Albin Michel
▪ *Spiritualités* ▪

Collections dirigées
par Jean Mouttapa et Marc de Smedt

Avant-préface

Héritier des maîtres de la transmission, Maître Taisen Deshimaru vint en Europe il y a plus de quinze ans pour y apporter le vrai Zen. Ami spirituel et maître respecté, il consacra toute sa force, toute son énergie, à éduquer ses nombreux disciples.

Le 30 avril 1982 il décéda en leur léguant l'essence de son enseignement et la mission de transmettre à leur tour la pratique du vrai Zen.

> « *Si quelqu'un demande*
> *ce qu'est le vrai Zen*
> *Il n'est pas nécessaire que vous ouvriez*
> *la bouche pour l'expliquer.*
> *S'il vous plaît, exposez tous les aspects*
> *de votre posture de zazen.*
> *Alors le vent du printemps soufflera et fera éclore*
> *la merveilleuse floraison du prunier.* »

Préface
par Evelyn de Smedt

Que faire? Comment exister ici et maintenant?
Ici et maintenant est différent à chaque instant, comme le temps qui passe.

> *Notre vie,*
> *A quoi peut-on la comparer?*
> *A la goutte de rosée*
> *Secouée du bec de l'oiseau aquatique*
> *Où se mire le reflet de la lune,* dit un poème zen.

Si on garde à l'esprit l'idée que la mort peut survenir dans l'instant, nous pouvons sentir la fugacité du temps, et ne pas passer notre vie vainement. Ainsi pouvons-nous faire de chaque instant un moment plein, en accomplissant la chose importante de cet instant, sans rien remettre au lendemain.

Le temps s'écoule, les années passent, une vie s'achève; il est trop tard; c'est déjà le moment de mourir... Un rêve...

Dans la présence à soi totale, dans la concentration du corps et de l'esprit, dans la plénitude de l'ici et maintenant, le temps de l'instant peut devenir éternité.

> *Quand le poisson va dans l'eau,*
> *Il n'y a pas de limite à cette eau.*
> *Quand l'oiseau vole dans le ciel,*
> *Il n'y a pas de fin à ce ciel.*

Mais, si après avoir traversé l'eau, le poisson veut aller plus loin, ou, si après avoir volé dans le ciel, l'oiseau veut découvrir un plus grand espace, ils ne peuvent trouver ni un chemin ni un point fixe dans l'eau ou dans le ciel.

Si on découvre ce lieu, notre conduite devient juste, et naturellement, on trouve ce chemin. Et si on trouve ce chemin, notre conduite sera la réalisation de la vérité dans la vie quotidienne.

Nous devons suivre la voie de l'impermanence, l'éternel changement de toute chose. « Lorsque l'esprit ne demeure nulle part, le véritable esprit apparaît [1]. »

Toutes les existences phénoménales sont aussi impermanentes qu'une étoile filante, une bulle dans la rivière, une goutte de rosée. Aussi n'y a-t-il ni substance personnelle ni substance existentielle, et toute existence sans noumène n'est mue que par des relations d'interdépendance et de causes à effets. Aussi l'existence est-elle insaisissable.

Comme un rêve, un fantôme ou une fleur de vacuité, ainsi est notre vie. On a souvent comparé la vie à une bulle sur le courant de la rivière. Un jour la bulle éclate et retourne au courant. C'est la mort. Seulement si on résout le problème de la mort, de notre mort, on peut trouver dans la vie un véritable bonheur. Mourir est la suite naturelle de la vie. La vie est un phénomène, un champignon sur la terre. La vie et la mort ne sont pas séparées. Mourir c'est retourner à *Ku,* la vacuité, l'essence véritable de nous-mêmes.

L'être humain crée ses propres illusions et décide du bien et du mal à travers sa conscience personnelle. Les illusions sont dues à l'esprit instable qui se meut et erre en fonction de l'environnement. Si l'esprit est en paix, il n'y a plus de souffrance, plus d'anxiété ni de colère, plus de jalousie ni de peur.

Concentration-observation, maîtriser toutes choses en apprenant à se servir de la sagesse au contact des phénomènes, sinon l'esprit se laisse inéluctablement assiéger par les désirs et les illusions.

---

1. Extrait du *Sutra du lotus.*

Observation-concentration, passer de l'une à l'autre, telle est l'attitude juste qui permet à l'homme, en retrouvant son origine, de transcender les données temporelles du monde phénoménal et de s'affranchir des obstacles qu'il érige lui-même pour se protéger.

Dans l'esprit des êtres humains, chaque jour le vent se lève, créant des vagues. Toute vie phénoménale, bonne ou mauvaise, triste ou réjouissante, devrait être observée comme une pièce de théâtre et l'esprit intérieur devrait rester en paix.

« Ne pas rechercher le satori, ne pas essayer d'écouter les phénomènes illusoires. Même si les quatre-vingt-quatre mille illusions vont et viennent, si vous ne leur accordez pas d'importance et les abandonnez à elles-mêmes, à ce moment-là, de chacune d'entre elles, l'une après l'autre et toutes ensemble, pourra surgir le merveilleux mystère du grenier de la grande sagesse », dit le *Komyozo zanmai*[1].

« Il n'y a pas seulement le *komyo* du temps de zazen, mais aussi celui qui pas après pas, acte après acte, vous fait progressivement voir que chaque phénomène peut être réalisé immédiatement, indépendamment de votre intelligence propre et de votre pensée personnelle. C'est le pouvoir spirituel du non-agir par la lumière qui s'illumine d'elle-même. »

Evelyn de SMEDT.

---

1. *Komyozo zanmai,* le Samadhi du grenier de la grande sagesse, de Maître Ejo, écrit sous le règne de l'empereur Gouta, au temple de Eiheiji, le 28 août 1278.

Faire zazen calmement dans le dojo,
éteindre toute pensée négative,
obtenir seulement un esprit sans désir,
cette joie est au-delà du paradis.
Le monde court après les profits sociaux,
les honneurs, les beaux vêtements et le confort;
mais ces plaisirs ne sont pas la vraie paix.
Vous courrez et demeurerez insatisfaits jusqu'à la mort!
Revêtir le kesa et le vêtement noir, et pratiquer zazen;
se concentrer d'un seul esprit, qu'il s'immobilise parfois
ou que d'autres fois il bouge;
voir de nos yeux de profonde sagesse intérieure;
pouvoir observer et reconnaître intimement le véritable
aspect de toute action et de toute existence;
pouvoir observer l'équilibre;
comprendre et reconnaître d'un esprit parfaitement tranquille;
si vous êtes ainsi,
votre dimension spirituelle, la plus élevée en ce monde,
ne pourra être comparée à aucune autre.

J'ai reçu ce très beau poème de mon Maître Kodo Sawaki; j'en fus très impressionné et décidai de devenir moine à ce moment-là. Je lui demandai l'ordination, mais il me dit : « Vous n'allez tout de même pas enterrer votre vie dans ces temples de prélats fonctionnaires! Il vaut mieux que vous deveniez un véritable bodhisattva qui continue seulement zazen dans les souillures du social. »

*La pratique juste
de zazen*

L'enseignement que je vais vous donner est primordial, à la base de la pratique authentique de zazen; il est très important que vous compreniez la vraie méthode pour pratiquer un zazen juste. Tout le monde comprend facilement quelle posture il faut avoir, et quelle respiration pratiquer; je l'ai expliqué souvent et longuement [1]. Mais comment pense-t-on? Comment contrôle-t-on son esprit, sa conscience pendant zazen?

C'est un problème très important. Beaucoup croient comprendre, mais leur compréhension est trop superficielle. Pendant zazen, l'attitude de l'esprit est différente pour chacun, et personne ne sait laquelle adopter. Il faut avoir la conscience *Hishiryo*. Qu'est-ce que la conscience *Hishiryo?* Maître Dogen, dans le *Fukanzazengi,* en parle en ces termes : « S'il vous plaît, pensez du tréfonds de la non-pensée; ne pensez pas du tréfonds de la pensée; c'est *Hishiryo,* le secret du Zen. » *Hishiryo,* Pensée absolue, au-delà de toute pensée. Comment faire? Grand koan...

Conditions de la concentration et de l'observation

Lorsque, ayant pris place dans le dojo, l'on s'est assis correctement en posture, et que l'on a réglé sa respiration sur un rythme juste et profond, cela ne signifie pas pour autant que la conscience, chez les débutants en particulier, est immédiatement plongée dans une condition de calme.

Pendant les premières minutes de zazen, le cerveau est semblable à une fenêtre ouverte par laquelle souffle un fort courant d'air; des pensées s'élèvent sans cesse. Puis, avec la prolongation de la pratique le flot des pensées décroît puis s'arrête. Lorsque le vent cesse de souffler, la pièce retrouve le

1. Voir *la Pratique du zen,* éd. Albin Michel.

calme; le cerveau devient un lieu paisible : l'extinction de la pensée instaure l'état de *concentration;* c'est *samatha* en sanscrit, *shi* en chinois-japonais; le kanji *shi* signifie littéralement : cesser, arrêter, sous-entendu : par la concentration de l'esprit qui amène le calme. Toutefois, cette condition de l'esprit ne définit pas à elle seule le vrai zazen.

La simple cessation de la pensée, en effet, ne constitue qu'un aspect de la vraie condition de zazen et conduit à un état de somnolence appelé *kontin;* l'esprit ne peut garder l'état de vigilance qui requiert une certaine tension de la conscience et nécessite une activité. C'est pourquoi Dogen a dit : *Il faut penser du tréfonds de la non-pensée.*

Cette vigilance active est *l'observation, kan,* la deuxième composante de la condition de zazen; *shi* et *kan* associés donnent l'attitude correcte de l'esprit pendant zazen; produits simultanément, ils sont l'expression la plus élevée, idéale et absolue, de la conscience, qui est appelée *hishiryo,* pensée absolue, au-delà de la pensée.

Mais durant les premiers temps de zazen, avant d'accéder à cette condition parfaite de la conscience, l'état de concentration et l'état d'observation se succèdent alternativement.

La concentration seule, comme on l'a vu, amène un état d'obscurcissement de la conscience, telle la bougie qui se consume doucement puis s'éteint.

Pour ne pas sombrer totalement dans la somnolence, on doit commencer à pratiquer l'observation; celle-ci constitue le réveil de la conscience depuis le subconscient; les pensées sont acheminées jusqu'à la conscience et observées par elle; lorsque la pensée jaillit puis disparaît aussitôt, l'observation qui en résulte est appelée *vicara* en sanscrit; il s'agit d'une « observation éclair », instantanée; mais, lorsque la pensée stagne, l'observation se prolonge également, celle-ci est appelée *vitarka.*

Une persistance trop longue de l'état d'observation conduit à la conscience *sanran,* conscience agitée et dispersée; le vent des pensées souffle à nouveau violemment et perturbe la luminosité stable et douce qui émanait de la flamme. A ce moment-là, il faut lâcher toute pensée, et ramener son esprit à l'état de concentration.

Ainsi se forme le cycle de la concentration et de l'observation.

On peut dès lors en conclure qu'il est très difficile de créer et de maintenir l'état de conscience juste : la prolongation de l'état de concentration conduit à l'état de *kontin*, la prolongation de l'état d'observation, à l'état de *sanran*. Comment résoudre ce dilemme? C'est un grand koan.

Dogen y répond par *hishiryo*, l'au-delà de la pensée. Pour accéder à cette conscience absolue, il est nécessaire au préalable de rendre claires les méthodes appropriées pour y parvenir.

Le Zen enseigne trois méthodes de concentration, et deux d'observation.

1. LA CONCENTRATION,
SHI

Entrant dans le dojo, l'esprit est encore tout imprégné de l'agitation et des sollicitations qu'il a subies dans le monde extérieur. Aussi, dès que l'on est assis en zazen, cette agitation enregistrée par tout notre être tend à ressortir par bouffées désordonnées; le problème réside dans le fait que, chez les débutants surtout, la conscience a tendance à s'arrêter, à s'accrocher à ces flots d'agitation.

Il est alors nécessaire de pratiquer la concentration :

a) *La première forme de concentration* consiste à placer son esprit sur la ligne verticale fictive qui joint le nez au nombril, c'est-à-dire qu'il faut être attentif à garder la rectitude exacte de la posture, rectitude qui atteste de l'état de concentration et de vigilance. Pour illustrer cette attitude de l'esprit, les Maîtres ont souvent recouru à l'image du singe enchaîné à un pieu, où le singe joue le rôle de l'esprit agité, et le pieu celui de la posture rigoureusement droite.

b) *La deuxième forme de concentration* consiste à laisser passer les pensées, à s'en détourner dès leur apparition, à les lâcher dès qu'on s'aperçoit qu'on s'y est arrêté.

c) *La troisième est la plus difficile,* elle correspond à la réalisation immédiate de notre vraie nature, qui est sans substance propre, sans noumène. De la compréhension intime de cette notion jaillit l'éveil suprême. Cela est la certification ultime de la fin de l'illusion dualiste : l'ego est inaccessible, puisqu'il est sans substance; bien qu'il existe, il est sans réalité, *ku.* Aussi ne pouvons-nous saisir notre esprit qui n'a pas de substance propre. *Shin fuka toku, Mon esprit est insaisissable* est la réponse fameuse de Eka à Bodhidharma. Il n'est donc plus nécessaire de chercher à saisir, à contrôler, à calmer, à pacifier; il suffit de laisser passer les illusions, de les laisser s'évanouir d'elles-mêmes, et, partant, de se conformer à l'ordre cosmique et de le laisser œuvrer. La concentration s'établit alors sans effort, inconsciemment, naturellement, automatiquement, puisque tout dualisme s'est éteint dans l'unification de l'esprit fondu dans l'esprit. A ce stade, il ne reste plus trace de la moindre ombre de discrimination, car l'esprit ne s'objective pas, ne se voit pas lui-même. Cet état est appelé *nirvana,* l'extinction totale de toute forme discriminée dans l'Un absolu.

Lorsque je débutais dans le Zen, je me suis concentré exclusivement sur zazen, c'est-à-dire sur la posture correcte dont dépend l'état de concentration correcte. Mais je compris par la suite que le véritable zazen ne résidait pas uniquement dans l'attitude concentrée de l'esprit et du corps : la véritable condition de l'esprit qui doit résulter de la pratique de zazen est à la fois concentration subjective et observation objective. Cette condition d'observation pose un problème difficile car elle amène rapidement le pratiquant (surtout s'il n'a pas une longue habitude de zazen) à une attitude dispersée de la conscience; mais d'un autre côté, cette condition d'observation est une nécessité, car, dès la cessation de la pensée consciente, le subconscient, n'étant plus endigué par les barrières de la conscience, s'écoule librement; d'autre part, l'observation du subconscient qui défile devant l'œil de la conscience conduit à la compréhension véritable, c'est-à-dire non intellectuelle, de ce subconscient; cette compréhension par le corps, directe, intuitive, immédiate, est la condition requise pour que naisse l'authentique sagesse qui se manifeste progressivement à travers la conscience *hishiryo*.

Cette conscience *hishiryo* est l'attitude la plus juste de la conscience et son degré suprême de réalisation; en elle sont contenues à la fois la concentration parfaite et l'observation illimitée et immédiate du Tout. La sagesse infinie et l'esprit de grande compassion en sont l'expression la plus haute, qui se manifeste en zazen et se prolonge dans la multiplicité des actions de notre vie : activités, comportements et attitudes du corps, de la parole et de l'esprit, qui attestent très précisément du degré d'éveil de la conscience. En outre, la totalité de nos actions quotidiennes constitue en elle-même le terrain d'entraînement de notre conscience aux pratiques de la concentration et de l'observation. Toutefois, zazen demeure le lien où l'expérimentation est la plus lucide et la plus intense, permettant à la concentration de succéder rapidement à l'observation dès que celle-ci devient excessive et fausse et inversement, jusqu'à obtention de l'harmonie parfaite des deux, unis en *jo-e,* la sagesse *(e)* dans la sérénité *(jo)*.

2. L'OBSERVATION,
KAN

Dogen écrit donc dans le *Fukanzazengi* :

Pensez du tréfonds de la non-pensée

Cette phrase explicite l'état d'observation de zazen, et fait pendant à celle qui exprime l'état de concentration : « Ne pensez pas du tréfonds de la pensée. »

Lorsque pendant zazen les pensées s'élèvent du subconscient et déferlent dans la conscience, la plongeant dans un état de dispersion et d'agitation, la pratique de l'observation est alors requise, visant à annihiler les perturbations engendrées dans la conscience. Cette méthode d'observation est de deux sortes : observation relative, observation directe.

a) *Observation relative*
Elle-même revêt deux aspects.
— *L'observation des impuretés, des souillures.*
Fujokan en japonais. Le sutra du Hannya Shingyo dit qu'*il n'y a ni pureté ni impureté, ni beauté ni laideur, ni mal ni bien.*
Cette phrase situe la nature des phénomènes dans l'unité absolue indifférenciée, et définit de la sorte la perception unitaire, non dualiste.
A l'époque du Bouddha Shakyamuni, il était courant de pratiquer la méditation à proximité de cadavres. Le but de cette pratique était de ramener la conscience à des vues plus justes sur la nature des existences, que définit *mujo*, l'impermanence. Cette notion d'impermanence est de prime importance car elle définit implicitement la nature non substantielle de toute chose. Toutes les existences, sensibles et non sensibles, subissent les transformations engendrées par le temps. Aussi doit-on se garder de considérer les phénomènes sous leur seul aspect actuel et momentané de beauté, de bien, ou de pureté, mais considérer aussi leur aspect contraire, potentiellement contenu dans l'aspect actuel.
Un jeune homme m'avait un jour confié que toute belle femme qu'il côtoyait, même pendant zazen, provoquait en lui des désirs sexuels qu'il avait beaucoup de mal à contenir. Cette attitude est tout à fait contraire à celle qui doit être adoptée dans le dojo : l'apaisement des six organes des sens, des six objets des sens et des six consciences. Aussi lui ai-je répondu : « En premier lieu, évitez de côtoyer de belles femmes ; puis faites que votre esprit se tourne vers vos propres souillures. »
Ainsi doit pratiquer celui en qui s'élève l'ombre du désir, d'une volition ou d'une pensée pendant zazen et dans la vie quotidienne : considérer l'impermanence de toutes choses,

leur naissance, leur dégénérescence et leur mort, leur épanouissement et leur putréfaction.

— *L'observation de compassion.*

Jishikan en japonais. Celle-ci consiste à contrôler et à réfréner ses mouvements d'humeur en faisant apparaître l'esprit de compassion qui se manifeste par l'abandon de l'ego ; la réaction n'est plus alors mouvement exaspéré, mais compréhension et ouverture vers autrui. Lorsque, par exemple, une colère s'élève, il faut voir cette colère, l'observer et considérer l'ego qui en est l'auteur. La colère s'évanouit aussitôt, l'esprit de compassion surgit.

b) *Observation directe*

Shokan en japonais.

Celle-ci est l'essence de zazen, la forme d'observation que je vais analyser pour vous d'après mon expérience.

L'observation directe se confond avec la grande sagesse qui permet de voir l'aspect réel de toutes les existences qui sont *mujo,* impermanentes.

Dans la vie, notre conscience est toujours en mouvement, sollicitée par nos propres activités intérieures, et les multiples éléments extérieurs. Par elle prennent forme les myriades de phénomènes auxquels elle prête une réalité stable, durable et substantielle. Cette forme de conscience est appelée *nen* en japonais, mot qui traduit l'idée de la brièveté de l'instant ; en d'autres termes, il s'agit de la conscience emprisonnée dans le temps, qui n'a d'autres vues que celles, toutes relatives, se présentant à elle dans l'instant.

A l'inverse, la conscience qui comprend intimement *mujo* se situe dans le non-mouvement ; elle est vidée de toute pensée, n'est plus soumise à aucun élément ni aucun aspect, ni à aucune forme produite par le corps, par la pensée ou par la parole, et ne crée plus rien de toutes ces discriminations. Elle est en *ku,* et *ku* elle-même, vacuité absolue.

Comme on l'a vu précédemment, dans l'unité retrouvée qui anéantit toute discrimination, l'esprit ne se réfléchit pas, l'esprit *est,* inconsciemment, sans se voir. Alors apparaît le fond du problème.

Quel est l'esprit qui se manifeste?

Parler de manifestation sous-entend la notion du temps, orienté dans le sens du passé vers le futur.

Or, si l'esprit s'est manifesté dans le passé, le passé étant révolu, l'esprit n'existe plus. S'il se manifeste dans le présent, le présent étant fugitif, insaisissable, l'esprit est identiquement insaisissable. Si l'esprit doit se manifester dans le futur, le futur étant non advenu, l'esprit n'existe pas. Aussi est-il dit de l'esprit qu'il est *Fukatoku,* totalement insaisissable, non manifesté dans le temps, transcendance et potentialité éternelle.

Si l'on considère le temps comme une succession d'instants présents dont la caractéristique est de disparaître dès qu'ils sont apparus, on peut concevoir de la même façon la manifestation fugitive de l'esprit. Mais si l'on tente alors d'observer l'esprit qui se manifeste, celui-ci a disparu dès la première intention de réflexion. A-t-il réellement existé? On peut dire qu'il est, de façon éternelle, dans un présent sans cesse mouvant. Il ne revêt pas lui-même l'aspect du présent fugitif, apparaissant et disparaissant; mais les existences, forgées dans les limites du temps, sont investies de la nature de l'esprit.

Pendant zazen, l'esprit serein qui s'établit ne peut, de la même façon, être observé. Il est, tout simplement. Dès que l'on s'avise de vouloir le voir, un fossé incommensurable sépare cette intention de l'esprit qui fut et qui a disparu. L'on peut alors se demander ce qui fut à l'origine de cette intention qui a conduit à la rupture par discrimination. En un temps infini, l'instant d'un éclair pour notre conscience l'esprit s'est replié sur lui-même : il s'est enfermé dans un espace clos, maintenant la relation potentielle avec sa nature infinie et illimitée, mais coupé momentanément de tout échange. Pour que réapparaisse sa véritable nature, l'enclave doit éclater.

Aussi est-il dit qu'il faut penser du tréfonds de la non-pensée. C'est accéder au véritable esprit, inconsciemment, naturellement, automatiquement, par la concentration profonde de zazen.

3. LA TRIPLE MÉTHODE

Je reviens plus en détail sur les méthodes qui doivent conduire le pratiquant au juste état de concentration et d'observation.

a) *Méthode pour détruire les maladies de sanran et de kontin*
Sanran, définit l'esprit flottant, errant, songeur, pensant.
Kontin, l'esprit qui s'obscurcit et sombre dans la somnolence.
L'esprit de *sanran,* naît à partir du mouvement affluant des pensées. Le Kanji *san* signifie être distrait ou dispersé. Le kanji *ran,* être dans la confusion. Lorsque notre esprit est dans cet état, il faut le tempérer au moyen de la concentration *shi.*
L'esprit de *kontin* naît à partir de l'état de non-pensée, *fushiryo,* qui en se prolongeant, fait sombrer l'esprit dans l'état obscur de la somnolence, suivi du sommeil. A ce moment-là, il faut replacer l'esprit dans la vigilance au moyen de l'observation *kan.*
Dans l'un et l'autre cas, observation et concentration doivent être pratiquées de façon appropriée, comme l'échange qui s'établit entre le médicament et la maladie.

b) *Méthode pratique et appropriée au temps et aux circonstances*
Si vous vous sentez sombrer dans l'état de *kontin,* et, bien qu'ayant recours à l'*observation,* ne réussissez pas à clarifier votre esprit, si la méthode de l'observation n'est ni suffisante ni efficace, alors il est préférable que vous arrêtiez momentanément l'observation, et la remplaciez par une *concentration* appropriée. A ce moment-là, le corps et l'esprit peuvent s'emplir de vigilance et de clarté. Dans ce cas, mieux vaut utiliser la concentration que l'observation, même en état de *kontin.*

Si, à l'inverse, vous sentez votre esprit errer et se fourvoyer dans l'état de *sanran,* et bien qu'ayant recours à la *concentration,* ne réussissez pas à le ramener dans sa condition paisible, si la méthode de la concentration reste sans efficacité, il vaut mieux que vous arrêtiez momentanément la concentration, et la remplaciez par une *observation* appropriée. A ce moment-là, votre corps et votre esprit peuvent s'emplir de tranquillité et de paix. Dans ce cas, il est préférable d'utiliser l'observation que la concentration, même pendant *sanran.*

c) *Méthode pour établir le véritable état de samadhi*
Par extinction des impressions sensibles.
Par l'extinction des états perturbés de sanran et de kontin — selon les méthodes de concentration et d'observation décrites ci-dessus —, la condition de *samadhi* peut apparaître : cette condition est l'état de concentration parfaite maintenu par l'éveil total de l'esprit, après extinction momentanée de toutes formes d'impressions inhérentes à notre conscience discriminatoire et dualiste; ces impressions sont toutefois susceptibles de réapparaître à tout moment. Aussi la condition de *samadhi* est-elle un état fragile et très subtil.
Si en effet nous ne parvenons pas à comprendre profondément, par la totalité de notre être, que cette condition délicate de *samadhi* n'est ni vraie ni fausse, mais transcende toute vue dualiste, et que, par suite, nous nous attachons à l'un des aspects bienfaisants de cette condition — sérénité et joie profonde —, alors naîtront dans la conscience des impressions appréciatives, qui, par leur caractère discriminatif, nous éloigneront autant de cette condition que le zénith l'est du nadir.
Mais si, inversement, la compréhension absolue naît conjointement, par fusion intime de tout notre être avec la condition de *samadhi,* celle-ci se perpétuera naturellement. Par cette compréhension au-delà de toute discrimination, ne s'élèvera plus dans notre esprit aucune illusion (de vrai ou de faux,

de contentement ou de crainte, d'amour ou de rejet) issue de nos opinions appréciatives (*ken* en japonais).

Cet état est appelé également, état de *concentration*.

Aussi, pour se défaire de toute forme d'impression qui naît en raison de la force d'attachement au *karma* profond des *bonnos* (actions fausses du corps, de la parole et de la conscience) et nous fourvoie dans la discrimination, l'appréciation et les préjugés, l'objectivation consciente de ces *bonnos* et de ces impressions au moyen de l'observation vigilante et impartiale est requise. Alors se détache comme bois mort toute forme d'attachement au *karma*. Cette méthode est également appelée méthode d'observation, et par elle peut être instauré l'état de concentration parfaite du *samadhi*.

— *Par l'apparition harmonieuse de la sagesse.*

Le kanji *jo*, qui correspond au terme sanscrit *samadhi*, désigne l'état de ce qui est établi, fixé, immobilisé et pacifié. Le kanji *e* définit la sagesse, qui naît de la compréhension intime et profonde, intuitive, immédiate du tout. En cela elle diffère foncièrement du sens qui lui est ordinairement attribué dans le vocabulaire européen, et qui fait référence à la forme de sagesse procédant de l'épistémologie, et donc limitée au raisonnement. Celle-ci est appelée *ninshiki-eki* en japonais.

Si, pendant zazen, vous pouvez entrer en *samadhi,* au moyen de l'absolue non-pensée, cela ne signifie pas pour autant que la sagesse se manifestera simultanément. Dans ce cas, bien que le *samadhi* soit immobilisation sereine de l'esprit, il demeure seulement immobilisation dans l'ignorance dénuée de profonde sagesse. Aussi faut-il que se crée la sagesse *e*. Si celle-ci naît de la connaissance issue de la simple observation, elle demeurera étroite et restreinte aux seules conjectures tirées des données de cette observation. Il faut donc que *e* apparaisse, toujours au moyen de l'attention, mais dans l'état de *samadhi* où la conscience n'est pas absorbée par une donnée discriminatoire, mais concentrée sur la totalité, en union avec le tout. Dans ce cas, l'observation perçoit de façon globale et la sagesse devient omnisciente, universelle et infinie.

Inversement, si pendant zazen vous accédez à la sagesse profonde, à travers l'état d'observation né de l'absolue pensée, cela ne signifie pas que vous aurez accédé simultanément au parfait état paisible du *samadhi, jo*. Dans ce cas, votre sagesse, bien que claire et profonde, ne conduit pas à la sérénité; la stabilité du *samadhi* faisant défaut, elle se disperse dans les multiples directions où s'agite votre conscience. La sagesse *e* capable d'observer *ku* (la vacuité), et *muso* (le non-aspect) mais qui n'est pas investie de la sérénité du *samadhi,* est une sagesse fallacieuse qui mène à la folie. Aussi, pour qu'apparaisse l'état de l'esprit juste de zazen, doit s'établir dans la conscience, conjointement à la sagesse, la condition de *samadhi*.

On voit donc là encore que concentration et observation sont deux attitudes fondamentalement complémentaires, dont l'union conduit à l'authentique sagesse profonde dans la quiétude du *samadhi*. Dans cette condition harmonieuse de l'esprit, toutes les formes de *bonnos* peuvent être tranchées et l'ultime idéal spirituel réalisé.

Le comportement
juste

Nous allons examiner dans ce chapitre la pratique de la concentration et de l'observation dans la vie quotidienne, c'est-à-dire dans ses applications aux six domaines fondamentaux du comportement et aux six domaines des sens.

Le Zen parle toujours de l'unité entre la pratique de zazen et la pratique dans les diverses actions de notre vie. Cela définit l'attitude Mahayana du bodhisattva qui ne cherche pas à se couper du monde pour accéder solitaire au *nirvana* (attitude Hinayana), mais qui, à l'opposé, fait le vœu de n'accéder lui-même à la libération que lorsqu'il y aura fait parvenir tous les êtres, jusqu'au dernier.

Aussi est-il très important que vous sachiez, partout et à tout moment, maîtriser toutes choses, en apprenant à vous servir, au contact des phénomènes, du samadhi, *jo,* et de la sagesse, *e.*

Sinon, votre esprit qui cherche la Voie se laissera inéluctablement assiéger par les *bonnos* et les désirs au contact du monde; vous serez effarouchés par leur apparition subreptice et, inaptes à vous défendre, serez emportés très loin de la Voie que vous cherchez.

1. Les six attitudes fondamentales

Qu'est-ce que le comportement? C'est l'ensemble des actions observables du corps et de la parole. Dans le bouddhisme, ces actions sont réparties en six groupes :
— se mouvoir, marcher, aller, circuler;
— stationner, se tenir debout;
— être assis (et s'asseoir);
— être allongé (et s'allonger);
— travailler;
— parler.

Dans un dojo, nous devons toujours prendre soin des quatre premières actions : celles d'aller (kin-hin), de stationner, de s'asseoir (zazen), et de s'allonger (durant les sesshins au Japon les moines dorment dans le dojo). Quant à notre vie quotidienne, les six actions y sont impliquées.

Avertissement : le processus de concentration et d'observation pour chacune de ces actions est similaire ; c'est la raison pour laquelle le raisonnement relatif à chacune d'elles donne l'apparence d'une répétition ; chacune des actions doit être étudiée en fonction d'une approche spécifique où le pratiquant n'a pas une attitude neutre — mais, comme c'est le cas pour tous les sujets traités dans cet ouvrage — où il se revêt justement du rôle actif de celui qui fait l'expérience, à tout moment.

En outre, il est partout question d' « action », intentionnellement, même à l'endroit de ce qui devrait être nommé « position » ; rappelons que tout état est en soi une action qui procède de l'inertie.

L'ACTION D'ALLER

Quand vous avez l'intention d'aller, ou que vous êtes dans l'action d'aller, que vous ayez l'intention d'accomplir cette action ou que vous l'accomplissiez, vous devez exposer à votre conscience les mobiles et les motifs profonds qui vous poussent ou vous ont poussé à l'acte. Si, après un examen rapide, vous jugez que votre but n'est pas si bon, autrement dit, qu'il est égoïste, alors vous devez abandonner votre intention ou interrompre votre action.

Ainsi doit-il en être des cinq autres types d'action.

— *La pratique de la concentration dans l'action d'aller.*

Pendant que vous allez, vous devez penser et comprendre comme suit :

« Bien que les mobiles de mon action soient nombreux et divers, bons ou mauvais, je ne puis cependant en saisir aucun. » Ainsi les illusions ne peuvent apparaître. C'est ce qu'on appelle la concentration.

— *La pratique de l'observation dans l'action d'aller.*
Vous devez pratiquer l'observation comme suit :
Par l'action de votre esprit qui est à l'origine du mouvement de votre corps, l'action d'aller se réalise. Par cette action, de nombreuses autres actions, bonnes ou mauvaises, apparaissent. C'est ce qu'on appelle aller.
Cependant, comme vous ne pouvez observer ni saisir l'aspect de votre esprit qui dicte l'intention ou dirige l'action d'aller, vous devez comprendre que toutes les existences qui sont présentement dans l'action d'aller, et toutes les actions qui consistent à aller, ne sont finalement que *ku,* rien.
C'est ce qu'on appelle pratiquer la juste observation.
Dans ce cas vous pouvez utiliser la triple méthode de concentration et d'observation mentionnée plus haut à propos de zazen.

L'ACTION
DE SE TENIR DEBOUT, DE STATIONNER

Quand vous avez l'intention de vous mettre ou que vous êtes dans la station debout, vous devez vous définir clairement les buts qui motivent cette action; si, après réflexion, vous considérez que vos mobiles ne sont pas excellents, alors interrompez votre action qui n'est pas orientée vers une cause juste et bonne.
— *La pratique de la concentration* dans l'acte de la station debout.
Pendant cette action vous devez comprendre ce qui suit :
Bien que les mobiles de cette action soient multiples et divers, il est impossible d'en obtenir un seul. Ainsi, illusions et erreurs ne peuvent se manifester. C'est ce qu'on appelle pratiquer la concentration.
— *La pratique de l'observation* dans l'acte de la station debout.
Vous devez pratiquer l'observation qui suit :
Par l'action de l'esprit qui gouverne les actions du corps, le corps est apte à se maintenir dans la station debout. Par cette action, de nombreuses autres actions se manifestent et interfèrent. C'est ce qu'on appelle se tenir debout.

Toutefois, vous ne pouvez observer l'aspect de l'esprit qui ordonne et gouverne cette action; ainsi devez-vous comprendre que toutes les existences dans l'acte de stationner debout, et toutes les actions correspondantes, sont *ku*, rien. C'est ce qu'on appelle pratiquer l'observation.

Dans ce cas également, vous pouvez user de la triple méthode de concentration et d'observation.

L'ACTION D'ÊTRE ASSIS
(OU DE S'ASSEOIR)

Quand vous avez l'intention de vous asseoir, ou que vous êtes dans la position assise, vous devez vous demander quels sont les mobiles qui président à cette action; si vous estimez qu'ils ne sont pas valables, alors cessez cette action.

— *La pratique de la concentration* dans l'action d'être assis : lors de cette action vous devez comprendre que bien des mobiles de cette action sont nombreux et variés, bons ou mauvais, vous ne pouvez en saisir un seul; aussi ne peuvent s'élever ni illusions ni erreurs. C'est ce qu'on appelle la pratique de la concentration.

— *La pratique de l'observation* dans l'action d'être assis (ou de s'asseoir).

Vous devez observer que votre esprit a originellement commandé à votre corps de s'asseoir; aussi êtes-vous en ce moment-ci assis en ce lieu. Cette action en elle-même manifeste de nombreuses autres actions, bonnes ou mauvaises. C'est ce qu'on appelle être assis.

Mais l'aspect de votre esprit, qui a gouverné cette action, ne pouvant être observé, vous devez comprendre que cette action également et toutes les existences qui la pratiquent sont *ku*, rien. C'est ce qu'on appelle pratiquer l'observation.

Dans ce cas, vous pouvez aussi vous servir de la triple méthode décrite plus haut.

L'ACTION D'ÊTRE ALLONGÉ
(OU DE S'ALLONGER)

Quand vous désirez vous allonger ou que vous êtes allongé, interrogez-vous sur les raisons et les motivations de cet acte. Si vos intentions ne sont pas vraiment dignes d'éloges, que vous agissez ainsi par paresse, ou pour une cause non louable, ou bien si le lieu n'est pas approprié, bref si vous recherchez dans cette action une satisfaction égoïste, vous devez dans l'instant interrompre cette action.

Référez-vous à ce que dit le sutra :

« Que vous vous reposiez, ou que vous dormiez, soyez semblable au roi des lions, libre et fort, brave et sans peur; s'il advient que dans votre sommeil l'on vous aperçoive, soyez tel que l'on ne puisse vous approcher, tant la dignité émanera de votre posture. »

Ne l'oubliez pas, même lorsque vous dormez du plus profond sommeil.

— *La pratique de la concentration* dans l'acte d'être allongé (ou de s'allonger, ou de dormir).

Si vous êtes allongé ou que vous avez l'intention de vous allonger, vous devez savoir que, bien que les mobiles de cette action existent en grand nombre et diversement, vous ne pouvez toutefois obtenir la plus infime parcelle de ces mobiles. Aussi vos illusions demeurent non manifestées. Cela est appelé la pratique de la concentration.

— *La pratique de l'observation* dans l'action d'être allongé.

Quand votre esprit sombre dans l'état de *kontin,* que votre corps et votre esprit se libèrent des tensions de l'état de veille, cette action produit de nombreuses interactions subséquentes, bonnes ou mauvaises. Cela se nomme l'action de s'allonger ou de s'endormir.

Toutefois, l'aspect de votre esprit qui a déclenché cette action étant inobservable, vous devez comprendre que cette action, et toutes les existences qui la pratiquent, sont finalement *ku,* rien. Cela constitue la pratique de l'observation.

Dans ce cas également, servez-vous de la triple méthode mentionnée plus haut.

L'ACTION DE TRAVAILLER

Demandez-vous quels sont les raisons et les buts de votre intention ou de votre action de travailler. Si ces buts ne présentent qu'une recherche d'intérêt égoïste, ou s'ils se révèlent inefficaces, il est préférable que vous n'exécutiez pas ce travail.

— *La pratique de la concentration* dans l'action de travailler.

Au moment où vous décidez de travailler, ou lorsque vous êtes au travail, vous devez comprendre que bien que l'origine de cette action soit de nature complexe et multiple, vous ne pouvez saisir aucun de ses aspects; aussi illusions et erreurs ne peuvent-elles se manifester. C'est la pratique de la concentration dans l'action de travailler.

— *La pratique de l'observation* pendant le travail.

Vous devez penser à la façon dont votre esprit agit sur votre corps et vos membres. Par votre travail, de nombreuses actions, bonnes ou mauvaises, apparaissent. Comme vous ne pouvez pas voir l'aspect de votre esprit qui dirige votre corps, vous devez alors comprendre que toutes les personnes qui travaillent, et toutes leurs actions sont après tout *ku,* rien. C'est ce qu'on appelle pratiquer l'observation. Dans ce cas aussi, vous pouvez utiliser la triple méthode de concentration et d'observation.

L'ACTION DE PARLER

Vous devez vous demander pour quelles raisons et dans quel but vous désirez parler. Si vos raisons ne sont pas excellentes, que vos intentions visent la médisance, ou le désir de séduire, ou de vous vanter, ou d'autres buts non louables, alors il vaut mieux vous taire ou vous interrompre. Mais si vos paroles sont bonnes, ou utiles, alors n'hésitez pas à parler.

— *La pratique de la concentration dans l'action de parler.*

A ce moment précis, vous devez comprendre que par vos paroles, toutes vos actions bonnes ou mauvaises apparaissent; mais comme parmi toutes ces actions, vous ne pouvez en saisir même une seule, vos illusions ne se manifesteront certainement pas.

— *La pratique de l'observation dans l'action de parler.*

Vous êtes influencés par les pensées tantôt grossières, tantôt ·délicates, nées de votre esprit. S'il y a beaucoup de voix et de paroles émises autour de vous, vous voulez exprimer votre pensée, faire entendre votre voix, vos paroles, votre langage; par l'action de votre pensée qui excite votre expiration, votre gorge, votre bouche, vos lèvres, votre langue, et votre menton, vous commencez à parler. Par ces paroles, vous créez de nombreuses actions bonnes ou mauvaises. C'est ce qu'on appelle parler. Mais, comme vous ne pouvez pas voir l'aspect de votre esprit qui gouverne l'action de votre langage, vous devez comprendre que toutes les personnes qui parlent et toutes leurs actions, sont le *ku* parfait, rien. C'est ce qu'on appelle pratiquer l'observation dans l'action de parler. Dans ce cas aussi vous pouvez utiliser la triple méthode de concentration et d'observation.

2. *Les six domaines des sens*

Nous allons examiner maintenant la méthode de concentration et d'observation que l'on doit pratiquer par rapport aux six domaines des sens; ces derniers sont d'une importance primordiale, car ils sont à l'origine de la conscience cognitive qui conditionne toutes les actions du *karma*.

Les six domaines des sens dont parle longuement le sutra du *Hannya Shingyo* se répartissent chacun dans trois ensembles complémentaires et nécessaires à l'existence de la perception. Ce sont :

— les six organes des sens (ou six racines) : *gen :* l'organe de la vue; *ni :* les oreilles; *bi :* le nez; *ze* (ou *zetsu*) : la langue et le palais; *shin* : le corps (l'épiderme) en tant qu'organe du toucher; *i* : la partie du système nerveux qui conditionne les désirs et les formations mentales.

— Les six objets de la perception : *shiki* : les couleurs et les formes; *sho* : les sons; *ko* : les odeurs; *mi* : les goûts; *soku* : les aspects (que détermine le toucher); *ho* : les pensées et conceptualisations.

L'association de ces deux ensembles donne naissance au domaine de la perception et de la cognition, ou des six consciences subjectives : *gen shiki* : conscience visuelle; *ni shiki* : conscience auditive; *bi shiki* : conscience olfactive; *ze shiki* : conscience tactile; *i shiki* : conscience de la conscience, c'est-à-dire conscience de l'action volontaire (du corps, de la pensée et de la parole).

Avant d'aborder cette étude de la méthode, il est nécessaire de souligner les dangers et la fragilité de certaines formes de méditation, trop refermées sur elles-mêmes, trop « égocentriques » et inaptes à aider le pratiquant à affronter les assauts, les sollicitations du monde des six domaines des sens.

Aussi considérons tous les adeptes de religions qui visent à l'obtention d'un but quel qu'il soit, réalisation, éveil, libération personnelle et égoïste, ou ceux également qui dans le Zen ne pratiquent que l'observation en vue de résoudre des conflits subconscients, ou des koans, et autres recherches. En d'autres termes, tous ceux qui n'ont pas dans leur pratique l'esprit de non-profit, lorsqu'ils sont mêlés au monde, brisent inconsciemment les préceptes, enfreignent la morale, créent des *bonnos,* et finalement, s'opposant à la Voie, tombent dans l'enfer infini. Cela en raison des préoccupations constantes qui affectent leur méditation, et, par conséquent, de leur non-préparation à l'esprit de détachement.

De même l'unique maintien de l'esprit d'observation, *kan,* produit un nombre infini d'actions néfastes qui grossissent l'héritage de mauvais *karma* et en multiplient rapidement les fruits.

A l'opposé, dans l'état de concentration Zen (ou *samadhi*), les mérites issus de la foi absolue dans le désintéressement et le dépouillement s'accomplissent de façon certaine et probante à travers la transmutation qu'ils opèrent dans le karma par sarclage des mauvaises racines.

Zazen n'en demeure pas moins le moteur fondamental qui conditionne l'établissement de cette concentration d'esprit, laquelle par conséquent reste fragile; aussi peut-on dire de cet état de concentration qu'il est semblable au serpent qui se redresse en pénétrant dans une tige de bambou bien que sa nature soit d'évoluer par ondulations, état naturel qu'il retrouve dès qu'il sort de son moule; de même lorsque nous sortons de notre concentration de zazen, les *bonnos* de notre *karma* retrouvent leur terrain de culture et se répandent comme tache d'huile.

C'est la raison pour laquelle traiter des attitudes à observer face aux sollicitations des *bonnos* rencontrés dans la vie par l'intermédiaire des six domaines des sens est d'importance capitale pour celui qui recherche la Voie.

Voici la méthode.

DOMAINE VISUEL

— *La pratique de la concentration dans l'acte de la perception visuelle.*

Lorsque est perçu un objet visuel (forme ou couleur), vous devez comprendre que celui-ci n'a pas plus de réalité que le reflet de la lune sur l'eau. Si cet objet visuel procure en vous une sensation plaisante, vous sentez alors s'éveiller des désirs; et, inversement, vous ressentirez de la répulsion lorsque l'objet visuel produira en vous une sensation déplaisante. Mais, regardant cet objet avec l'acuité de la concentration, vous ne le verrez pas dans son apparence illusoire, mais simplement tel qu'il est, dans sa forme et couleur véritable — sans le moindre sentiment d'attirance ou de rejet. Ainsi ne tomberez-vous pas dans l'ignorance ni dans la confusion, fruits de la mémoire discriminante.

Par cette attitude, vous pouvez faire décroître vos désirs et attachements passés. Cela est nommé concentration dans l'acte de la perception visuelle.
— *La pratique de l'observation.*
Notre ignorance karmique confère au monde des apparences phénoménales une réalité tangible; cette confusion, née de la conscience discriminante, fait apparaître sensations et perfections appréciatives, lesquelles conditionnent l'apparition d'actions bonnes ou mauvaises. Sachant cela, et sachant que, dans leur essence, les six racines (les six organes des sens) sont vides, vous comprendrez que ne peuvent exister ni objet perceptible ni conscience perceptive, et que, par conséquent, le « moi » qui perçoit et toutes les existences sont *ku* – rien. Cela est nommé observation dans l'acte de la perception visuelle.

DOMAINE AUDITIF

— *La pratique de la conscience dans l'acte de la sensation auditive.*
Vous devez savoir que tout son perçu n'a aucune réalité propre, mais est similaire à la résonance de l'écho.
Gardant l'esprit de profonde concentration qui exclut toute forme de discrimination, ce son n'exercera sur vous aucun effet de séduction, de charme, d'irritation ou d'effroi.
La tranquillité parfaite n'étant pas affectée, vous pourrez comprendre la sonorité intrinsèque de ce son. Cela est l'attitude de concentration dans l'acte de l'audition.
— *La pratique de l'observation dans l'acte auditif.*
Comprenant que la racine de l'ouïe est dans son essence non différente du vide, vous ne vous égarerez pas dans l'illusion de la réalité des perfections. Vous comprendrez, de ce fait, que n'existe ni objet audible ni conscience auditive, car ceux-ci sont universellement *ku*.
Cela est l'observation dans l'acte auditif.

DOMAINE OLFACTIF

— *La pratique de la conscience dans l'acte olfactif.*

Vous devez considérer toute odeur comme une illusoire émanation qui n'a pas de réalité en soi.

Par l'esprit de concentration, votre mémoire discriminante ne se manifestera pas et il n'apparaîtra aucun sentiment d'attirance ou de dégoût. N'étant pas dépendant des illusions olfactives, vous pourrez tout percevoir dans son exhalaison véritable.

— *La pratique de l'observation.*

Comprenez que toute sensation olfactive naît des interférences conjuguées de l'organe de l'odorat, de l'objet de l'odorat, et de la conscience olfactive. Par la combinaison de ces facteurs, tous trois illusoires, naît la sensation olfactive qui éveille la multiplicité des actions bonnes ou mauvaises du karma. Mais sachant que la nature du « je » qui perçoit est foncièrement identique à l'essence cosmique qui est *ku,* vous ne pourrez vous méprendre sur la nature de la sensation perçue qui est aussi insaisissable que l'esprit de *ku.* Cela est la méthode d'observation appliquée à la sensation olfactive.

DOMAINE GUSTATIF

— *La pratique de la concentration dans l'acte gustatif.*

Vous devez comprendre que, dans ce cas également, la saveur est aussi chimérique que l'illusion.

Par l'esprit de concentration, toute sensation discriminative de plaisir ou d'écœurement sera écartée, et la saveur sera perçue dans son authentique aspect.

Cela est la méthode de concentration appliquée à la sensation gustative.

— *La pratique de l'observation.*

Lorsque est perçue une saveur, vous devez savoir que la sensation gustative est insaisissable, *Fukatoku,* en raison de la non-substantialité des cinq sortes de saveur (sucré, salé, amer, acide, épicé), et de la non-substantialité de la sensation —

produite par les facteurs interdépendants et conjugués de la racine, de l'objet et de la conscience, dont la nature profonde est *ku,* rien.

Par cette compréhension, les actions, bonnes ou mauvaises, nées de la conscience discriminante, de la mémoire et des appréciations, n'apparaissent pas.

DOMAINE TACTILE

— *La pratique de la concentration dans la sensation tactile.*

Lorsque se produit une sensation tactile, vous devez considérer celle-ci comme appartenant au vaste domaine de l'illusion.

Par l'esprit de la concentration, ne naîtront ni sentiments discriminants entraînant désir ou répulsion, ni illusions sur la nature de la sensation tactile. Le contact pourra dans ce cas être perçu dans sa véritable réalité. C'est ce qu'on appelle la pratique de la conscience appliquée aux sensations tactiles.

— *La pratique de l'observation par rapport aux sensations tactiles.*

Vous devez comprendre que votre corps n'ayant pas de substance propre, toute sensation tactile est illusoire et le produit de l'action conjuguée de la racine du toucher, de l'objet du toucher et de la conscience tactile qui sont tous trois le résultat du *karma* de votre ignorance.

Aussi, comprenant que l'esprit qui perçoit la sensation tactile et la sensation elle-même sont *ku,* aucune action bonne ou mauvaise, ne peut être créée de la non-discrimination.

Pour chacune de ces applications dans les six domaines des sens, vous pouvez utiliser les trois méthodes mentionnées à propos de zazen.

DOMAINE DE LA CONSCIENCE

Il faut savoir que, dans la vie quotidienne, l'attitude de la conscience doit être appréhendée de la même façon que pendant zazen ; l'esprit en toutes circonstances doit être attentif à garder la juste concentration et à pratiquer l'observation objective. En fonction des circonstances sera adoptée l'une ou l'autre des attitudes, ou les deux conjointement. Aussi, les méthodes relatives à l'attitude de la conscience pendant zazen et dans les six domaines de l'action ayant été précédemment expliquées, il faudra s'y référer chaque fois que dans notre vie nous buterons sur une difficulté posée par notre comportement du corps et de la conscience.

Le sutra de Hannya Shingyo dit en substance :

Lorsque le bodhisattva
pratique avec justesse, il est dans la vraie Voie du Mahayana.
Il doit, pour chacune de ses actions, se concentrer parfaitement
et observer exactement; s'il entre ou sort du samadhi, dans son
esprit doit demeurer intègre l'unité. Aussi se distingue-t-il comme
le vrai bodhisattva du bouddhisme Mayanana, car il reçoit le mérite
infini de mushotoku.

Celui qui pratique ainsi la Voie du Mahayana accédera à la dimension insurpassable de dignité et de noblesse.

Les bonnos

1. Observation des bonnos

APPROCHE DE LA NOTION DE BONNO

Le terme *bonno* — *klesa* en sanscrit — signifie illusion, dans l'acception large du terme. Tel qu'il fut repris en chinois, le terme se compose de deux idéogrammes, dont le premier, *bon,* définit ce qui trouble et perturbe, et le second, *no,* ce qui tourmente et afflige. Le terme *bonno* désigne donc toutes les fonctions mentales et physiques qui perturbent et affligent l'esprit. (On aura l'occasion de voir que la plupart des *bonnos* ont une origine plus psychique que physique.)

Les dénominations de cette notion sont fort nombreuses, ce qui tendrait à prouver, s'il le fallait, l'importance qui a été accordée à cette réalité humaine, foncièrement humaine puisqu'elle place d'emblée l'homme dans son ambivalence ontologique : être parmi tous les êtres procédant du ciel et de la terre et situé à leur jonction, mais distingué de tous les êtres par la forme de conscience spécifique de son psychisme : cette spécificité est sa faiblesse autant que son insigne privilège; c'est là que commence son ambivalence, c'est là que naît le *bonno,* que s'élabore la dualité dans sa conscience d'être, que naissent les rivalités et les conflits; être aspirant au plus haut des bonheurs et pressentant sa destinée ultime, mais égaré par ses passions et abîmé dans ses souffrances. En cela l'emploi du terme « réalité » pour parler du *bonno* n'a rien d'un sarcasme, car, par sa nature même, la notion de *bonno* est ironique, ironie qui se joue de l'homme à la perfection. Les expressions qui suivent sont fort évocatrices de cet emprisonnement, de ce masque grimaçant derrière lequel l'homme cache sa propre face, et dont on ne sait s'il grimace de douleur ou de ravissement, des deux sans doute. Ainsi *ro asrana* désigne le fait de « s'abandonner aux organes des sens »; *boru :* « le courant rapide »; *ketsu :* « ce qui lie fermement »; *yaku :* « ce qui restreint et contraint »; *baku :* « ce qui enchaîne »; *gai :* « la sagesse voilée »; *ten :*

45

« ce qui enlace, enserre, ce qui se referme sur soi »; *ke* : « ce qui attache »; *zuimin* : « l'abandon au sommeil ».

Le terme sanscrit *anusaya* (*zuimin* en japonais) désigne la disposition à faire le mal, la persistance d'une disposition latente, la tendance et la propension. Les éléments des souillures morales sont toujours présents à la vie sous forme latente ou manifestée. Lorsqu'ils sont latents, ces éléments existent sous la forme résiduelle *(anusaya)*. *Abhidharma* est un terme qui dénote l'idée d'illusion première, originelle. Quant à *vijnanavada (yuishiki),* le terme fait référence à l'image des semences résiduelles *(shuji)* contenues dans la conscience *alaya,* « conscience-réservoir » de l'inconscient où se développent après la naissance les semences du *karma.* Telles sont les dénominations les plus usuellement rencontrées dans les *sutras* et textes anciens bouddhiques; toutefois cette énumération est loin d'être exhaustive car, finalement, il y a autant de termes qu'il y a de *bonnos,* et ceux-là sont fonctions de celui qui les exprime.

Dans les temples Zen, la coutume veut que la nouvelle année s'ouvre sur le son du gong frappé cent huit fois, chaque coup représentant l'action de couper chacune des catégories de *bonnos,* cent huit au total : dix bonnos fondamentaux qui sont considérés comme étant à la source de tous les types d'illusions, et quatre-vingt-dix-huit *bonnos* dérivés *(zuimin);* ces derniers se divisent en deux groupes : les *bonnos* de l'action mentale qui sont de quatre-ving-huit sortes, et les *bonnos* de l'action physique qui totalisent dix sortes.

Le tableau de la page 44 explicite clairement ces données. Il est de prime abord frappant de constater la supériorité au nombre des *bonnos* issus de l'intellect; ils sont en effet de nature plus complexe que ceux nés des actions physiques, lesquels ne répondent qu'à des tendances simples et affectent de façon directe et immédiate l'ego. Certes, cela est également le cas des *bonnos* issus des actions mentales, mais ils suivent de surcroît un cheminement réflexif complexe et entraînent des répercussions en plus grand nombre. Bien entendu, l'actualisation des *bonnos* est tributaire du contexte, et il est évident que plus une civilisation tend à devenir complexe, plus les *bonnos,* ceux des actions mentales en particulier, gagnent en complexité.

Tous les *bonnos* d'ordre intellectuel sont répartis dans le champ des « quatre nobles vérités »; ces quatre nobles vérités sont un concept fondamental dans le bouddhisme qui explique la cause de la souffrance et la méthode de délivrance. Ce fut l'une des premières doctrines enseignées par le Bouddha après son éveil.

La première de ces quatre vérités, *ku,* affirme l'état de souffrance de toutes les existences. La deuxième, *ju,* explique que la cause de la souffrance est l'illusion et le désir. La troisième, *metsu,* dit que le *nirvana* est le royaume libéré de toute souffrance. La quatrième, *do,* enseigne que le moyen pour parvenir au *nirvana* est la pratique des huit voies justes (ou l'octuple sentier) : vue juste, pensée juste, parole juste, comportement juste, moyens de vivre justes, effort juste, attention juste, concentration ou *samadhi* juste. Les cinq premières vérités sont relatives au monde de l'illusion, les trois dernières au monde de l'éveil (ou du *satori*).

Les *bonnos* de base (ou *kompon-bonno*) sont énumérés comme tels dans le Vijnanavada (doctrine qui traite des aspects de la conscience) : en premier lieu vient la convoitise, puis la colère, ensuite l'ignorance, l'arrogance, le doute; enfin les cinq vues fausses *(drsti* ou *goken),* c'est-à-dire les vues contraires à l'enseignement du Bouddha.

Les *bonnos* de l'intellect et les *bonnos* pragmatiques sont coextensifs aux trois mondes, domaine de l'homme non éveillé : le monde des désirs où les créatures sont habitées d'appétits et de désirs sexuels; le monde de la forme, où les habitants n'ont ni appétit ni désir sexuel; le monde sans forme où les habitants ne revêtent pas de forme physique. On distingue usuellement quatre formes de *bonnos :*

1. Les *bonnos* profonds et peu influents.
2. Les *bonnos* peu profonds et influents.

TABLEAU DE LA RÉPARTITION DES BONNOS

Les 10 bonnos fondamentaux	Les 98 bonnos dérivés					
	Bonnos intellectuels (ou spéculatifs)			Bonnos de l'action		
	Monde des désirs du corps (Ku Ju Metsu Do)	Monde de la forme et de la non-forme (physique) (Ku Ju Metsu Do)	Monde de la forme et de la non-forme (métaphysique) (Ku Ju Metsu Do)	Monde des désirs du corps	Monde de la forme et de la non-forme (biologique)	Monde de la forme et de la non-forme (métabiologique)
1. Convoitise, désirs	XXXX	XXXX	XXXX	X	X	X
2. Colère	XXXX	XXXX	XXXX	X		
3. Ignorance	XXXX	XXXX	XXXX	X	X	X
4. Orgueil, arrogance	XXXX	XXXX	XXXX	X	X	X
5. Doute	X	X	X			
6. Croyance hérétique en l'ego	X	X	X			
7. Hérésie qui consiste à tenir des vues extrêmes	X	X	X			
8. Points de vues factices	XXXX	XXXX	XXXX			
9. Attachement aux croyances hérétiques	XXXX	XXXX	XXXX			
10. Attachement à la pratique et à l'observance des hérésies	X X	X X	X X			
	10 7 7 8 / 32	9 6 6 7 / 28	9 6 6 7 / 28	4	3 / 3	3
10	88				10	

Ce tableau prouve la prédominance des bonnos intellectuels sur les bonnos pragmatiques

3. Les *bonnos* profonds et influents.
4. Les *bonnos* peu profonds et peu influents.

Le quatrième aspect est bénin, et n'engendre généralement pas de perturbation du comportement; ce genre de *bonno* est aisément répressible. Le premier et le deuxième aspect ne présentent également pas de danger pour l'équilibre du comportement dans son pouvoir d'adaptation à l'ordre de l'univers.

Dans le troisième aspect, le pouvoir de contrôle, d'adaptation et d'attention est désintégré par les forces obscures de l'inconscient qui gouvernent de façon autocratique tout ou partie de la personnalité.

On a souvent tenté de mettre de l'ordre dans le classement des *bonnos;* les classements adoptés, quoique intéressants, ne peuvent être qu'arbitraires, en raison même de la multiplicité des aspects que revêt même un seul *bonno*. On en est ainsi arrivé à distinguer les *bonnos* originels (ou fondamentaux) des *bonnos* dérivés, nés des premiers; puis dans un second temps, les *bonnos* innés (ou héréditaires) ont été distingués des *bonnos* acquis, créés à partir des facteurs événementiels, du contexte social, de l'éducation, etc.; enfin on a voulu voir les *bonnos* pragmatiques et les *bonnos* spéculatifs ou intellectuels, nés de notre entendement abusé par ses propres limitations. Il est bien entendu que chacun de ces classements recoupe l'autre, mais pour ne pas aboutir à des classifications trop complexes et somme toute superflues, je n'ai pas voulu retenir dans le tableau qui suit le classement selon les *bonnos* de nature héréditaire et les *bonnos* de forme acquise.

On peut dire toutefois que les cinq premiers *bonnos* fondamentaux et leurs dérivés sont des données en potentialité dans l'humain à sa naissance, alors que les cinq derniers et leurs dérivés sont des données acquises.

Quoi qu'il en soit, les *bonnos* sont toujours fruits de l'ego, et créateurs d'égoïsme, lequel transparaît dans chacune des actions de notre vie; aussi est-il dit que *chaque jour nous pro-*

SCHÉMA REPRÉSENTATIF DE ENGI APPRÉHENDÉ A TRAVERS LES 3 MONDES

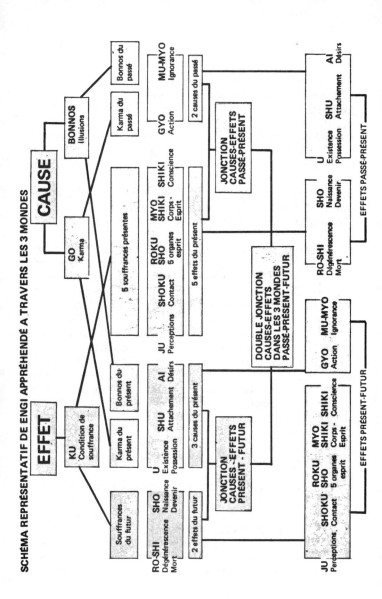

duisons *84 000 bonnos,* en quantité infinie, autant que le sont les aspects sans limites de nos actions. Et le sutra du Lotus ajoute : *Vingt années suffisent à peine pour nettoyer les déjections des bonnos.* Par la sagesse transcendantale, la sagesse fécondée dans le *samadhi,* nous devons couper à leur origine les racines des *bonnos.* Mais nous ne devons pas oublier que les *bonnos* sont la racine du *satori,* et que celui-ci sera d'autant plus important que la place occupée par les *bonnos,* aura été plus volumineuse; plus la glace des *bonnos* est épaisse, et mieux l'on se désaltère à l'eau du *satori.* Encore faut-il procéder à l'opération de liquéfaction, à la transmutation des *bonnos* en *satori.* De quelle façon doit s'opérer cette transformation, cette sublimation qui fera de la graine de *bonno* une graine de *satori ?* Car il s'agit bien en effet d'une transformation, d'un processus évolutif qui doit conduire à un changement qualitatif, et non à un changement de nature; celle-ci demeure identique, et c'est bien la raison pour laquelle l'on peut devenir aussi bien Bouddha que l'on peut se revêtir de l'aspect démoniaque. Il ne s'agit point de déraciner de mauvaises herbes et de semer de bonnes graines, car ces dernières, bien que potentiellement bonnes, peuvent, dans de mauvaises conditions, faire éclore des fruits malsains.

Aussi le problème se pose-t-il de déterminer l'élément qui se révèle primordial dans la production de la sagesse transcendantale : faut-il se dissocier des *bonnos,* ou bien produire la sagesse indissociablement des *bonnos ?* C'est là l'objet du problème de l'observation pendant zazen.

Il est dit : *En quittant l'état de samadhi, on entre dans l'esprit de sanran, et après avoir quitté l'esprit de sanran, on peut entrer en samadhi.* Car les deux conditions finissent par se superposer, en se complétant. Autrement dit, la sagesse suprême, naît de l'état de *samadhi* après que sont achevées les phases alternatives des états d'observation et de concentration, à la manière d'un pendule dont l'amplitude de l'oscillation entre les deux attitudes tend à décroître jusqu'à se stabiliser en un point d'équilibre, ou point de fusion des deux pôles d'alternance.

Ainsi comprend-on qu'il n'y a pas destruction, mais transformation : l'observation des *bonnos* devient privilégiée pendant zazen ; elle acquiert toute l'objectivité nécessaire à leur compréhension, laquelle est atrophiée et déformée durant notre vie quotidienne par le fait même que nous devenons l'objet de nos *bonnos* et sommes dans la plupart des cas incapables de prendre le moindre recul. Toutes nos illusions se manifestent à notre conscience durant zazen, tous nos appétits, nos désirs, toutes nos convoitises, ambitions et passions, nos colères et nos jalousies, nos vanités, tout cela s'élève du subconscient sans que nous puissions réaliser pratiquement aucune de ces illusions. Avec acuité elles surgissent, passent sous l'œil implacable de la conscience observante, puis s'évanouissent comme le reflet disparaît du miroir quand la forme s'en éloigne. La force contenue dans ces *bonnos* potentiels retourne dès lors dans le « grenier » où sont contenus les germes à leur état pur de force, de virtualité ; dès lors, le germe qui a été vu dans sa vraie nature, pourra éclore dans un terrain fécond, préalablement assaini par le regard objectif de l'observation.

Comme le fer fondu dans la fournaise, le *bonno* sera rendu malléable ; l'œil de la sagesse en fera de préférence une lanterne qui le protégera toujours de l'obscurité ; la vie aurait tendance à en faire un sabre ; les deux sont utiles, mais prenons garde toutefois à l'artisan belliqueux qui se laissera emporter brusquement, et craignons-le, car ses passions sont incontrôlables. Lui-même ne connaît pas la promptitude de ses gestes ; il est comme le large fleuve dont on perçoit à peine le courant ; mais il suffit, pour juger de la rapidité du flux, d'y jeter une branche et de la voir emportée. Ainsi devez-vous voir pendant zazen, et considérant vos *bonnos,* savoir que lorsqu'on effleure un lion endormi, il rugit à en faire trembler la terre.

LES CAUSES DE LEUR PRODUCTION

Il faut au préalable définir la loi bouddhique fondamentale des douze *innen* (ou *innenka,* ou *inga*), soit : les douze chaînons de l'interdépendance, ou : les douze facteurs dont les interactions déterminent le processus vital, l'existence phénoménale. *Innenka* est composé des kanjis : *in* qui signifie la cause, *en :* la dépendance, l'aide, les actions déterminantes, *ka :* l'effet, le résultat. *Innenka* définit donc les interactions reliant la cause à l'effet par l'intermédiaire de conditions données. (On a tendance, en Occident, à ramener cette loi au simple principe de causalité; on verra dans le chapitre consacré au *karma* qu'elle en diffère fondamentalement en raison d'un élément important que le principe mécaniste de la causalité ne prend pas en considération : la liberté du choix, l'existence des possibles multiples.) On trouve encore les termes *Engi* et *Etakisho* qui ont des significations similaires : *Etakisho* définit la production qui naît en fonction de sa dépendance à des éléments extérieurs, ou facteurs événementiels. *Engi* se traduit littéralement par l'apparition dépendante, soit les conditions d'apparition.

Engi appréhendé à travers les trois mondes (passé, présent et futur) détermine le processus suivant :

— Nous avons des *bonnos;*

— ces *bonnos* déterminent la production de *karma;*

— ce *karma* engendre la souffrance;

— la souffrance produit à nouveau des *bonnos.*

C'est le cycle sans fin constitué par l'ensemble *bonno-karma-*souffrance, qui est la toile de fond de la vie phénoménale ordinairement observable. L'analyse de la loi des douze *innen* (ou causes interdépendantes et déterminantes) fournit l'explication à l'apparition des existences phénoménales et de leur corollaire : les *bonnos.*

Cette loi fondamentale de la philosophie bouddhique est étudiée en fonction de deux démarches inverses, l'une qui suit le sens évolutif, le sens chronologique, qui va du passé

au futur, l'autre qui remonte le courant du processus évolutif. Nous ne décrirons ici que la première appelée *ru-ten* en
japonais; elle a pour point de départ *mumyo,* l'ignorance,
cause originelle dont dépend toute existence, et aboutit
à *ro-shi,* la dégénérescence et la mort.

1. Mumyo, l'ignorance, premier innen, est le facteur commun à
toute forme d'existence phénoménale; elle en est la cause
première et déterminante et conditionne le monde phénoménal qui n'existe que par elle. L'homme avant sa naissance
est *mumyo,* ignorance; sa naissance est l'actualisation dans la
matière (ou incarnation) de sa conscience ignorante qui,
durant la transmigration, a séjourné dans la conscience
cosmique éternelle, unie à elle. *Mumyo* est l'agent producteur de l'action.

*2. Cette ignorance est la source originelle des bonnos, et détermine
gyo, l'action.* C'est le deuxième *innen.* L'action est elle-même
karma, produit de l'ignorance; transposé sur le plan humain,
ce facteur primordial, l'ignorance est répartie entre d'une part
l'ignorance des parents qui engendre l'acte sexuel et karmique et provoque la fécondation, et, d'autre part, l'ignorance karmique de la conscience du trépassé qui veut s'in-
carner et influe sur l'union des parents.

Les deux causes interdépendantes conduisent à la formation
embryonnaire. La conscience du trépassé s'incarne dès l'instant de la fécondation, qui est elle-même manifestation de
l'énergie cosmique.

Ainsi les trois éléments qui déterminent l'apparition du
fœtus : père, mère et conscience du trépassé, sont tous trois
également « responsables », et non plus seulement les parents,
comme on le croit ordinairement, car le *karma* passé du
trépassé veut se réaliser, et doit trouver le support matériel
pour se manifester.

Les deux causes du passé : *mumyo* et *gyo,* ignorance et action,
engendrent les effets du présent, qui sont :

— *shiki : la conscience (troisième innen);*

— *cette conscience détermine myo-shiki, le nom et la forme ou l'esprit et le corps,* ou les fonctions mentales et la matière *(quatrième innen)*

— *puis se forme roku-nyu : les six organes des sens* (yeux, oreilles, nez, langue, corps, esprit). C'est le cinquième *innen.* Pendant les neuf mois de gestation, le fœtus vit tous les stades de l'évolution et de la mutation des espèces, du stade unicellulaire aux invertébrés, puis aux vertébrés et aux mammifères, jusqu'à l'organisme infiniment élaboré et complexe que constitue le fœtus au moment de naître.

Après la naissance se développent les facultés latentes du nouveau-né, en fonction des données de son milieu.

— Avec la naissance et par l'action de la conscience, du corpsesprit des six organes des sens, *shoku, le contact* apparaît (sixième *innen*).

— Par le contact est engendré *ju, la perception* (septième *innen*).

A ce stade-là, les *bonnos* du présent apparaissent; ce sont :

— *Ai, les désirs* (huitième *innen*) engendrés par la perception.

— *Shu, l'acte de saisir,* l'attachement (neuvième *innen*) produit par les désirs.

— *U, l'attachement,* la possession, le « vouloir-vivre » (dixième *innen*), produit par la volonté de saisir; l'existence ne veut pas de la non-existence, elle réfute la mort. Deux effets futurs apparaîtront alors :

— *Sho, le devenir* (onzième *innen*) engendré par le vouloirvivre.

— et *ro-shi, la dégénérescence et la mort* (douzième *innen*), conséquence du devenir.

Après la mort, le *karma* de la conscience passée, façonnée d'ignorance, engendrera de nouveau l'action qui elle-même produira les conditions par lesquelles se développera le nouvel organisme vivant. Ainsi se forme le cycle de la transmigration et des réincarnations.

La deuxième démarche suit le sens inverse de la précédente : partant de *ro-shi,* la mort, elle aboutit à *mumyo,* l'ignorance, et correspond à la méthode d'observation à partir du *satori,* appelée *gen metsu mon :* « la porte qui conduit à l'extinction en revenant au rien, *ku* »; ou encore : *ku-kan :* l'observation qui revient à *ku.* C'est la démarche que fit le Bouddha au moment où il obtint le satori sous l'arbre de la *Bodhi.* Par elle, il comprit le processus de la transmigration.

Bouddha décida de quitter son état princier et de devenir moine dès l'instant où il réalisa que la vie était souffrance et impermanence. A ses yeux apparurent les images humaines de la dégénérescence, de la souffrance et de la mort.

Mujo, l'impermanence, le plongea dans le tourment, et durant les six années d'ascétisme et de mortification qu'il vécut après sa fuite du palais durant son apprentissage auprès des yogis, il chercha seulement à résoudre cette énigme torturante. Sa réflexion le mena de *shi* la mort à *mumyo,* l'ignorance, cause primordiale de toute souffrance.

Le *satori* que le Bouddha obtint, assis en profond *nirvana* sous l'arbre de la *Bodhi,* l'investit de la sagesse qui lui fit comprendre l'enchaînement sans fin de la vie et de la mort. L'anneau commence à *mumyo,* et finit à *mumyo.* Par l'action de retour à notre nature originelle, vraie et absolue, nous pouvons nous émanciper de *mumyo,* l'ignorance fondamentale du monde manifesté; par l'extinction de *mumyo* s'achèvent toutes les souffrances, et se réalise le parfait nirvana.

Dans le Zen, *mumyo* correspond à *kontin* (la somnolence) et *sanran* (la dispersion). *Mumyo* apparaît lorsqu'on est dans l'un ou l'autre de ces deux états, c'est-à-dire lorsque notre esprit est dissocié de la conscience universelle cosmique, lorsqu'il se pose en dualité par rapport à l'ordre de l'univers. Aussi *mumyo* est-il le produit direct de notre conscience individuelle, il en est le reflet exact, la face réversible. Maître Keizan, dans le *Zazen Yojinki,* écrit : *Toutes les souffrances, les bonnos, les illusions, les passions, naissent de mumyo. Pendant zazen, nous pouvons éclairer notre ego qui est sans noumène. L'égoïsme est l'unique produit de mumyo. Toutefois, celui qui a tranché tous les bonnos sans avoir tranché mumyo ne peut pas être considéré comme un authentique Bouddha, ni un vrai patriarche. Aussi pour trancher mumyo, la plus haute, l'unique et secrète méthode est la pratique de zazen, qui est la Voie royale conduisant à l'extinction de mumyo.*

Le problème se pose alors de savoir d'où provient *mumyo*, quel est le facteur déterminant cette « ignorance originelle ». C'est ce qu'explique le sutra du Hannya Shingyo dans les termes de *mu mumyo yaku mu mumyo jin*.

Mu mumyo signifie « la non-ignorance »; *yaku* : « et, mais », *mu mumyo jin* : « l'extinction de la non-ignorance »; clairement exprimé, cela signifie qu' « il n'y a ni ignorance ni extinction de l'ignorance ». Que signifie donc cette ignorance qui ne commence ni ne finit? Dans le *Sandokai*, on trouve souvent le terme *reigen* qui désigne la pureté de l'esprit originel. Comment apparaît *mumyo*, puisque originellement tout est *mu mumyo*, non-ignorance, pureté, clarté, éveil?

Le sujet qui pose cette question est notre conscience dualiste; la question posée ne peut par conséquent être exprimée qu'en termes contradictoires et irréductibles. L'on discerne alors le cercle vicieux que forment la question posée et la conscience qui pose la question; ignorance et éveil ne sont pas différenciés; chacun est l'expression exacte, à des degrés divers, de niveaux de conscience multiples échelonnés sur l'échelle involutive et évolutive du manifesté, fondamentalement ils sont sans substance, désignant seulement l'attitude de la conscience par rapport à la réalité ultime, laquelle est perçue par la conscience *hishiryo* de zazen.

Dans notre vie, nous ressentons *mumyo*, l'ignorance; de là nous formulons, par opposition, le concept de *mu mumyo*, non-ignorance.

La concentration en *ku*, la réalité ultime, contient en virtualité l'expansion en *shiki*. L'expansion phénoménale de *shiki* contient en virtualité le retour à la concentration en *ku*. Toutefois, *shiki* virtuel est partout manifesté, bien que sans existence. Et *ku* virtuel est partout en *shiki*, bien qu'étant le non-manifesté. Notre essence originelle est *ku*, pureté, et contient en virtualité *mumyo* (l'ignorance) susceptible de se manifester au contact d'un objet, d'un phénomène qui lui-même n'a pas de réalité propre; la scission sujet-objet apparaît et par elle surgit l'infinité des aspects phénoménaux.

Ku, le rien, n'est pas différent de *shiki*, les phénomènes illusoires, et *shiki*, n'est pas différent de *ku*. Les phénomènes illusoires sont *ku*, rien, de même que l'ignorance productrice des phénomènes illusoires. C'est pourquoi il n'y a ni ignorance, ni extinction de l'ignorance. Le *satori* n'existe qu'en fonction de *mumyo* (l'ignorance) et des *bonnos*, les illusions. Ainsi, *bonnos* et *mumyo* sont-ils la condition nécessaire à l'existence du *satori*.

Il n'est donc pas nécessaire de vouloir trancher *mumyo* puisqu'il est sans existence réelle et que nous sommes sans noumène.

Nous avons seulement à nous concentrer en *ku*. Cependant, étant nous-mêmes *mumyo*, ignorance, il est important d'observer et de comprendre *mumyo*, donc de nous observer et nous comprendre nous-mêmes. Il n'est pas nécessaire cependant de rechercher *ku*, ni de penser à notre existence ou non-existence. Il faut seulement comprendre *mumyo*, à travers zazen, et comprendre conséquemment notre *karma*, créé par l'accumulation des semences de nos *bonnos* emmagasinées dans chacun des neurones; ceux-là tissent le réseau des facultés mnémoniques de la conscience et du subconscient; la mémoire actualisée, c'est-à-dire la mémoire filtrée et partielle, constitue la source active de la discrimination (sensitive, affective et intellectuelle), c'est-à-dire qu'elle est à l'origine des bonnos. C'est pourquoi il est dit que zazen lui-même est le satori; car dans l'esprit de profond samadhi (concentration) et d'absolue sagesse (observation) s'éteignent toute forme de discrimination, tout aspect des *bonnos*. Vouloir trancher les *bonnos*, c'est encore créer un *bonno* (comme on le verra dans la deuxième partie de ce chapitre consacrée aux méthodes curatives), du fait même que cette volonté est productrice d'attachement. C'est là un point important, et en quelque sorte le point de rupture qui distingue le bouddhisme Mahayana de la plupart des religions traditionnelles qui s'attachent à cette volonté de destruction des *bonnos,* du « mal ». La solution qu'offre le Mahayana au problème du « mal » (pris non au sens moral mais dans le sens de souffrance) transcende d'emblée toutes les données du phénoménal et donne à l'homme le pouvoir immédiat de retourner à sa réalité véritable, à sa nature essentielle qui est appelée dans le bouddhisme « nature de Bouddha », ou *ku.*

2. *Méthodes curatives*

La voie du Hinayana (ou petit véhicule) s'étaye, pour une grande part, sur l'enseignement et la pratique de la morale. L'observance des préceptes (*sila,* ou *kai*) passe au premier plan, et l' « anéantissement » des *bonnos* est la condition sine qua non de la pratique de la Voie. C'est la raison pour laquelle, plus que nulle part ailleurs, cette voie est jalonnée de pratiques ascétiques, voire mortificatrices, visant à la destruction des *bonnos*. C'est la raison pour laquelle également, tant d'ermites, de reclus et de moines solitaires s'y adonnent, cherchant refuge loin du monde des souillures. Mais la dualité reste entière dans leur esprit : dualité entre une réalité phénoménale et sociale, souillée, pervertie, qu'il faut fuir résolument, car totalement incompatible avec — second aspect de la dualité — leur idéal d'extinction des *bonnos* qui requiert un monde de pureté sans entrave.

La dualité est reine des *bonnos,* en tant que *mère* de tous les *bonnos*. Comment dans ce cas, une Voie a-t-elle pu, et peut-elle encore, s'enliser si profondément dans le gouffre sans fond de la discrimination? L'on pourrait, à la limite, admettre que, pour un temps, l'homme suive une ascèse hors du monde, à l'issue de laquelle, transformé, « régénéré », son retour au monde serait favorisé, et ses facultés secourables accrues. Or la plupart du temps chez ceux qui, se retirant du monde, vivent solitaires dans une nature accueillante, il se passe le phénomène inverse du résultat recherché : certaines formes de *bonnos* certes ont disparu, et pour cause, puisque l'objet direct est supprimé, comme tous les désirs, convoitises et appétits envers des êtres ou des objets qui, ordinairement, existent à foison dans le monde; mais d'autres formes de *bonnos* sont alors apparues, parmi lesquelles, outre l'attachement exclusif et aliénant à une certaine forme de vie dont le contraire effraie, le plus malin et le plus irrésistible est l'inclination à l'orgueil, au sentiment d'être parvenu à « quelque chose », ou plus exactement de s'être débarrassé de ce « quelque chose » dans lequel le commun des humains continue à se débattre, orgueil de se croire dans le vrai quand les autres sont dans le faux; de la sorte, les vues erronées croissent en luxuriance. Aucun pas n'a été fait dans la Voie, sinon celui qui a entamé la régression.

Le Bouddha s'abîma six années durant dans des pratiques ascétiques et mortificatrices qui ne le conduisirent à rien d'autre qu'à un état de dégénérescence physique proche de la mort, et à une condition mentale troublée sans répit par des hallucinations. Secouru, puis soigné, ayant repris des forces par une nutrition et un mode de vie plus proches de la « norme », le Bouddha, après quelques jours d'assise paisible en méditation, trouva l'éveil. Et la grande leçon qu'il tira de ses expériences passées confrontées à sa réalisation présente fut celle-ci : la Voie du Milieu est la seule Voie juste que tout humain doit suivre pour sa libération.

Cette Voie du Milieu devint l'objet de l'enseignement bouddhique qui prit le nom de Mahayana (ou grand véhicule), par opposition à l'enseignement graduel, considéré comme inférieur (nous aurons l'occasion de voir pourquoi), qui fut appelé Hinayana.

Pour référence, et pour critère de comparaison, je vais exposer quelques-unes des méthodes qu'enseigne le Hinayana dans la voie de la destruction des *bonnos* ·

— Méthode *tai,* ou méthode défensive et répressive : elle concerne particulièrement les trois *bonnos* de base qui sont : *to,* le désir, *jin,* la colère, et *chi,* l'ignorance; eux-mêmes se subdivisent en douze sortes de *bonnos,* envers lesquels doit être adoptée une attitude (une tactique) spécifique identique à la stratégie dont on userait envers un ennemi en pareil cas.

— Méthode *ten,* ou méthode du changement qui consiste à imaginer ou regarder des souillures ou des cadavres lorsque s'élèvent des désirs; cette observation est supposée conduire à un bouleversement de l'état d'esprit du méditant.

Les méthodes du Hinayana conduisent souvent à des excès · une jeune personne me racontait un jour qu'elle devait accompagner en métro deux jeunes moines cambodgiens qui allaient participer à une émission télévisée. En vertu de la rigueur de leurs préceptes, ces deux moines avaient exigé que leur soient attachés deux gardes du corps qui devraient veiller à éviter tout contact indésiré avec des personnes de sexe féminin! On opta finalement pour un taxi.

— Méthode *futen,* ou méthode du non-changement : elle consiste en un transfert de *bonno,* sans que l'état d'esprit du méditant ait à s'imposer de changement par bouleversement de l'observation.

— Méthode *ten-futen,* ou méthode du changement et non-changement, qui consiste donc à utiliser les deux méthodes précédentes : deux *bonnos* s'élèvent, désir sexuel, par exemple, et colère, deux méthodes sont utilisables; le résultat est la permutation des quatre termes : les deux *bonnos* et les deux méthodes.

— Méthode *gu,* ou méthode du tout : grâce à l'utilisation des quatre méthodes précédentes, elle est le résultat final qui aboutit à l'extinction des *bonnos* et permet de pénétrer l'authentique vérité au moyen de la sagesse transcendantale. Si le Hinayana a été appelé tel, c'est-à-dire petit véhicule ou plus précisément véhicule inférieur, c'est en raison même des étapes, et de l'aspect graduel que revêt son enseignement, et qui constituent en quelque sorte les garde-fous de protection. Si ces derniers empêchent les êtres humains de se fourvoyer dans les méandres sinueux des passions et illusions, ils forment néanmoins une barrière érigée entre l'homme et sa possibilité d'accès direct à la vérité. Certes, et c'est la raison pour laquelle cet enseignement s'est perpétué et a toujours fait des adeptes, le Hinayana a le mérite d'offrir aux faibles une sécurité; la force de celle-ci ne réside pas dans le fait qu'elle est une valeur sûre et immuable, au contraire, cette sécurité n'est qu'illusoire puisqu'il faudra bien qu'en dernier lieu s'effondrent toutes les barrières discriminatoires du bien et du mal, du pur et du souillé, du vrai et du faux, bref toutes les formes dualistes qui confortent l'homme et le stimulent dans sa recherche, comme l'on flatte un cheval en le caressant; c'est la raison d'être du Hinayana; mais il incombe à chacun de savoir que tout concept doit un jour se vider de son contenu pour qu'apparaisse la vérité. C'est ce que vise le Mahayana à travers la Voie du Milieu qui trempe d'emblée l'homme fort dans le non-tout, dans l'au-delà du tout, en unissant en une fois tous les contraires, dont il fait éclater les contours illusoires par heurts successifs et répétés, à la manière de deux bulles de savon qui se rencontrent, jusqu'à anéantissement de toute enveloppe limitative.

Aussi, dans le Mahayana, les méthodes pragmatiques de destruction des *bonnos* sont inexistantes. Les *bonnos,* et leur corollaire les *kai* (ou préceptes) jouent finalement un rôle très secondaire, à la lumière de ce qui est le plus haut des préceptes et donc la voie d'extinction absolue des *bonnos :* zazen en lequel sont réunis sagesse et *samadhi.* C'est la seule et unique méthode : *ku,* l'essence absolue de la vérité dans le non-né originel.

C'est dans la résolution des *bonnos* au moyen de *ku* que se fonde la philosophie essentielle du Zen et du Mahayana.

Avant d'aborder le sujet en profondeur, il est bon au préalable de mettre en garde contre une erreur qui peut s'établir dans l'esprit du pratiquant du Mahayana : l'erreur qui consisterait à croire que le Mahayana, qui se veut au-delà de toute dualité, prône un enseignement selon lequel la maintenance des *bonnos* constitue en elle-même la Voie; ce serait une erreur grossière et totalement contraire à l'enseignement du Bouddha, qui ne ferait qu'augmenter l'héritage des dix *bonnos* fondamentaux qui échoit à chacun à sa naissance. Désirs, ignorance et colère demeurent ce qu'ils sont, c'est-à-dire les illusions *to, jin* et *chi,* et suivre ses penchants illusoires est foncièrement un égarement.

Comment accéder à l'éveil, ou *satori,* sans avoir à s'aliéner la volonté acharnée, forcenée, et aliénante de trancher les *bonnos?*

Un seul bonno inclut tout le bouddhisme, stipulent les sutras mahayanistes; cela ne signifie pas qu'il faut se concentrer sur les *bonnos,* mais, au contraire, y être attentif et exercer sa patience, laquelle brise l'ignorance et conduit l'esprit à sa vraie liberté. Revenons sur cette apparente contradiction qui fait état de l'entrée dans le *nirvana* sans avoir à « trancher » les bonnos :

Il est fait mention, dans certains sutras mahayanistes relatifs aux *bonnos,* de quatre sortes de gens :

— *il y a ceux qui sans « couper » leurs bonnos n'entrent pas dans le nirvana :* c'est le cas de la plupart qui vivent comme des animaux, ne développant que leurs facultés matérielles, et sont particulièrement nombreux dans notre civilisation actuelle;

— *il y a ceux qui « tranchent » leurs bonnos et entrent dans le nirvana :* ils sont rares, et se comptent parmi les ascètes, les moralistes; toutefois leur entrée dans le *nirvana* présuppose l'achèvement de leur discrimination *bonnos*-moralisme;

— *la troisième sorte de gens sont ceux qui fortuitement coupent ou ne coupent pas leurs bonnos, et qui, de façon contingente, parviennent ou non au nirvana :* cela est le lot d'un certain nombre qui pratiquent zazen. Zazen lui-même est *nirvana.*

Selon l'état de conscience durant zazen, les *bonnos* s'apaisent ou non, le *nirvana* est atteint ou non. Parfois l'on sombre en *sanran*, parfois l'on se disperse en *kontin*, parfois l'on parvient à l'équilibre juste, mais le seul fait de penser avoir obtenu le *satori* est une aberration mentale; le *satori* est fusion dans l'unité, aussi ne peut-il y avoir place pour la moindre réflexion de la conscience;

— *enfin, il y a ceux qui ne coupent, ni ne coupent pas les bonnos, et ainsi n'entrent ni n'entrent pas dans le nirvana* : cela correspond à la véritable attitude, celle où toute forme de dualisme est transcendée.

Chacune de ces quatre propositions est subdivisée en quatre énoncés, analysés comme suit :

Première proposition

a) *Ne pas trancher les bonnos et ne pas entrer dans le nirvana.*
b) *Trancher les bonnos mais ne pas entrer dans le nirvana.*
c) *Tantôt trancher, tantôt ne pas trancher les bonnos, et ne pas entrer dans le nirvana.*
d) *Sans trancher les bonnos ni ne pas les trancher, ni ne pas entrer dans le nirvana.*

a) Sans trancher, et sans entrer : c'est le cas de la plupart des gens.
b) C'est le cas de ceux qui recherchent l'ascétisme, et en cela se trompent d'orientation.
c) Ce sont ceux qui font zazen et continuent la pratique, ils ont obtenu le Zen mais font des catégories personnelles à propos du Zen; ils sont nombreux...
d) Ce sont ceux qui continuent la pratique de zazen et comprennent le vrai *mushotoku*.

Deuxième proposition

a) *Trancher les bonnos et entrer dans le nirvana.*
b) *Ne pas trancher et entrer dans le nirvana.*

c) *Trancher sans trancher, et entrer dans le nirvana.*
d) *Sans trancher ni ne pas trancher, entrer dans le nirvana.*
Pour chacun de ces quatre cas, il y a obtention du *satori* et entrée dans le *nirvana,* mais chaque cas est différent.
a) C'est le cas des ascètes, des moralistes, qui comprennent au moyen de la pratique de l'observation; leur morale rigoureuse finit par éclater au contact du *nirvana.* C'est le bouddhisme Hinayana.
b) Ce sont les gens qui pratiquent zazen; ils obtiennent inconsciemment le *satori* sans trancher les *bonnos* qui existent naturellement.
c) Ce sont les pratiquants qui obtiennent le *satori* par la concentration et l'observation de zazen. Parfois, ils tranchent les *bonnos,* parfois ne les tranchent pas et entrent dans le *nirvana.*
d) Sans trancher, ni ne pas trancher, entrer dans le *nirvana;* ce sont les vraies personnes du *satori,* qui s'harmonisent avec l'ordre et la vérité cosmiques.

Troisième proposition

Ces quatre énoncés concernent les pratiquants de zazen :
a) *Trancher ou ne pas trancher les bonnos, et entrer ou ne pas entrer dans le nirvana.*
b) *Trancher et entrer ou ne pas entrer dans le nirvana.*
c) *Ne pas trancher et entrer ou ne pas entrer dans le nirvana.*
d) *Sans trancher ni ne pas trancher, entrer ou ne pas entrer dans le nirvana.*

Quatrième proposition

Ces énoncés correspondent dans chacun des cas à l'attitude juste et authentique :
a) *Sans trancher ni ne pas trancher les bonnos, ni entrer, ni ne pas entrer dans le nirvana.*

b) *Trancher les bonnos, et ni entrer ni ne pas entrer dans le nirvana.*
c) *Ne pas trancher, et ni entrer ni ne pas entrer.*
d) *Trancher ou ne pas trancher, et ni entrer ni ne pas entrer.*

Ces seize énoncés, auxquels s'ajoutent les quatre propositions de base, constituent les vingt attitudes qui déterminent l'entrée ou non dans le *nirvana*.

L'entrée dans le *nirvana* ne doit pas être, selon l'enseignement du Mahayana, une fin en soi (le Hinayana au contraire recherche le *nirvana* comme fin ultime, comme émancipation qui dans sa recherche n'en demeure pas moins individualiste ; de la sorte, elle ne peut qu'échouer, car la véritable émancipation suppose l'abandon total de soi, ce qui dans la vie correspond à l'authentique altruisme, à la compassion sans limite ; c'est pourquoi dans sa phase ultime, le pratiquant sincère et entier, ne peut qu'avoir recours au Mahayana).

Ainsi l'idéal du bodhisattva se fonde-t-il sur le vœu de faire accéder tous les êtres à l'émancipation ultime, lui-même n'y accédant qu'une fois son vœu réalisé. C'est pourquoi, conformément à la véritable attitude du Mahayana, il faut se situer au-delà du *satori*. Le *nirvana* est la montagne qu'il faut escalader, mais dont on doit aussi savoir redescendre pour faire le saut dans le courant périlleux du monde social.

Comme pour les quatre propositions précédentes, relatives à l'entrée ou non dans le *nirvana,* l'état au-delà du *nirvana* est défini en quatre nouvelles propositions, chacune se composant également de quatre énoncés, qui déterminent la justesse ou l'erreur de l'attitude.

Première proposition
Ne pas trancher les bonnos et ne pas être au-delà du nirvana.
Deuxième proposition
Ne pas trancher les bonnos, et être au-delà du nirvana.

Troisième proposition
Trancher ou ne pas trancher les bonnos et être ou ne pas être au-delà du nirvana.
Quatrième proposition
Ni trancher les bonnos ni ne pas les trancher et être au-delà du nirvana, ou non.

Chacune de ces propositions est analysée comme suit :

Première proposition
a) *Ne pas trancher les bonnos et ne pas être au-delà du nirvana.*
b) *Ne pas trancher les bonnos et être au-delà.*
c) *Ne pas trancher et être ou ne pas être au-delà.*
d) *Ni trancher les bonnos et ni être ni ne pas être au-delà.*

a) Correspond au commun des gens, et aux ascètes qui sombrent dans les *bonnos* du moralisme et du dogmatisme.
b) Correspond au bodhisattva qui est au-delà des phénomènes à travers son corps et son esprit.
c) C'est l'état de bodhisattva qui est au-delà de *ku* et des phénomènes, mais qui peut, par sa qualité de bodhisattva, se mêler aux souillures du monde pour aider les êtres.
d) C'est la vraie vérité, expérimentée et vécue à travers le corps, et qui transcende toute dualité entre le monde phénoménal et le monde de l'absolu, lesquels se situent sur le même plan en unité profonde.

Deuxième proposition
a) *Trancher les bonnos et être au-delà du nirvana.*
b) *Trancher les bonnos et ne pas être au-delà du nirvana.*
c) *Trancher les bonnos et être ou ne pas être au-delà du nirvana.*
d) *Trancher les bonnos sans être ni ne pas être au-delà du nirvana.*

a) Ce sont les ascètes qui sont retournés dans le monde social pour faire partager aux autres leurs propres bénéfices; ils aident le Bouddha.

b) Correspond aux ascètes qui se sont éteints dans le parfait *nirvana;* ils n'ont plus aucune relation avec le monde phénoménal.

c) Correspond aux ascètes qui tantôt jouissent du *nirvana* pour eux-mêmes, tantôt en distribuent les bienfaits aux autres.

d) C'est la vérité cosmique elle-même.

Troisième proposition

a) *Trancher ou ne pas trancher les* bonnos *et être ou ne pas être au-delà du nirvana.*

b) *Trancher ou ne pas trancher les* bonnos *et être au-delà du nirvana.*

c) *Trancher ou ne pas trancher les* bonnos *et ne pas être au-delà du nirvana.*

d) *Trancher ou ne pas trancher sans être au-delà ni ne pas être au-delà du nirvana.*

a) Correspond au bodhisattva qui est entré dans *ku* par la concentration et l'observation, et qui peut en communiquer les bienfaits aux êtres souffrants.

b) Le bodhisattva émancipé du monde phénoménal (par la pratique de la concentration et de l'observation), et qui demeure dans cet état d'émancipation.

c) L'ascète qui usant de la concentration et de l'observation s'éteint dans le *nirvana.*

d) La vérité cosmique ultime dont la réalisation dépend de la profondeur de la concentration et de l'observation du corps et de l'esprit.

Quatrième proposition

a) *Sans trancher ni ne pas trancher les* bonnos, *n'être ni ne pas être au-delà du nirvana.*

b) *Sans trancher, ni ne pas trancher les* bonnos, *être au-delà du nirvana.*

c) *Sans trancher, ni ne pas trancher, ne pas être au-delà du nirvana.*

d) *Sans trancher, ni ne pas trancher, être au-delà sans être au-delà.*

a) C'est la concentration profonde du corps et de l'esprit.

b) C'est le bodhisattva qui par-delà le monde phénoménal et le monde absolu sert les humains dans l'esprit de profonde concentration et de compassion.

c) Correspond à l'ascète dans l'état de concentration.

d) C'est l'état parfait du bodhisattva qui porte en lui la totalité, et incorpore toutes les dimensions du phénoménal à l'absolu *ku*.

Cette Voie implique le non-attachement, la non-fixation sur l'une ou l'autre des attitudes d'exorcisme ou de non-exorcisme des *bonnos*.

L'attitude qui consiste à s'abandonner passivement au courant ininterrompu des *bonnos,* attitude de non-exorcisation, est une forme d'inconscience, d'irresponsabilité grave, source et facteur du cycle incessant des réincarnations. Mais l'attitude inverse d'exorcisation, telle qu'elle est en usage dans le Hinayana, est dans sa nature même une forme de « folie », de par l'attitude d'esprit qui habite le pratiquant; celui-ci en effet s'enferme dans la crainte, crainte d'enfreindre les préceptes, crainte de ne pouvoir accéder à la libération, crainte de la vie et de la mort; sa vie est semblable à celle d'un homme pourchassé, traqué par l'ennemi et ne pourra guère se situer au-delà des trois mondes. Le véritable bodhisattva du Mahayana ne s'attache pas à l'action de conjurer les *bonnos*. Ayant le courage d'affronter la vie et la mort, il refuse le *nirvana* pour aider les êtres à trouver l'éveil; lui-même trempe intentionnellement dans le monde des souillures, conscient du danger, mais redoublant d'attention. Là est la clef de l'attitude mahayaniste, et la solution des problèmes que pose l'existence des *bonnos :* par la lucidité, la vigilance et l'attention s'opère le processus de libération; cette attention est l'état de tension véritable et juste dont est investi le pratiquant pendant zazen; c'est, autrement dit, la tension vers lui-même qui aboutit au retour véritable en soi, retour qui ne s'effectue qu'au moyen de la pensée *ku* et s'achève en *ku;* fin et moyens se rejoignent, certes, puisque le soi lui-même et toutes choses sont *ku.* Le bodhisattva qui comprend cette non-dualité résolue en *ku* ne recherche plus la certification de *ku;* pour lui *bonnos* et *satori* sont l'expression de l'universalité de *ku.*

Bonnos et *satori* dépendent l'un de l'autre, et cette dépendance est aliénante; tant que persiste dans l'esprit l'opposition *bonnos-satori,* aucun pas libérateur n'aura été fait. La recherche d'un objet, fût-il le *satori,* est une erreur de la conscience qui s'égare en raison même du concept qu'elle construit, donc de la scission dualiste qu'elle instaure; le concept en lui-même est facteur d'éloignement de la vérité, facteur d'illusion; il est le plus grand des *bonnos,* en incarnant le piège où tombent facilement tous ceux qui croient connaître par le seul fait de nommer. C'est pour cette raison qu'une sentence bouddhiste dit : « Si tu rencontres Bouddha, donne-lui trente coups de bâtons. » La vérité ne se nomme pas; bien que connaissance absolue, elle est connaissance sans nom, c'est-à-dire sans dualité entre l'objet connu et le sujet connaissant; objet connu et sujet connaissant sont fondus dans la même et unique réalité, l'un intégré dans l'autre et de la sorte, résorbant toute scission.

Cette condition de la connaissance, atteinte par-delà les données de la conscience discriminante, et établissant une perception non dualiste du monde, doit être l'attitude fondamentale de l'esprit Mahayana du bodhisattva.

Sans discrimination, il doit considérer les *bonnos* comme maladie et remède à la fois; aussi n'y a-t-il pas lieu de les conjurer ni de ne les point conjurer. Sans obstacle, se situant par-delà la vie et la mort, par-delà le positif et le négatif, l'homme libre trouve l'ouverture vers l'extérieur, l'ouverture transcendant les extrêmes, et incarne lui-même cette ouverture; la transmutation des *bonnos* s'opère alors d'elle-même, naturellement, selon la loi de l'interdépendance entre l'origine et la fin, où origine et fin sont de même nature.

Le *bonno* n'est plus appréhendé comme le mal en soi, préjudiciable, il n'est plus seulement l'élément malfaisant qu'il faut bannir; mais il est aussi considéré comme la source d'un bien nécessaire et utile, comme les racines le sont aux branches. Le dualisme s'éteint de lui-même, appréhendé à travers un champ visuel largement ouvert. La véritable attitude à l'égard des *bonnos* n'est alors ni de s'y abandonner ni de les combattre. Mais demeurant dans l'attitude d'esprit de la concentration *mushotoku,* dénué de recherche égoïste, et restant attentif au pouvoir d'action des *bonnos,* pouvoir qui est originellement, fondamentalement, essentiellement unique et sans couleur, seulement force potentielle immanente au tout, le *bonno* ne se manifeste pas alors en tant que *bonno* (puisque le *bonno* n'est péjorativement *bonno* que pour une pensée conceptualisatrice et discriminante), mais il révèle simplement une action qui est la manifestation de la potentialité, et qui est nécessaire et se suffit à elle-même; elle est nécessaire puisqu'elle appartient au champ de manifestation du potentiel cosmique lequel contient en lui-même sa propre nécessité d'être, et elle se suffit à elle-même pour la même raison; en d'autres termes, le *bonno* n'étant pas différent de *ku,* le terme *bonno* ne s'investit pas de la signification qui lui est attribuée ordinairement selon un mode de pensée dualiste. L'esprit *mushotoku,* qui ne recherche pas le gain et ne considère pas la perte, n'appréhende plus les données du vécu à travers les distorsions corrélatives à l'ego; abstraction étant faite des éléments multiples qui tissent les cadres de l'interprétation subjective, la réalité est alors perçue en elle-même, telle qu'elle est, sans être entachée d'une couleur quelconque.

Ainsi dans le Mahayana, la voie curative des *bonnos* est seulement, mais nécessairement, fonction du champ d'ouverture de la conscience qui suscite l'état d'esprit adéquat et requis pour la pratique juste. La notion même de *bonno,* par opposition au *satori,* est un produit direct de la pensée discriminante et en tant que tel il est « incorrigible », incurable; c'est la raison pour laquelle nombre de pratiquants ont échoué dans leur recherche, en se fondant sur une morale rigide, imposée de l'extérieur, et aliénée à une pensée conceptuelle et dualiste; ils s'enferment de la sorte dans un cercle vicieux, où la discrimination produit la discrimination, où malgré les apparences trompeuses d'une extinction, le *bonno* n'a subi qu'un transfert de forme. Le Mahayana au contraire fait d'emblée opérer un changement de nature ou plus exactement, il replace le *bonno* dans la nature essentielle du tout qui est le pouvoir créateur de l'élan cosmique; ce « réajustement » ne peut se faire qu'au moyen de la conscience *mushotoku,* qui par nature est en harmonie avec l'ordre cosmique; cet état de conscience qui transcende le dualisme égocentrique met au diapason l'accomplissement des actions individuelles fondues dans le rythme du mouvement cosmique. Cette attitude se ramène finalement à laisser passer les *bonnos,* les laisser apparaître puis s'éteindre d'eux-mêmes, sans en favoriser le cours, ni le repousser; elle consiste à reconnaître la relativité de toute chose; les phénomènes, bien que nous affectant, ne perturbent plus notre esprit profond, et deviennent la force vive et dynamique de notre vie. Aussi est-il dit : *Bonno soku bodai,* les *bonnos* sont le *satori,* comme la fleur de lotus prend racine dans la boue des marécages; le *satori* se réalise inconsciemment en nous par transformation naturelle des *bonnos,* et l'esprit de compassion s'éveille conséquemment, à la vue de ceux qui souffrent.

QUATRE MÉTHODES
D'ÉDUCATION

Pour l'être souffrant, emprisonné dans les passions et les illusions, le bodhisattva du Mahayana dispose de diverses méthodes d'éducation ; les plus courantes sont au nombre de quatre, qui furent professées par le Bouddha lui-même. Ce sont les quatre *shiddhantas* en sanscrit, que les sutras décrivent comme suit.

La première méthode est la méthode dite sociale : elle consistait à user de beaucoup de tact et de diplomatie avec ceux qui n'étaient pas préparés à suivre l'enseignement bouddhique, prenant exemple sur l'attitude qu'adoptait le Bouddha avec ces personnes : connaissant la lassitude qu'encourent ceux qui se forcent à suivre la Voie, qui la pratiquent avec volontarisme, puis, se fatiguant, l'abandonnent, il les encourageait au contraire à suivre leurs inclinations et leur indiquait la voie qui mène à la joie du monde social ; il allait même jusqu'à les décourager de pratiquer la Voie, prétextant sa difficulté, ce qui avait pour effet d'éveiller leur curiosité et de les amener progressivement à son enseignement.

La deuxième méthode, méthode fondée sur les caractéristiques de chacun, et l'opportunité d'enseigner : par la compréhension du *karma* individuel, perçu directement à travers la personnalité propre de chacun, physionomie, comportement, expressions, un enseignement particulier est adressé à chacun, qui est facteur d'éveil de la foi véritable dans la vitalité de l'esprit, lorsque le moment propice se présente.

La troisième méthode est la pratique de zazen : à ce stade commence le véritable enseignement. Par zazen on peut comprendre le goût du véritable bonheur. L'acquisition de la vraie joie spirituelle, de la joie du *dharma,* conduit à l'appauvrissement des *bonnos* et du mauvais *karma,* source de toute souffrance. Dans chacun des actes de la vie, cette joie déteint, affinant et purifiant les désirs, et sans volontarisme, transforme le *karma*.

La quatrième méthode est la plus élevée, elle est le *satori* lui-même, et fait référence au *shiho* (ou transmission) du Zen Soto; lorsque le disciple est prêt, que le moment opportun est venu, le Maître utilise un moyen habile et adéquat pour faire entrer rapidement son disciple dans l'authentique vérité, et le faire s'éveiller à la vraie liberté du *satori*.

Le sutra prévient que celui qui n'accepte pas l'une au moins de ces quatre méthodes d'enseignement est voué à la confusion, fourvoyé dans les méandres inextricables du désir-amour, et tout en perturbant les autres, précipité en enfer (*naraka*). L'idéal d'homme libre et sans obstacle est à jamais perdu.

Le sutra ajoute : *l'ombre des arbres dans l'obscurité de la nuit ne peut être perçue par l'obscurité. Cependant l'œil céleste peut la voir.* La lumière existe dans l'obscurité, mais l'œil humain ne perçoit que l'obscurité, par les milliers d'obstacles qu'il élève entre lui et la sagesse. Comme la bougie que l'on allume, l'œil céleste chasse l'obscurité.

Cela a été expliqué dans un poème du *Sandokai* :

Dans l'obscurité existe la lumière,
Ne regardez pas avec une vision obscure.
Dans la lumière existe l'obscurité,
Ne regardez pas avec une vision lumineuse.

le poème suivant explique :

Lumière et obscurité
créent une opposition,
Mais dépendent l'une de l'autre comme
le pas de la jambe droite dépend du pas de la jambe gauche.

Toutes les existences, tous les phénomènes et toutes les illusions se ramènent à *ku*. Il n'y a en réalité ni illusion, ni désillusion, ni juste, ni faux, ni obscurité, ni lumière. La lumière est la totalité de l'obscur, et tout l'obscur devient la lumière. L'obscur qui comprend la lumière n'est pas obscur, car fondamentalement tout est lumière, nature de Bouddha, tout est rayonnement de la conscience cosmique. Bien que la source de l'esprit soit foncièrement claire, la vision obscure la fait paraître obscure et ne peut percevoir la lumière inhérente à l'obscurité. De plus, la lumière étant le monde des différences (le monde du visible où les phénomènes sont perceptibles), et l'obscurité étant le royaume de l'identité (le monde où les phénomènes ne sont plus distinctement perceptibles), on peut dire alors que la lumière n'est pas la lumière, et que l'obscur n'est pas l'obscur, ou bien que la lumière devient l'obscur, et l'obscur la lumière; autrement dit, la lumière phénoménale est l'obscurité de l'œil céleste, et l'obscurité phénoménale est la source de la lumière originelle.

Ainsi en est-il des *bonnos*. Il ne convient ni de les chasser ni de les accueillir, car, bien que les illusions de l'obscurité apparaissent dès que la lumière de notre sagesse s'éteint, il n'en demeure pas moins que la vraie lumière de la sagesse de la Voie du Milieu veille éternellement au sein de notre nature profonde essentielle et inaltérable. La boue ne peut ternir la brillance du diamant, mais la cacher.

Si nous comprenons intimement que l'obscurité des *bonnos* est identique à la lumière de la grande sagesse, le véritable esprit de *satori* peut alors se réaliser en nous, et faire disparaître du même coup le voile des illusions. Et conjointement, à l'esprit de *satori* apparaît l'authentique compassion qui nous relie profondément à autrui, en pénétrant son propre esprit, en devenant l'autre. La pratique naturelle de l'authentique altruisme, sans préjugé, sans arrière-pensée, sans le moindre sentiment de bienfait, dans l'esprit *mushotoku,* nous fait mourir à nous-même, à notre ego, à nos *bonnos* et à notre *karma,* et rend à l'esprit sa liberté, semblable à la course des nuages dans l'immensité du ciel.

Les maladies

La médecine occidentale définit la maladie comme une « altération » des conditions physiologiques (fonctionnelles ou organiques) ou psychiques dans le corps, les facultés mentales et le comportement d'un être vivant. Cette altération est souvent suivie d'une sensation de souffrance, à quoi la médecine occidentale hyper-spécialisée répond par une thérapeutique tout aussi spécialisée, qui tend à guérir et à soulager le malade au niveau des symptômes directement observables, sans se soucier, hélas, des causes profondes et de l'origine lointaine de la maladie, ni des effets secondaires qu'induit la thérapeutique en question. Jadis la médecine occidentale était plus proche de la vérité thérapeutique, elle considérait en effet la maladie de façon globale et complexe, et s'appliquait à soigner autant l'esprit que le corps. Elle s'est regrettablement particularisée et a perdu tout esprit synthétique, à mesure que s'est développé l'esprit cartésien analytique, et que se sont déployées les techniques spécialisées, appropriées exclusivement à des fins spécifiques et bien délimitées. Ainsi la médecine occidentale s'est-elle éloignée de la réalité médicale, en devenant une science positive et purement rationnelle, une science abstraite.

Il en va tout autrement de la médecine orientale. La maladie tout d'abord se situe dans la totalité de l'être vivant : celui-ci est considéré comme le résultat d'un ensemble considérable de données interdépendantes et complémentaires. Ainsi, non seulement sont prises en considération les conditions physiques et mentales du patient, mais aussi toutes les influences extérieures et intérieures perceptibles et imperceptibles ; c'est-à-dire tous les courants des forces de l'environnement, des forces héréditaires, des forces morales de l'individu, de ses humeurs et de son tempérament, ainsi que des forces obscures de son karma, manifesté et latent (l'ensemble résiduel des actions passées que déterminent son patrimoine génétique personnel et ses caractéristiques actuelles d'être individualisé). L'esprit occidental ne doit pas s'étonner d'apprendre que la médecine orientale fait partie intégrante du vaste ensemble de la connaissance, dont elle est un élément, en étroite relation avec les autres sciences physiques et métaphysiques. Il ne peut en être autrement pour un esprit oriental, qui voit dans la maladie le résultat de facteurs divers, relevant autant du domaine physiologique que spirituel, et dont le diagnostic fait souvent appel à des notions philosophiques. A une forme de pensée synthétique et intuitive, qui part d'une conception unitaire et infinie de l'univers, correspond nécessairement une approche similaire des phénomènes (cela est vrai aussi pour la pensée occidentale, analytique et méthodique, positiviste et dualiste).

On peut comprendre la place importante que tiennent les maladies dans le contexte de cet ouvrage : l'état pathologique, en effet, n'est pas seulement la manifestation d'un dérèglement organique ou fonctionnel de telle ou telle partie du corps à la suite de « l'attaque d'un élément extérieur toxique », mais l'état pathologique devient l'expression exacte et le revers karmique des *bonnos* (des passions et des désirs). La non-observance des attitudes justes de la concentration et de l'observation — attitude ignorante de l'ego en rupture avec l'harmonie cosmique et l'ordre unitaire de l'univers — conduit sinon à la maladie au sens propre du terme, du moins au trouble et à la souffrance. La proclamation des quatre nobles vérités du Bouddha n'enseigne rien d'autre que l'affirmation de cette condition de souffrance dont l'origine est l'ego, c'est-à-dire l'ignorance inductrice de désordre et de troubles physiques et mentaux (spirituels). La « thérapeutique » qu'il enseigna pour parvenir à l'extinction de toute souffrance supplante d'emblée toutes les médecines et les thérapeutiques dans la mesure où elle apporte la guérison immédiate du corps et de l'esprit par l'immersion corps et esprit dans le *samadhi,* l'état pur originel.

Il n'est guère besoin de remonter loin dans le temps pour rencontrer la dénomination de « démon » à propos des maladies, et de retrouver le même terme lorsqu'il s'agit des désirs et des passions : on voit la relation étroite qu'établissaient les sages du passé entre l'état de conscience et l'état de santé!

« Être malade, c'est ne pas pouvoir pratiquer *takuhachi*[1].

« Être malade, c'est devoir mendier.

« Être malade, c'est ne pas pouvoir faire zazen avec la sangha des moines, ni pouvoir prendre ses repas avec la communauté. »

C'est par ces périphrases que les sutras bouddhiques formulent leur conception de l'état maladif. Ils en font toujours état en l'opposant au pouvoir d'accomplissement d'une action courante de la vie quotidienne; ainsi l'état maladif est-il toujours considéré dans les pays asiatiques comme une perte d'énergie, ou un déséquilibre, ou une mauvaise répartition de l'énergie. C'est ce que signifient les idéogrammes *byo* qui définit l'état malade, et *ki* l'énergie, la vitalité, mais aussi l'esprit, le cœur, la volonté, l'air, l'atmosphère, l'éther. Ainsi *byo-ki* désigne-t-il la maladie, littéralement : l'énergie, l'esprit, la volonté... malades.

La condition de santé de l'être vivant suppose le fonctionnement normal des phénomènes vitaux. Et, à l'inverse, un organisme est dit malade lorsque sa vitalité est affectée. Quels sont ces phénomènes vitaux? Ce sont les processus de transformation par l'organisme des éléments extérieurs, tels que l'eau, la terre, l'air, les radiations, qui procurent à l'organisme la force nécessaire à sa vie. Lorsque cette force vitale décroît, l'organisme s'affaiblit et notre pouvoir homéostatique diminue; le processus de déséquilibre de l'énergie circulant dans le corps est amorcé, et la maladie trouve alors un terrain favorable où se développer. On verra plus loin en quoi consiste la circulation de cette énergie.

Un sutra dit qu'« être malade c'est avoir un ou plusieurs

---

1. Pratiquer *takuhachi* : tournée des moines pour quémander la nourriture donnée en *fuse* (offrande) par la population.

aspects des quatre cent quatre maladies »; celles-ci sont classées en quatre catégories, comme suit :
— les maladies du vent, au nombre de cent une;
— les cent une maladies du feu;
— les cent une maladies de l'eau;
— et les cent une maladies de la terre.
Cette théorie a constitué la base de toute la médecine orientale, dont la thérapeutique a pour but le maintien ou la restauration de l'équilibre fonctionnel entre ces quatre éléments vitaux fondamentaux.
Il est hors de question dans ce chapitre de traiter à fond le vaste domaine des méthodes thérapeutiques orientales, des ouvrages plus spécialisés y seront consacrés. Les points importants et nécessaires à la compréhension du texte y seront toutefois succinctement décrits, mais le thème essentiel du chapitre est consacré à l'étude des méthodes de diagnostic et de traitement qui sont en usage dans le Zen, soit à travers la pratique de zazen, soit au moyen de méthodes plus classiques. Enfin, la dernière partie du chapitre tente une approche philosophique de la maladie considérée, du point de vue bouddhiste, comme étant en profonde corrélation avec le karma.

1. Observation

LES SYMPTÔMES

Dans la détection des maladies, la médecine orientale s'est toujours appuyée, dans un premier temps, sur une science très simple, consistant à reconnaître les signes précurseurs d'une maladie à la simple vue de la physionomie ou à l'écoute de la voix. Pour un diagnostic plus approfondi, la palpation du pouls donne des informations plus précises sur l'origine et la nature de la maladie. Moi-même je peux comprendre votre état de santé par le son de votre voix lorsque je vous entends parler ou réciter le *Hannya Shingyo*. Je peux avoir une idée du karma, des caractéristiques et des maladies du corps et de l'esprit de chacun par le son de sa voix. La médecine occidentale a oublié ces méthodes simples; tout état symptomatique, selon cette forme de médecine, n'est décelable dans la plupart des cas que lorsque l'évolution de la maladie est déjà bien avancée et qu'une altération considérable du corps s'est produite.

Voici à titre d'exemple, quelques illustrations simples de ces méthodes orientales :

Prenons le teint du visage : s'il est terne, pâle, éteint, et que les extrémités, pieds ou mains, sont sèches, on peut diagnostiquer une maladie du foie. S'il présente un aspect verdâtre, c'est le signe d'une maladie de cœur; s'il est tantôt trop sombre, tantôt trop pâle, on peut y voir le symptôme d'une faiblesse des poumons. Si la peau manque de souplesse, cela signifie que les reins sont faibles. Les maladies peuvent être ainsi décelées à la vue ou au toucher de n'importe quelle partie du corps. La sclérotique, par exemple, si elle est rouge ou jaune, dénote une maladie du foie; de même il s'agira encore d'une maladie du foie si des taches blanches sont visibles dans l'œil, et que le pouls est trop lent.

Dès que les premiers symptômes sont perçus, les maladies sont facilement curables. Il existe pour cela dans le Zen des techniques; ces techniques ont longtemps été gardées secrètes, pouvant être dangereuses si elles ne sont pas appliquées adéquatement (voir la deuxième partie du chapitre consacrée aux méthodes curatives).

Les maladies sont toujours dues à un déséquilibre des échanges énergétiques entre les diverses parties de l'organisme, déséquilibre qui entraîne un enchaînement de réactions multiples. Un exemple : le fonctionnement intestinal est faible (faiblesse des échanges énergétiques), les reins en subissent le contrecoup entraînant des perturbations au niveau de la vessie et des troubles cardiaques; le mauvais fonctionnement du cœur entraînera à son tour une influence néfaste sur les organes abdominaux, intestins et organes génitaux. Comme tout ce qui existe dans l'univers, les organes ont entre eux de profondes relations d'interdépendance.

Approche de la notion de ki

Ce qui dans la philosophie et la médecine orientale donne aux structures leur cohésion (structure organique, par exemple) et établit les interrelations entre les structures est cette énergie vitale et cosmique à la fois, appelée *ki* en japonais (*ch'i* en chinois).

Les Chinois, bien avant la physique moderne, avaient compris que matière et énergie étaient une seule et même chose[1], et qu'elles constituaient le *ki,* la force universelle inhérente à toutes choses, que cette force fût inerte (elle prit alors le terme générique de *yin*), ou qu'elle fût active (appelée *yang*). Cette loi fut érigée en principe universel, et du microcosme au macrocosme on considéra que tout était régi par elle. Le *yin* et le *yang,* force d'inertie et force active, s'engendraient mutuellement en fonction du principe unitaire qui les relie, qui les imbrique profondément et complémentairement. De cette génération mutuelle naquit la notion de dynamisme qui qualifie le *ki,* et de la complémentarité naquit la notion de relativité (un pôle n'existant que relativement à un autre, comme le jour n'existe que relativement à la nuit). Aussi ce *ki* devint-il par essence l'insaisissable, l'invisible, l'impalpable, puisque n'étant concevable qu'à travers notre perception des transformations du monde phénoménal par lequel il se manifeste à notre conscience.

Ce monde phénoménal spatio-temporel et relatif, dont nous sommes une structure vivante (c'est-à-dire riche en échanges énergétiques), ne doit ainsi son existence et sa cohérence qu'à ce *ki* immanent qui engendre des systèmes d'interrelations,

1. Sur les parallèles entre les données de la tradition extrême-orientale et celles de la physique moderne, voir : Fritjof Capra, *Le Tao de la Physique,* éd. Tchou.

les maintient, les fait évoluer et les désagrège. Le monde phénoménal n'est lui-même qu'une mutation momentanée de ce *ki* fondamental et éternel, qui se condense ou se disperse dans la multitude infinie des variations opérées sur l'échelle des échanges énergétiques.

Détection
par palpation du pouls

Une autre méthode très répandue dans la médecine orientale, appliquée à la détection des maladies, consiste en la palpation du pouls. Les Occidentaux ont eux aussi utilisé cette méthode pour diagnostiquer l'état de santé, mais ils sont allés beaucoup moins loin que les Orientaux dans leurs investigations, se contentant de compter les pulsations transmises à l'artère depuis le cœur, afin de déterminer le rythme des contractions cardiaques. En Orient, au contraire, la palpation des pouls fournit nombre d'indications sur chacune des douze fonctions de l'organisme (attribuées aux six organes et aux six entrailles). On repéra en effet sur l'artère radiale de chacun des poignets où le pouls est le plus perceptible, trois points correspondant, dans la médecine chinoise, à la triade terre-homme-ciel, triade que l'on retrouve à tous les niveaux, microcosmiques et macrocosmiques, et qui renseigne sur l'état du *yin* et du *yang* et de leur synthèse. (A l'étage inférieur correspondent la terre et les jambes, à l'étage moyen : l'homme, l'abdomen et le haut des cuisses, à l'étage supérieur : le ciel, le thorax et la tête.) Par la suite fut attribué à chacun des pouls un des cinq éléments. Le feu fut réparti à la fois sur le pouls gauche et sur le droit; sur le pouls gauche furent situés les trois éléments, eau, bois, feu, et sur le droit la deuxième partie du feu, la terre et le métal. En outre, pour chacun des six pouls fut distingué un pouls interne (profond, relatif au contenu : le sang), et un pouls externe (superficiel, répondant au contenant : les parois vasculaires). Ainsi aux six localisations on fit correspondre douze pouls, chacun étant affecté à l'une des douze fonctions de l'organisme. La méthode de palpation est à la fois simple et complexe, car elle fait appel à une connaissance approfondie des rythmes (diurnes, saisonniers), des périodes énergétiques des divers organes et des éléments, et des interrelations qui existent entre eux.

Le pouls doit être palpé avec trois doigts : index, majeur et annulaire; par cette palpation on peut trouver l'origine du déséquilibre énergétique, et avant que la maladie ne soit installée, l'enrayer par un traitement approprié. Ainsi le malade potentiel dans les pays orientaux est-il guéri avant de tomber malade.

Symptômes internes,
ressentis pendant zazen

Par l'observation en zazen, nous pouvons facilement détecter les maladies de nos organes du fait que zazen affine l'acuité de notre sensibilité. Il suffit, pour établir un diagnostic sûr, de posséder certaines données simples, tels les objets des organes des sens. Les couleurs par exemple : elles sont toutes dotées de signification, et selon le système analogique si riche des Orientaux, chacune correspond à un organe déterminé : si vous fermez les yeux pendant zazen et que prédomine une couleur bleu-vert, cela révèle une maladie du foie; si la couleur rouge prédomine, que vos images mentales se parent également de rouge et que vous ressentez de la peur, ce sont les signes révélateurs d'une maladie du cœur. Le jaune révèle une maladie de la rate, le noir se rapporte aux reins et le blanc aux poumons.

Il peut aussi arriver que vous voyiez une succession de couleurs différentes, cela atteste de l'interdépendance fonctionnelle des organes, la couleur prédominante indique l'organe malade originellement. Si, par exemple, le rouge s'impose tout d'abord, puis qu'il est suivi de la couleur bleu-vert, cela signifie que le foie malade influe sur le cœur. Si l'ordre est inversé, c'est le cœur malade qui agit sur le foie.

Ainsi en est-il des objets des quatre autres organes des sens :

les sons, les odeurs, les goûts et les sensations physiques. Un goût acide par exemple révélera un mauvais état du foie; l'amertume apparaît avec un affaiblissement fonctionnel du cœur.

En outre zazen éveille la sensibilité dans la perception des douleurs; il est ainsi permis de comprendre que tel organe est affaibli (par un excès ou un manque d'énergie), à la sensation d'un « point » douloureux (point d'acupuncture), imperceptible dans la vie normale.

Les cinq esprits ou cinq agrégats
constitutifs du monde phénoménal (go-un)

Ce sont *shiki, ju, so, gyo, shiki.*

Ils sont l'expression momentanée et en perpétuelle évolution de *ku,* l'éternel potentiel; en *ku* ils demeurent sous leur forme virtuelle, et sous cet aspect ne sont pas différenciés de *ku,* le pouvoir cosmique fondamental, unitaire, universel, éternel. Ils se différencient en formant les cinq « racines », « genèses » à l'apparition du monde phénoménal; *ku* y est immanent, force stable, inchangeante et unitaire; de par sa nature potentielle, il est la source énergétique qui préside au mouvement, au changement, à la différenciation, attributs du monde phénoménal. L'imbrication est totale; potentiel et manifesté ne sont qu'une seule et même réalité. Ainsi les cinq agrégats sont-ils eux-mêmes *ku (go un-kai ku)* qui en est l'ultime expression, l'expression unitaire.

Shiki est un terme générique qui désigne toute forme de matière et tous les objets des sens; *ju* désigne les perceptions; *so,* l'imagination, et les conceptions mentales (nées de la combinaison des six objets des sens et des six organes des sens). *Gyo* définit l'action, mais c'est aussi l'impermanence, le changement, les degrés, le temps, l'évolution, les espèces; c'est donc la transmutation issue soit de l'évolution naturelle, soit de l'acte volontaire; quant à *shiki* (différent du premier), il désigne la cognition, la reconnaissance, la conscience mentale (alors que le premier *shiki* désigne sur le plan humain, la

FONDEMENTS DE LA MÉDECINE
ET DE LA PHILOSOPHIE D'EXTREME-ORIENT

1. Le Yin et le Yang :

Yang	Yin
Vers le ciel	Vers la terre
Vers le jour	Vers la nuit
Vers l'énergie	Vers la matière
Vers la lumière	Vers l'obscurité
Vers la chaleur	Vers le froid
Vers l'externe	Vers l'interne
Masculinité	Féminité
Plénitude	Vide
Dilatation	Contraction
Non-manifestation	Manifestation
Sonorité	Silence
Mouvement	Repos
Virtuel	Matériel

Loi des mouvements Yin et Yang

YANG PRODUIT YIN   YIN PRODUIT YANG

Tous deux conservent leurs qualités spécifiques au sein de ce processus.
On doit donc dire :
Yin nourrit Yang .... donc Yin produit Yang
Yang protège Yin .... donc Yang produit Yin

TOUT YIN EST YANG   TOUT YANG EST YIN

Lorsque le Yin croît, le Yang décroît. Et inversement.

**FONDEMENTS DE LA MÉDECINE
ET DE LA PHILOSOPHIE D'EXTRÊME-ORIENT**

2. Les cinq éléments
Correspondances cosmologiques et physiologiques

	BOIS	FEU	TERRE	MÉTAL	EAU
Énergies	Vent	Chaleur	Humidité	Sécheresse	Froid
Saisons	Printemps	Été	Fin de l'été	Automne	Hiver
Espace	Est	Sud	Centre	Ouest	Nord
Couleurs	Vert	Rouge	Jaune	Blanc	Noir
Mouvements de l'énergie	Croissance Naissance	Activité maximale	Équilibre centre immuable	Décroissance déclin	Activité minimale
Organes	Foie	Cœur	Rate, pancréas	Poumons	Reins surrénales
Entrailles	Vésicule biliaire	Intestin grêle	Estomac	Gros intestin	Vessie
Saveurs	Aigre, acide	Amer	Doux, sucré	Piquant	Salé
Odeurs	Fétide	Acre, suffocant	Odoriférant	Nauséabond	Moisi
Couches du corps	Muscles	Vaisseaux sanguins	Chair	Peau	Os, moelle
Sentiments	Colère	Joie	Méditation, réflexion	Angoisse, anxiété	Peur
Sens	Vue	Parole	Goût	Odorat	Ouïe
Orifices	Yeux	Oreille	Bouche	Nez	Orifices intérieurs
Animaux domestiques	Poulet	Chèvre, mouton	Bœuf	Cheval	Porc
Céréales	Blé	Maïs rouge,	Millet, maïs jaune	Riz, avoine	Haricot
Planètes	Jupiter	Mars	Saturne	Vénus	Mercure
Symbole numérique	8	7	5	9	6

LOIS OU CYCLES DE PRODUCTION ET DE DESTRUCTION

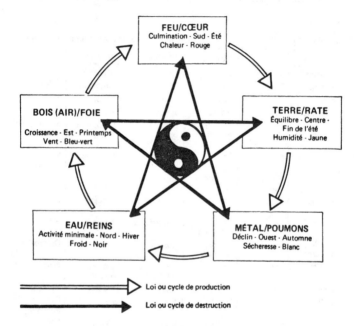

FEU/CŒUR
Culmination - Sud - Été
Chaleur - Rouge

BOIS (AIR)/FOIE
Croissance - Est - Printemps
Vent - Bleu-vert

TERRE/RATE
Équilibre - Centre -
Fin de l'été
Humidité - Jaune

EAU/REINS
Activité minimale - Nord - Hiver
Froid - Noir

MÉTAL/POUMONS
Déclin - Ouest - Automne
Sécheresse - Blanc

Loi ou cycle de production

Loi ou cycle de destruction

Ce graphisme classique met en évidence la
loi d'interdépendance qui régit le fonctionnement des organes entre eux, et leur génération mutuelle :
– le foie est engendré à partir des reins,
– les reins sont engendrés à partir des
  poumons,,
– les poumons à partir de la rate,
– la rate à partir du cœur,
– le cœur à partir du foie.
Tous les organes n'ont donc aucune substan-
tialité, ils sont sans entité mais existent par
inter-relation énergétique, comme toute
structure phénoménale.

« conscience » physique (inconsciente). Chacun de ces cinq esprits correspond à l'un des cinq éléments et à un organe du corps. *Shiki*, l'esprit de la conscience physique et du monde visible, correspond à l'élément terre et gouverne la rate et le pancréas. *Ju*, l'esprit des perceptions se rapporte à l'élément feu et gouverne le cœur. *So*, l'esprit conceptuel et imaginaire, correspond à l'élément air et gouverne le foie. *Gyo*, l'esprit des mutations et transformations, correspond à l'élément eau et gouverne le fonctionnement des reins et des surrénales. *Shiki*, enfin, l'esprit de la conscience mentale et du monde invisible, correspond à l'élément métal et exerce son influence sur les poumons.

L'agencement de ces cinq esprits fondamentaux qui n'est que temporaire maintient en existence toutes les formes de structures phénoménales. Ces cinq agrégats, ou esprits, sont en interrelation et se génèrent mutuellement.

L'esprit de *shiki* (la conscience individualisée et discriminante) est produit à partir de *gyo* (l'action temporelle, le mouvement, le changement). L'esprit de *gyo* est produit à partir de *so* (la pensée conceptualisante et dualiste). L'esprit de *so* naît de *ju* (les perceptions). L'esprit de *ju* est produit à partir de *shiki* (les objets des sens et toutes les formes visibles). L'esprit de *shiki* naît de la conscience discriminatrice *(shiki)*.

L'ensemble est indissociable et produit de l'ignorance originelle *(mumyo)* qui est elle-même le fruit de l'apparence illusoire dont le monde phénoménal est constitué.

LES CAUSES

La maladie apparaît lorsque le métabolisme de l'organisme est altéré; cette altération survient lorsqu'il y a rupture d'équilibre dans les relations établies entre la circulation énergétique et les organes du corps. Ainsi un organisme devient-il malade à la suite soit d'un excès d'énergie, soit d'une carence énergétique (ou carence de la vitalité). Traditionnellement, on distingue cinq causes principales à l'apparition de ce déséquilibre de la vitalité, qui conditionne l'état maladif :

— La conduite juste aussi bien morale que physique n'est pas respectée. Un sutra bouddhiste relate ainsi la cause d'apparition des maladies : « Lorsque la bonne conduite morale et physique telle qu'elle prévalut dans le passé commença à décliner, la maladie apparut. » L'observance des *kai* (préceptes) est alors requise pour la guérison.

— Le mode nutritif est déséquilibré ou impropre; les excès ou carences nutritives.

— *Fusho :* la pratique erronée de certaines formes de méditation. Dans ce cas, ces formes de méditation peuvent être génératrices de maladies; nombreux sont ceux qui, « guidés » par un faux maître, se fourvoient dans leur recherche de la Voie. Les maladies apparaissent alors rapidement aussi bien dans le corps que dans l'esprit. L'importance du Maître qui dispense un enseignement authentique est primordiale.

— Les maladies issues de ce qui est nommé dans les sutras : le « pouvoir démoniaque », c'est-à-dire l'égoïsme et la recherche de satisfactions personnelles tant spirituelles que matérielles. Cela est, pour les pratiquants du Zen, une mise en garde contre les erreurs du Hinayana qui procède d'une recherche non-désintéressée, non *mushotoku* (*mushotoku :* sans but, sans esprit de profit pour soi-même). Des troubles mentaux et des perturbations physiologiques peuvent en résulter; dans ce cas, les mantras et sutras bouddhistes qui possèdent, eux, un fort pouvoir d'exorcisme et de conjuration ont pouvoir de guérison et doivent être récités.

— L'influence du karma et sa persistance génétique. La voie de guérison réside dans la pratique de zazen; l'observation lucide qui en émane conduit à la compréhension profonde de son propre karma et constitue déjà en soi les prémisses (mais les prémisses seulement) de la guérison. Cette compréhension doit se prolonger, dans la vie, par une pratique propre à transformer positivement le karma. Sur ce point on rejoint l'observance des *kai* et la pratique du comportement juste.

Il faut enfin ajouter aux précédentes une dernière cause d'apparition des maladies : l'absorption de substances étrangères, toxiques, plus spécifiquement les corps empoisonnés, et l'infiltration des germes bactériologiques et des virus. Dans ce dernier cas, si le terrain (le corps) est faible, la maladie se déclare, si l'organisme est résistant (vitalité forte, productrice d'anticorps puissants), l'infection est immédiatement neutralisée.

Lorsque la maladie se déclare, la cause n'est généralement pas unique ; les interférences sont nombreuses et complexes, et c'est la raison pour laquelle le thérapeute doit se référer non seulement aux données psycho-physiologiques mais aussi avoir connaissance des conditions karmiques, morales et spirituelles du malade.

Le pratiquant de zazen doit se remémorer souvent qu'il faut « se soucier des racines et non point des feuilles », comme il est écrit dans le Shodoka ; il doit prévenir et se prémunir plutôt que devoir se guérir. Les maladies perturbent tous les ordres (l'ordre psycho-physiologique du malade, l'ordre de la société, de la sangha – la communauté des moines –, l'ordre de *dokan* – la vie réglée du temple) et finalement sont une altération à l'ordre cosmique lui-même. L'état de concentration, de *samadhi,* est lui-même inaccessible, ce qui conduit non seulement à une perte des mérites acquis inconsciemment par zazen, mais à un accroissement des fautes karmiques influant sur les actes futurs. « Les maladies sont semblables à l'action de crever un sac flottant à la surface de l'eau, ou à celle de détruire un pont », dit un sutra. L'état juste de la conscience est perdu comme est perdue la pureté du corps, et l'état de concentration brisé comme on détruit un pont. Les *sila* (les préceptes) crèvent à la surface de l'eau.

Déséquilibre
des cinq éléments

Quoi qu'il en soit, toute maladie considérée d'un point de vue purement pathologique est une altération de l'équilibre des cinq éléments inhérents à la constitution de l'être vivant. Il suffit que l'un seulement de ces éléments soit dans une proportion excédentaire ou déficiente pour que soit rompu l'équilibre métabolique.

Lorsque les énergies « extérieures » introduites dans l'organisme et assimilées par celui-ci (l'atmosphère, le chaud, le froid, l'humidité, la sécheresse, le vent, ou les produits nutritifs) sont en excès par rapport à l'élément qui leur correspond dans l'organisme, ces énergies sont dites vicieuses.

C'est-à-dire qu'il se passe le processus suivant : l'élément externe (l'eau, par exemple) va investir l'élément interne correspondant afin de combler l'insuffisance durant sa période « saisonnière » d'affaiblissement (l'été). Pour le *bois,* la saison où l'élément a sa valeur quantitative minimale est l'automne, et sa période optimale le printemps ; en été et en hiver, il a une valeur quantitative moyenne ; le feu s'éclipse en hiver, est à son optimum en été et moyen au printemps et à l'automne ; le *métal* s'éclipse au printemps, atteint sa valeur quantitative maximale en automne et sa valeur moyenne en été et en hiver ; l'*eau* s'éclipse en été, est à son maximum en hiver et a une valeur moyenne au printemps et en automne. La *terre* reste neutre. Mais il se révèle quelquefois que l'élément interne est trop renforcé et en quantité excédentaire. A ce moment-là, l'énergie de surplus est appelée énergie vicieuse (ou perverse) en cela qu'elle devient source de puissance anormale, et induit l'organisme dans la maladie. Chaque élément vicieux en excédent dans l'élément interne va envahir le terrain de l'élément qu'il domine (cf. figure p. 86) lors d'un affaiblissement de celui-ci, naturel (saisonnier) ou accidentel. L'énergie vicieuse de la terre par exemple envahira le terrain de l'élément eau lorsque celui-ci sera en insuffisance (en été ou à la suite d'excès qui l'auront affaibli) ; à son tour, l'élément vicié de l'eau attaquera l'élément feu en période d'insuffisance (en hiver ou à la suite d'efforts inhabituels...) et s'installera sur son terrain. Le cycle continue ainsi indéfiniment en passant par le retour à la terre et repartant pour un nouveau cycle, si aucun traitement thérapeutique n'a été entrepris.

Aussi, dès que les premiers symptômes (décrits ci-dessous) apparaissent, il faut le plus rapidement employer la thérapeutique adéquate telle qu'elle est enseignée dans le Zen.

Lorsque l'élément *terre* est vicié, le corps est alourdi, durci à certains endroits (constituant des points douloureux où il faudra exercer un tonus énergétique) et amolli à certains autres. L'organe atteint est l'estomac, et les sécrétions de l'insuline sont insuffisantes; le diabète peut apparaître. Lorsque l'élément *eau* est vicié, le corps s'enfle, gonfle; les glandes lacrymales et salivaires augmentent leur sécrétion. Le système circulatoire est affecté (sécrétion d'adrénaline par les glandes surrénales en déficience énergétique) ainsi que les voies urinaires, et des atteintes rhumatismales peuvent apparaître. Si l'élément *feu* est en excédent, le corps s'échauffe, les os et les articulations sont douloureuses, la respiration suffocante, le cœur et le cerveau oppressés par la chaleur du corps. (Un secret de bonne santé consiste à toujours garder les pieds chauds et la tête froide.) L'intestin grêle et le cœur sont affectés; des symptômes cardio-vasculaires peuvent être engendrés. Lorsque l'élément *métal* est attaqué, les bronches et la trachée pulmonaire sont atteints, le mal allant jusqu'à la tuberculose; en outre apparaissent des maladies dermiques et épidermiques. Enfin, si l'élément *bois* est atteint, des symptômes hépatiques et vasculaires se manifestent. De plus, l'esprit est sans cesse inquiet; les actes manqués, l'oubli en particulier, sont répétés. Des symptômes de flatulence peuvent apparaître.

A l'interrelation des éléments énergétiques s'ajoute donc l'interrelation organique; c'est la raison pour laquelle les symptômes pathologiques qui apparaissent au niveau d'un organe ne sont souvent pas directement liés à cet organe, mais qu'il faut en rechercher l'origine beaucoup plus loin dans un organe antérieurement atteint (à la suite d'une déficience ou d'un excès énergétique), pour que la guérison soit réellement efficiente et durable.

C'est ce que montrent les cas cités ci-après.

Si par exemple un sujet présente des symptômes de nature pulmonaire et que les voies respiratoires sont affectées, si de façon générale tout l'étage supérieur du corps (du thorax à la tête) est douloureux (aisselles sensibles, épaules lourdes, sommet du crâne lourd comme si un poids y était appliqué, respiration difficile, en particulier l'inspiration), il est certes question d'une affection pulmonaire ; toutefois l'origine peut remonter au cœur (qui agit et domine sur les poumons) ou plus loin encore à un mauvais fonctionnement rénal. Toutefois les organes entretiennent entre eux un effet compensatoire et préventif contre les maladies : ainsi, si les poumons ont une force vitale faible, mais que le cœur est suffisamment énergétique pour compenser cette insuffisance pulmonaire, la maladie peut être enrayée ; dans ce cas, l'élément feu dans sa valeur quantitative puissante domine et envahit l'élément métal dont l'énergie est déficiente ou viciée. Autrement dit, l'irrigation des poumons par le cœur sera plus abondante, et les échanges gazeux favorisés. Ainsi en est-il de certains symptômes de la gorge, irritée et échauffée, amenant des douleurs gengivales, des saignements de nez et parfois une augmentation des sécrétions lacrymales ; les fosses nasales sont alors douloureuses et l'odorat atteint. L'origine de ces symptômes est à rechercher dans le cœur et il faut rétablir l'équilibre énergétique de l'élément feu. Autre exemple : lorsque certaines douleurs rénales liées à un mauvais fonctionnement de l'appareil génito-urinaire sont ressenties, et qu'apparaissent des symptômes auditifs, l'origine n'en est pas les reins, mais la rate (et le pancréas-endocrine) ; des troubles articulaires peuvent apparaître, d'allure inflammatoire, et être suivis de troubles cardio-vasculaires, amenant une sensation d'oppression, de suffocation. De plus, les risques d'infection dus aux invasions microbiennes sont accrus (déficience de l'organisme en leucocytes formés par la rate et fabricant les anticorps). Le processus se déroule ainsi : l'élément terre, en excédent, annihile les fonctions (rendues insuffisantes, inefficaces) de la rate et du pancréas, et imprègne l'élément eau; les glandes surrénales (l'organe majeur correspondant) marquent conséquemment une diminution de leurs sécrétions : adrénaline (action sur le cœur et la circulation), hormones sexuelles, et cortisone (dont l'insuffisance de la sécrétion provoque des douleurs articulaires). La thérapeutique à suivre consistera donc à rétablir l'équilibre énergétique de l'élément terre, en supprimant l'apport excédentaire en sucre et en stimulant la sécrétion pancréatique (l'insuline) et le système lymphoïde de la rate (fabrication des leucocytes immunisant contre les phénomènes infectieux).

Pour rétablir l'équilibre énergétique des éléments, la thérapie employée peut consister, selon la médecine traditionnelle orientale, soit en l'application de *moksas* (cautérisations), soit en traitement par acupuncture, soit en pressions des doigts *(shia-tsu)*. Mais le Zen enseigne que la posture juste et la respiration de zazen sont suffisants; c'est ce que nous étudierons plus loin. Pour le pratiquant de zazen, il est de toute façon important qu'il sache que les points qui apparaissent douloureux durant la pratique de zazen sont significatifs : la stimulation du tonus énergétique qu'engendre zazen réveille sur les « méridiens » les points correspondant aux organes ou aux fonctions affectées. Il ne faut pas chercher à fuir la douleur en abandonnant la posture et la respiration justes, celles-ci, au contraire, doivent être rigoureusement pratiquées, permettant ainsi le renforcement des énergies déficientes. En outre, la respiration est le plus subtil et le plus efficace des conducteurs d'énergie : relation entre le ciel et la terre, procédant de l'immatériel, elle nourrit la matière, stimulant les deux courants d'énergie qui parcourent notre corps, l'une vitale et matérielle, (le sang), l'autre cosmique et immatérielle (le *ki*), les deux dépendant l'une de l'autre et s'engendrant l'une l'autre comme le jour et la nuit.

Déséquilibre alimentaire

Lorsque le mode nutritif ne comporte pas les éléments nécessaires au fonctionnement de l'organisme, ou lorsque l'apport alimentaire comporte des carences ou des excès, la maladie se déclare. La nourriture est un médicament immunologique et doit être considérée comme telle. Or la maladie de notre civilisation est ancrée dans la surabondance qui touche le domaine alimentaire comme tous les autres domaines de consommation.

La nourriture doit être savamment (c'est-à-dire instinctivement, car le corps connaît ses besoins) dosée, se situer ni en deçà ni au-delà des proportions requises pour le maintien de la santé. Le corps connaît ses besoins, il n'y a qu'à le laisser sentir et agir, et il sélectionnera de lui-même les aliments qui lui conviennent et lui sont nécessaires. Suivre l'ordre cosmique constitue en soi l'harmonie. Mais les goûts, les préférences, les choix factices se surimposent au libre choix naturel, et engendrent le déséquilibre, facteur de maladie, fruit de la disharmonie. J'ai toujours réfuté le dogmatisme étroit et les attitudes systématiques à l'égard de la nutrition comme du reste. Autant que possible, il vaut mieux éviter de consommer de la viande, toutefois, à cet égard, une attitude trop catégorique (comme l'ont certains macrobiotiques et végétariens) est toujours mauvaise : elle est le reflet d'un esprit étroit que de surcroît elle ne cesse de renforcer en abondant dans cette attitude; l'attitude dans la vie devient, elle aussi, dogmatique, limitée, peureuse. Il n'est jamais donné de produit animal aux moines dans les temples Zen, toutefois le Zen enseigne qu'il faut être capable de franchir toutes les barrières, enjamber tous les tabous dans l'attitude non égoïste de la non-peur. C'est la véritable attitude du bodhisattva, telle qu'elle a été définie plus haut, qui, suivant l'ordre cosmique, se met au diapason de l'humanité souffrante et ne rechigne pas devant ce qui lui est présenté sous prétexte d'une théorie qui se veut humanitaire mais n'est engendrée de fait que par l'égoïsme et la peur. Il faut savoir se rendre malade lorsque l'humanité en a besoin, il faut savoir souffrir et s'abîmer pour les autres.

Cela n'exclut pas le fait que lorsqu'on est seul, l'on peut et l'on doit contrôler naturellement sa nourriture.

Les aliments sont en correspondance avec les cinq éléments et sont classés selon cinq saveurs fondamentales (le Zen en ajoute une sixième, synthèse des cinq précédentes et appelée « non-saveur » ou « saveur idéale », ou tout banalement « saveur Zen »).

La majorité des animaux, et l'homme en particulier, ont besoin d'une nourriture qui leur procure :

— une quantité d'énergie suffisante proportionnelle à l'âge, au sexe, à l'activité de l'individu;

— des hydrates de carbone (glucose, amidon, cellulose), des protéines et des graisses;

— des sels minéraux (fer, calcium, phosphore, magnésium, sodium, potassium, iode, cuivre, etc.);

— des vitamines;

— de l'eau;

— des particules non digestes (conférant à la nourriture la consistance nécessaire pour en faire évacuer les déchets. Chacun de ces constituants se trouve dans des aliments spécifiques dont l'ingestion active l'énergie des cinq éléments : les hydrates de carbone, trouvés dans le lait, les fruits, tous les sucres, les céréales et les féculents augmentent l'énergie de l'élément bois (l'excès est emmagasiné dans le foie et les muscles) et de l'élément terre, augmentation de la sécrétion d'insuline, (l'excès est transformé en graisses accumulées dans les cellules adipeuses). Les protéines trouvées abondamment dans les viandes et poissons, les œufs, les produits laitiers, fournissent de l'énergie à l'élément feu, ainsi que certains sels minéraux. Le calcium (nécessaire aux systèmes osseux et dentaire) trouvé dans les produits laitiers en particulier, tonifie l'élément eau; l'absorption de liquides favorise le fonctionnement du système urinaire. Les particules non digestes (certaines graisses lubrifiantes en particulier) ainsi que les épices stimulent l'énergie de l'élément métal (et favorisent les mouvements péristaltiques des intestins).

Dans la vie de tous les jours, on trouve l'alimentation convenable en fonction de la chaleur interne du corps et du besoin calorique. Et, répétons-le, le choix alimentaire s'opère naturellement lorsqu'on écoute son corps vivre; encore faut-il savoir écouter...

Un dernier conseil qui montre là encore qu'il suffit de suivre l'ordre cosmique, pour vivre harmonieusement : aux produits exotiques d'importation, préférez les produits régionaux, pratiquez une symbiose étroite de l'être vivant et de son milieu.

Un texte bouddhiste dit :

« Lorsque vous vous nourrissez d'aliments rudes, de restes, de rejets, l'essence nourrit le sang, l'excédent disparaît par les deux orifices, quant à l'essence subtile [entendons les hormones], elle est conservée dans les organes génitaux. » Depuis longtemps en Orient on avait compris l'importance du renouvellement du sang pour que soit maintenu le bon fonctionnement de l'organisme. Les sutras disent que « la poussière ne se retire qu'avec de l'eau propre »; et ils insistaient sur le fait que « la chaleur du feu doit être concentrée dans l'étage inférieur du corps », là où s'opère le transfert énergétique des aliments digérés dans le sang. Zazen, par sa respiration spécifique qui fait descendre le souffle jusque dans l'abdomen, procure aux intestins cette chaleur nécessaire à la transformation la plus importante des éléments digestibles au niveau de l'iléon (troisième segment de l'intestin grêle). Notre mode de vie imposé par une civilisation « cérébrale » a, au contraire, tendance à faire que la chaleur énergétique soit concentrée au niveau cortical, ce qui est cause de troubles plus ou moins graves d'épuisement, et abrège la durée de la vie. La concentration en *samadhi* est la meilleure méthode pour rétablir cet équilibre cérébral; la pensée redevient corporelle, et le cortex au repos laisse infuser la véritable conscience qui imprègne nos cellules.

Fusho :
pratique erronée de zazen

Une pratique erronée de zazen peut engendrer des troubles graves, tant physiologiques que psychiques, et être lourde de conséquences.

Zazen doit être une nourriture, la nourriture de l'esprit, universelle et accessible à tous. Toutefois, s'il se commet des erreurs, elle peut se transformer en véritable poison, et elle voue à la mort, comme un être non alimenté, celui qui la fuit ou la délaisse.

Qu'est-ce que pratiquer zazen de façon erronée?

« La façon de pratiquer zazen est indissociable de la qualité vraie ou fausse de votre Maître », a écrit Maître Dogen dans le *Gakudo-Yojinshu*. Autrement dit, « selon que le Maître est vrai ou faux, l'éveil du disciple sera contrefait ou véritable », ajoute encore Dogen. L'éveil... Dans le contexte religieux, ce terme ne signifie rien de plus (et rien de moins) que la parfaite et absolue condition de la santé mentale (ou de la conscience). C'est dire qu'est considéré comme un état maladif tout ce qui ne ressortit pas du domaine de l'absolu et de la perfection — tout ce qui divise, catégorise, partiellise, conceptualise, discrimine, tout ce qui oppose, met en dualité, sépare, tout ce qui est tributaire de l'espace-temps, et dont procède la pensée humaine. L'éveil est donc l'état où les données de l'espace-temps ne sont plus influentes, mais annihilées (ou dépassées). C'est le retour à la condition normale de l'esprit que Dogen nomme *hishiryo :* la conscience cosmique, la pensée absolue, dépassant toute limite.

Considérant ce lieu de perfection et d'absolu qu'offre zazen (c'est-à-dire *shikantaza,* la posture assise rigoureusement juste, qui induit le moi au *shin jin datsu raku,* l'abandon total du corps et de l'esprit), on peut imaginer inversement les erreurs et les désordres, les méfaits où conduit un zazen mal enseigné.

C'est le danger de nombreuses pseudo-méditations où sévissent les imposteurs ; ils sont responsables des plus grands égarements. C'est la raison pour laquelle également les débutants doivent recourir à la direction d'un vrai Maître ; sinon « lorsqu'on n'a pas de vrai Maître, mieux vaut ne pas étudier », disait Dogen.

La réciproque est vraie : un disciple qui refuse de suivre les directives d'un vrai Maître ne peut que se fourvoyer davantage dans les égarements et les désordres ; d'autant que le refus en soi de suivre l'enseignement juste est le signe évident d'un état d'esprit faux, perturbé et malade. L'ego en est la source, l'ego est en soi la maladie.

Si zazen pratiqué faussement est source de maladie, le zazen authentique est la seule, l'unique Voie qui donne à l'esprit sa condition pleinement saine.

Maître Keizan dans le *Zazen Yojinki* (« Notes sur l'attention pendant zazen ») donne les conseils suivants : « Lorsque vous êtes en *kontin*[1], vous devez concentrer votre esprit entre vos sourcils ; en *sanran*[1] vous devez déposer votre esprit à la pointe de votre nez, ou sur le point *kikaitanden*[2]. Mais dans la condition calme de l'esprit ni *kontin,* ni *sanran,* il vaut mieux déposer son esprit dans l'œuf que forme la position des mains, ou au point de jonction des pouces. »

Zazen est juste seulement lorsque l'on pratique véritablement *shikantaza,* ce véritable état de *satori,* où rien ne change, ni ne bouge, ni n'agit, ni ne disparaît ; où cela devient la stabilité parfaite sans aspect, qui est appelé *Dai Jo,* le grand *samadhi,* où cela est la sagesse absolue sans aspect, que l'on nomme *Dai-Chi,* la grande sagesse.

Le démon

Le mythe du démon est universel ; le démon occupe les profondeurs du monde souterrain ; il symbolise les forces instinctuelles qui sourdent du subconscient, et, par la force

1. Cf. chapitre 1.
2. Point de grande valeur énergétique situé à 4-5 cm sous l'ombilic.

de son pouvoir, il peut être semblable aux dieux. Il incarne toutes les forces qui troublent, assombrissent, affaiblissent la conscience, et la font régresser vers l'indéterminé et l'ambivalent. Il est le tentateur autant que le bourreau : c'est là que se situe son ambivalence; il est aussi nécessaire qu'il est néfaste et destructeur, il aliène celui qui y reste soumis (celui qui est le jouet des forces occultes subconscientes), mais sans lui, sans instinct, aucun épanouissement ne peut être attendu. Il est la condition nécessaire au dépassement humain.

C'est dans cette ambivalence que le Zen appréhende la notion de démon; le démon est identifié aux *bonnos,* aux désirs, à l'illusoire; il est la maladie intrinsèque de l'ego — et de l'égoïsme —, de l'attachement quel qu'il soit, fût-ce l'attachement au Bouddha, au bien, à la vérité. Il est l'incarnation de la recherche avide, des projets secrètement fomentés, du calcul; il est de nature instable, lunatique et versatile, tantôt il se réjouit, tantôt il se fâche. Car l'esprit de démon est toujours en oscillation entre les pôles du plaisir et du déplaisir, du contentement et du mécontentement, de la recherche et de la fuite. Il se définit par le terme *ushotoku,* l'esprit du désir qui recherche l'obtention d'un aspect de l'existence du monde phénoménal; son antonyme est *mushotoku,* la non-recherche de l'obtention, l'esprit libre de tout attachement, de tout désir; c'est l'esprit qui comprend l'impermanence et l'instabilité de toute forme phénoménale, qui comprend qu'intrinsèquement tout est *ku,* qu'il n'y a par conséquent rien à obtenir. Si l'esprit de désir est regrettable en soi lorsqu'il est question de la vie et du monde, il devient déplorable lorsqu'il s'agit de religion. Et nombre de religions s'y trompent!
Il est en effet courant de trouver dans l'esprit des croyants ou des adeptes religieux une forte tendance à l'espoir d'une obtention, d'une récompense, tendance qui se fonde sur une pratique égoïste puisqu'elle appelle la compensation, la récompense et révèle donc un manque. Ce manque est la non-compréhension du *ku* universel, infini,

sans limite. Ayant fait éclater toute barrière de la discrimination et de la dualité, c'est-à-dire toute limite de l'ego, la véritable attitude religieuse consiste à être cette universalité, — devenir cet illimité. Avoir un but à sa pratique, ou même seulement caresser le plus infime espoir d'un mérite, situe immédiatement l'attitude religieuse aux antipodes de ce qu'elle devrait être : totalement désintéressée dans l'abandon du corps et de l'esprit, qui est l'état pur de concentration où il est fait abstraction de toute pensée, de tout préjugé, de tout sentiment et de toute sensation; état qui ne peut naître que de la posture juste et désintéressée dont nous instruit *shikantaza*.

De la parfaite sérénité du corps, installé dans l'immobilité, émane simultanément la parfaite sérénité de l'esprit, sans mouvement, ni dans l'espace, ni dans le temps. C'est retrouver l'état originel de notre esprit qui transcende toute dimension et ne peut être enfermé dans rien; aussi est-il qualifié du terme qui désigne l'inqualifiable : *fukatoku*, qui ne peut être saisi ni par l'esprit, ni par le corps, ni par la pensée, ni par l'acte, ni par la parole.

Quand le vent souffle vers l'ouest, le nuage est poussé vers l'ouest; l'esprit est semblable au nuage qui se laisse diriger par le vent des bonnos, le vent du karma; de sa naissance à sa mort, il erre, au gré du vent, au gré du démon.

Le karma

Tout ce qui entre dans la conformation de l'individu constitue son karma, en d'autres termes tout ce qui distingue l'individu de l'universel est fruit du karma, et karma lui-même. Nous reviendrons de façon plus approfondie sur ce sujet important, car il est à la source de toutes les questions qui se posent à l'homme sur lui-même et sur le monde qui l'entoure dans le chapitre suivant qui lui est entièrement consacré.

Dans le domaine qui nous préoccupe ici — la cause des maladies — je veux simplement souligner l'importance de cet élément dont la médecine actuelle, et notamment la médecine occidentale ne tient guère compte.

La totalité des actions passées et présentes qui donne à l'individu sa configuration propre est appelée karma; l'acte seul est désigné par le terme de karman. Comprenant que tout acte, qu'il soit bon ou mauvais, accompli sciemment par le corps, la parole ou la pensée, produit infailliblement un fruit qui croît et mûrit, et retourne ensuite sous forme de rétribution, bonne ou mauvaise, soit à son auteur propre, soit à ses descendants, comprenant cela, on peut alors concevoir la portée que revêt le *karma* dans l'apparition des maladies et des perturbations, que celles-ci soient mentales ou physiques.

On peut distinguer tout d'abord le karma génétique transmis par les parents et dont l'origine remonte à l'aube de l'humanité. Puis se greffe le karma acquis depuis la naissance à partir du milieu familial, éducationnel, social, professionnel. Le karma engendré par les ancêtres peut se répercuter parfois sur plusieurs générations; c'est ce qu'a bien compris le médecin oriental qui, jadis, était un sage avant d'être médecin à proprement parler, et qui ne manque pas, chaque fois que cela est possible, de rassembler des informations sur la vie des ascendants du malade. C'est ainsi que, l'empirisme aidant, le médecin a pu établir des relations entre l'apparition de certaines maladies chez un sujet donné et le mode de vie passé que lui ou ses ancêtres ont mené; de là il en déduisit certaines lois, vérifiables encore de nos jours, qui l'ont amené à appliquer une thérapeutique du comportement, à prescrire au patient une conduite à suivre, cela en coordination avec les soins proprement physiologiques. Car, dès qu'on entreprend d'étudier le karma on ne peut passer sous silence l'étude des *kai* (préceptes) qui en sont le corollaire immédiat; et une thérapeutique du karma est constituée nécessairement par des règles édictant la conformité à la morale telle qu'elle doit être pratiquée au moyen des *kai*.

La loi bouddhique sur le karma enseigne en effet que l'héritage karmique transmis et générateur de souffrance peut être tranché, à force de patience, d'endurance, et de persévérance, vertus capitales, qui ont pouvoir d'usure sur la souffrance et scellent l'avènement de l'authentique libération.

S'il a été commis par exemple de fréquentes tueries d'animaux, ou des meurtres, ce karma se répercutera longtemps parmi les descendants du criminel, sous forme de troubles physiologiques (maladies hépatiques, troubles visuels) et psychologiques. Cela jusqu'à ce qu'il se trouve quelqu'un parmi les descendants qui décide d'épuiser ce karma en se conformant aux *kai,* et en s'exerçant à la patience à l'égard des souffrances qu'il subit.

Il a été tiré de la même façon des lois pour chacun des *kai* transgressés par un parent ascendant.

Ainsi, un affaiblissement du cœur accompagné de troubles gustatifs révèle un abus d'alcool; un mauvais état fonctionnel des reins accompagné de perturbations des organes auditifs fait état d'un passé où se sont pratiquées des relations sexuelles interdites (adultère, inceste...); une maladie de la rate signifie que dans le passé, mensonge, fabulation et vantardise étaient courants; être malade des poumons et avoir des troubles du fonctionnement nasal traduit une ancienne et forte inclination au vol, une pratique des exactions et du brigandage.

On peut dire de la morale qu'elle revêt un aspect d'universalité dans son fait d'existence, et, bien qu'en raison de la multiplicité des attitudes morales, on la considère conventionnelle et relative, il n'en demeure pas moins que dans ses grands principes fondamentaux elle répond à une échelle de valeurs que l'on peut considérer comme universelles pour l'esprit humain. Ainsi peut-on constater qu'il n'y a pas de grande différence entre la morale chrétienne et la morale bouddhiste, entre celles-ci et l'attitude philosophique des existentialistes ou la morale des populations primitives. Le respect d'autrui, et de la liberté, est de fait le trait fondamental à toutes les morales; de plus, les concepts sont suffisamment larges pour que l'homme puisse y loger tous les signifiants qu'il veut. C'est d'ailleurs ainsi que l'entend le Zen qui est Mahayana avant tout; bien que le cinquième précepte, par exemple, prescrive de ne pas abuser de l'alcool, cet ordre toutefois sera replacé dans la relativité du contexte (lieu, temps, circonstances...); ainsi un Maître Zen pour l'éducation de son disciple n'hésite pas à faire boire celui-ci et à boire avec lui s'il le faut. Ainsi en est-il des cinq *kai* fondamentaux qui se sont transmis depuis le Bouddha jusqu'à nous. Il est à remarquer que depuis leur formulation (il y a deux mille cinq cents ans) ceux-ci n'ont subi que de très modestes changements, relatifs davantage à leur valeur hiérarchique, qu'à leur contenu, ce qui atteste encore, par-delà la tradition, du caractère universel de la morale qui transcende l'espace et le temps. Relativement au premier *kai,* « ne pas tuer », les histoires Zen sont nombreuses qui en révèlent l'inobservance. Rappelons à ce sujet, l'histoire de Maître Nansen qui survient au milieu d'une querelle entre ses disciples se disputant un chat; comme ceux-là ne pouvaient répondre à la question essentielle que leur posait leur maître, ce dernier, d'un coup de sabre, trancha l'animal en deux. Et l'histoire de Gensha qui laisse se noyer son père pour devenir moine... et grand Maître. Ce sont certes toujours les Maîtres qui transgressent les *kai* (dans la plupart des cas, pour éduquer leurs disciples), et cela n'a rien d'étonnant : la conscience *hishiryo* (absolue, transcendant tout concept) est pour eux un état naturel et permanent; à ce niveau il ne s'agit plus à proprement parler d'une transgression, et la morale n'a plus valeur de morale, bien qu'ils continuent de l'enseigner strictement comme telle à leurs disciples dans la mesure où leur karma exige d'être épuré, dans la mesure où l'esprit du disciple demeure dans le monde du relatif, n'ayant pas transcendé la dualité. Toutes les actions du Maître, qualifiées extérieurement et superficiellement d'immorales, viseront à faire éclater les limites de l'esprit dualiste du disciple.

Tout cela ne doit pas tendre à amenuiser la fonction des *kai,* qui jouent un rôle de prime importance et irremplaçable auprès de ceux qui se débattent dans leur vie karmique et relative; et il ne faut pas oublier que le plus haut des *kai* dans le Zen, est zazen, qui fait se décanter le subconscient, et aboutit à l'attitude parfaite de l'esprit et du corps dans la concentration immobile, sans mouvement, ni dépendante d'actions passées, ni génératrice d'actions futures. La confession a toujours joué un rôle important dans la religion. Dans le Zen, elle correspond à la « mort » du disciple, mort vers laquelle le Maître pousse le disciple, comme quelqu'un qui se noie et qu'on enfonce encore. La faute commise (c'est-à-dire le sentiment de culpabilité qui ressort d'un acte) est associée à l'image de la noyade : la panique, l'angoisse, le sauve-qui-peut; l'espoir, le besoin de « s'en sortir » culminent. Mais en se débattant, on boit encore et on sombre vers sa propre fin. Puis tout chavire, tout est renversé, bouleversé, dès le moment où l'on nous enfonce la tête; il ne reste plus qu'à abandonner, qu'à lâcher prise; plus exactement, tout nous abandonne, les prises cèdent, tous les étais s'effondrent, c'est la rencontre avec notre propre rien; à ce moment-là, on peut indifféremment vivre ou mourir puisqu'il n'y a rien à faire pour vivre ni mourir; cet état-là est le satori.
Ainsi doit être comprise la guérison ultime du karma.

MALADIES MODERNES

Notre civilisation moderne industrialisée, trépidante, angoissante, porte en elle tous les germes des maladies qui lui ressemblent. De façon générale, celles-ci naissent d'un déséquilibre cérébral où l'activité du système nerveux autonome est anormalement affaiblie, alors que l'activité du cortex cérébral est exagérément intensifiée. C'est un phénomène courant et qui s'accroît de nos jours en raison de la forme que prend notre civilisation; pour résumer celle-ci, on peut dire que ses structures sont ainsi faites, qu'elles tendent à développer l'individualisme égocentrique au détriment du senti-ment communautaire; l'homme se sent isolé dans un milieu hétérogène où il perd son identité; l'anonymat lui renvoie l'image d'un pion (qu'il incarne) qui ne reconnaît plus le rôle qu'il joue dans son univers social, ni la responsabilité qu'il assume; avec l'érosion des structures traditionnelles, per-sonne (ni la famille, ni le milieu socio-professionnel, ni les références à un système de valeurs) ne peut plus répondre à son besoin inné de reconnaissance. Cette perpétuelle table rase des valeurs qu'il croyait sûres, ces remises en question réitérées par le mouvement rapide de l'évolution (des « révolutions ») du milieu, l'amènent à des sentiments d'insé-curité, de malaise, d'angoisse, de vertige, qui sont le propre de l'homme actuel. Ajoutons à cela que, de plus en plus coupé des rythmes biologiques naturels par un environnement arti-ficiel et sophistiqué d'une part, instable, progressiste et « révolutionnaire » d'autre part, il doit sans cesse subir dans son organisme un processus de réadaptation nécessaire à son intégration (plus ou moins bien assimilée) dans le milieu.

Une civilisation devient dangereuse lorsque, dans la popula-tion, se développe au rythme d'une épidémie une maladie particulière qu'on peut nommer : l'absence des motivations, la perte de l'idéal. Il s'ensuit que ceux qui en sont affectés sont placés face à un dilemme crucial dont ils essaient de s'échapper de manière souvent dramatique. Trois termes en constituent l'issue :

— Si la vitalité corporelle est forte, mais l'énergie spirituelle faible, il y a propension à l'état psychotique, telles les pho-bies, les dépressions et les manies, les hystéries, la schizophré-nie, le dédoublement de la personnalité, la paranoïa, les hal-lucinations, le délire, la démence.

— Si l'énergie spirituelle est forte, mais la vitalité corporelle faible, le sujet est prédisposé au suicide; lors d'un état dépressif (haine contre soi-même, remords, perfectionnisme, sentiment d'impuissance, complexe, etc.) l'occasion sera favorable pour passer à l'acte.

Alors que dans le premier cas l'issue consiste à sombrer dans la démence, dans le deuxième cas à s'échapper par la mort, le troisième terme n'est pas une échappatoire à proprement parler, dans la mesure où il laisse l'être se démener dans l'environnement de son mal, de son malaise.

Cette condition aboutit en un certain sens à une attitude nihiliste envers ce qui reste des institutions; plus précisément à l'encontre de ce qui est périodiquement érigé comme institution; c'est-à-dire que ce nihilisme se pose face à ce qui a perdu son caractère infaillible et est perpétuellement controversé et contesté. Ici encore, c'est le manque de valeurs sûres et profondément crédibles, fiables, dans lesquelles l'homme se reconnaît et fonde sa raison d'être qui est responsable de cet état d'esprit (incarné par une population dite marginale, contestataire, anarchiste et associale). Ce refus d'intégration, s'il ne trouve pas de compensation, c'est-à-dire de nouvelles insertions dans un milieu autre et opposé à l'ancien qui est réfuté (l'univers de la toxicomanie, par exemple, ou l'adhérence à de nouvelles idéologies, contestataires par essence, ou l'appartenance à des sociétés, communautés occultes, etc.), donne lieu à la manifestation d'une série de symptômes psychosomatiques; ceux-ci sont l'expression même du stress, lorsque l'organisme réagit mal à ce qui est ressenti comme l'agression d'un milieu qui, consciemment ou inconsciemment, est, sinon refusé, du moins subi. Tous les symptômes spasmodiques (spasmes nerveux provoquant crises cardiaques, tachycardie, spasmes paroxystiques, asthme, vertiges, tremblements) en sont une forme d'expression, ainsi que les somatisations organiques (telles, fort courantes, les maladies stomacales et intestinales chroniques, les dérèglements hormonaux, les trachéites chroniques, les hémorragies buccales d'origine stomacale, l'appendicite, les amaigrissements par anorexie mentale, les diabètes, les migraines, les irrégularités du pouls, etc.), les névroses, hystérie, cyclothymie, asthénie, psychasthénie, obsessions et phobies, apathie, épilepsie, et certains dérivés psychosomatiques : frigidité, impuissance, perversions... Toutes ces maladies requièrent bien sûr un traitement médical spécifique. Toutefois, là encore la médecine n'accordera qu'une trêve à des troubles dont l'origine profonde est d'origine existentielle. Il faut donc dans un premier temps rétablir l'équilibre entre les deux cerveaux en réactivant le cerveau primitif qui gouverne et coordonne tout le fonctionnement organique et hormonal et en apaisant le cortex cérébral qui retrouve son intégrité au sein du système nerveux. Zazen est pour cela la meilleure méthode, redonnant à l'être sa dimension réelle, c'est-à-dire infinie, dans son essence cosmique non substantielle. En retrouvant son origine, l'être humain transcende les données temporelles du monde phénoménal, s'affranchit des pseudo-obstacles qu'il érige lui-même pour protéger son moi.

2. *Zen thérapie*

Le Zen fait de plus en plus l'objet d'études scientifiques; il suffit d'ouvrir un magazine spécialisé pour y trouver une rubrique consacrée à ce sujet. La science, pourtant si longtemps sceptique, s'ouvre désormais à ce vaste univers que constitue la méditation, terme générique des plus ambigus et des plus complexes; difficilement cernable en tout cas, étant donné l'étendue de son domaine et la diversité de ses pratiques; plus difficilement encore analysable en termes scientifiques, n'ayant que peu de relations avec la science (la méditation ne peut être mesurée puisque, dans son essence, elle transcende les données spatio-temporelles de la conscience ordinaire). Or la science étudie le Zen, plus précisément zazen, et, comme toute science, elle ne l'étudie pas de l'intérieur, mais de l'extérieur.

Que peut-elle donc voir à travers les moyens dont elle dispose? Des résultats quantitatifs apparaissant sur des oscilloscopes, des chiffres et des mesures comparables à d'autres chiffres et à d'autres mesures; autrement dit, c'est voir l'apparence, ce qui reste d'un être lorsque la vie l'a quitté. L'analyse scientifique crée des vecteurs, place ses points de référence et établit les coordonnées, et elle compare les plans entre eux, sur deux dimensions. Sa plus grave lacune : elle oublie la dimension vivante de la verticale. La donnée du vécu, en effet, lui fait défaut, la dimension de la conscience lui manque infailliblement; c'est tourner autour de la montagne, la regarder sous tous ses aspects, mais ne jamais savoir quelle vue splendide on a du sommet. Après tout, la science ne propose pas autre chose, ni ne vise d'autre but, et on ne peut le lui reprocher.

Que cherche-t-elle à prouver? Que telle situation induit tels effets? Certes! Le public sera satisfait, puisque la science aura certifié; mais quel public? Celui qui cherche la Voie n'aura que faire de telles données; celles auxquelles il recourt font vibrer en lui d'autres cordes que celles de la preuve par neuf; quant au public restant, il ingurgitera une information de plus, indigeste comme pour un estomac engorgé, à moins qu'elle lui soit totalement imperceptible; reste un troisième terme, le public des curieux, intéressés mais sceptiques; la science l'a dit, donc ils y croient et pourquoi ne pas essayer pour voir? Comme on essaie une nouvelle crème dont on vante partout les vertus antirides, en exigeant des résultats immédiats autant que possible. Mais ce malheureux public ne sait pas que les résultats qu'il attend ne sont pas du domaine du paraître — plus il s'impatientera, moins il obtiendra. Finalement, qu'importe la motivation, pourvu qu'on fasse zazen. La dimension viendra ensuite.

Quant à la curiosité scientifique elle-même, là encore la science ne pourra se satisfaire de rien de plus que de l'enveloppe formelle, dévitalisée et anémique, intéressante au demeurant, mais tellement vide! Peut-être ces informations suffisent-elles à ses recherches et aux applications futures qu'elle improvisera. Toutefois cette attitude ne saurait manquer d'être superficielle; c'est ce qu'une formule zen énonce ainsi : « Se soucier du feuillage; oublier les racines. » En vérité, quand un Maître Zen l'intime à son disciple du ton le plus péremptoire, il le formule à l'inverse : « Laissez le feuillage, occupez-vous des racines. » C'est ce qu'on va faire ici en parlant de la « Zen-thérapie », car celle-ci pour exister suppose que l'on vive zazen, qu'on l'expérimente longtemps, que l'on plonge dans les profondeurs de zazen, à l'origine des racines, dans l'état profond de la concentration.

LA CONCENTRATION

Cet état de concentration conduit à une perception accrue de notre vitalité où la vie de chacune de nos cellules est actualisée dans la conscience corporelle éveillée par zazen, de sorte que tout notre être participe intégralement à sa propre vie. La conscience n'est plus un processus sélectif d'informations, elle devient connaissance intime et plénière de la donnée totale de l'être. Ce qui amène par rapport aux maladies à la conséquence suivante : s'il y a dans notre corps un affaiblissement organique ou fonctionnel, l'énergie circulatoire et porteuse d'information véhiculera cette information jusqu'à ce qu'elle trouve un point potentiellement libre par où la faire passer, la communiquer; il se révèle que le point d'élection sera un point d'acupuncture sur le méridien correspondant à l'organe en question. Dans ce cas, si nous sommes en état de profonde concentration *(samadhi)* où les fonctions du cortex cérébral (les centres émotionnels et sensitifs en particulier) sont au repos, l'information ne sera pas perceptible. Mais si nous sommes en état d'observation, l'information sera portée à notre conscience sous forme de douleur.

Certains débutants commettent l'erreur de croire que zazen, peut-être en raison de la rigueur de la posture, provoque la douleur. C'est, de fait, l'inverse qui se produit. Zazen joue le rôle de catalyseur et de révélateur, le mal est dévoilé avant qu'il ait atteint le seuil plus grave de la maladie. La guérison s'opère alors au moyen de la concentration, qui doit être soutenue sur le point douloureux. La concentration doit être prolongée et réitérée jusqu'à extinction de la douleur, ce qui signifie que l'équilibre énergétique a été rétabli et que la maladie virtuelle est par conséquent neutralisée. Dans le cas où la douleur est trop aiguë pour être supportable, il est préférable de transférer sa concentration sur le point d'énergie vitale (si important en médecine orientale) nommé *kikai-tanden* (*ki-kai* : océan du *ki; tanden* : champ de l'essence).

Un sutra dit : « Notre vie entre et sort par l'ombilic; en respirant par lui, nous pouvons comprendre intimement *mujo,* l'impermanence. » Ainsi, la force de la concentration exerce son pouvoir dans la régénération de l'énergie vivante, vivifiante, cosmique qui parcourt l'être humain. Par l'ouverture qui s'opère au moyen du silence, la force cosmique essentielle et pure investit l'être dans sa totalité.

LA RESPIRATION

La respiration constitue une fonction vitale spécifique, en ce sens que, bien que le processus s'effectue naturellement sans que nous ayons à intervenir pour en assurer le fonctionnement, elle peut toutefois être contrôlée consciemment en fonction du rythme et de l'amplitude qu'on désire lui imposer.

Le processus respiratoire pratiqué durant zazen se distingue par une expiration longue, calme et profonde, qui descend jusque dans la partie de l'abdomen sous le nombril, et s'achève en irradiant le centre de l'énergie essentielle du corps : le *kikai-tanden,* où l'énergie est renforcée et revivifiée. Puis est entamée la phase inspiratoire, brève et pleine. Avec une longue expérience de zazen, ce mode de respiration peut être accompli de façon naturelle et automatique, non seulement en zazen, mais aussi durant l'activité quotidienne, et même dans le sommeil.

Cette méthode respiratoire (accompagnée de la posture juste de zazen) permet de contrôler jusqu'à la stopper l'activité mentale de la conscience. Cette condition plonge l'être en état de profonde concentration, et l'harmonie au sein de la triade ciel-terre-homme est instaurée; c'est ce que dans le Zen on appelle suivre l'ordre cosmique.

Considéré sur le plan purement psychosomatique, cette condition est infiniment bénéfique; notre état de santé physique et mentale est alors au mieux de sa condition. En effet, cette forme de respiration telle que l'enseigne le Zen est un puissant stimulant de l'appareil circulatoire duquel dépend le bon fonctionnement des organes selon qu'ils sont suffisamment irrigués; nombre de nos contemporains souffrent de troubles gastro-intestinaux, provenant dans la plupart des cas d'une forte concentration du sang dans l'encéphale, et d'une mauvaise irrigation de l'abdomen. C'est une des tares de notre civilisation où l'homme ne sait plus faire le calme dans son esprit; assailli quotidiennement de milliers de stimuli, il entretient un flot incessant de pensées aussi encombrantes que stériles. De plus, ce mode de respiration fait décroître la fréquence des battements cardiaques, et le rythme respiratoire se régularise, favorisant fortement la concentration de l'esprit. Les mantras et les sutras, outre le fait que leur signification constitue en soi un apport important à l'étude et à la compréhension de la Voie, lorsqu'ils sont récités sur le rythme régulier et ample de la respiration, sont également un élément majeur dans l'établissement paisible de la concentration de l'esprit.

Shikantaza, ce pouvoir de guérison naturelle, a longtemps été appelé par les sages du passé : la manne de compassion du Bouddha, dans laquelle ils voyaient surtout le don inestimable de la guérison mentale, par l'extinction des *bonnos* (désirs, passions, émotions et sentiments), par la fuite des démons de l'ego, responsables de toutes les souffrances. Certains traités bouddhistes fournissent des explications détaillées sur l'application thérapeutique de certaines formes de respiration destinées à restaurer l'équilibre harmonieux du corps. Elles furent longtemps tenues secrètes en raison du danger encouru par celui qui les utilise à mauvaise fin ou de façon non adéquate. On en compte finalement onze :

1. Jo-soku, ou respiration haute : c'est une respiration qui porte sur la force de poussée, de l'expiration; celle-ci débute doucement, puis accentue sa poussée à mesure qu'elle descend dans l'abdomen. Elle chasse l'état de *kontin,* la somnolence, la lourdeur d'esprit.

2. Ge-soku, ou respiration basse : l'inverse de la précédente; la force de l'expiration, puissante au début, va décroissant en pénétrant dans l'abdomen. Elle a un rôle efficace pour l'état de *sanran.*

3. Man-soku, ou respiration pleine; l'inspiration remplit la cage thoracique; elle a une valeur efficace sur les corps trop secs, ou amaigris.

4. Sho-soku, respiration brûlante : à utiliser avec beaucoup de circonspection et uniquement en cas de grande faiblesse de l'appareil génital; elle soigne en outre les congestions.

5. Zo-cho-soku, ou respiration longue et croissante : stimule les énergies déficientes; avec la première, la respiration haute, elle est très importante pour zazen.

6. Metsu-e-soku, respiration évanescente et décroissante : le pendant de la précédente; elle rétablit l'équilibre des énergies excédentaires.

7. Dan-soku, ou respiration chaude : consiste en la concentration maximale de l'expiration dans l'irradiation abdominale. Soigne un excès de froid.

8. Rei-soku, ou respiration froide : l'inspiration est pleine et la force de l'expiration s'exprime au début, puis décroît rapidement. Soigne un excès d'énergie chaude.

9. Sho-soku, respiration conflictuelle : *sho* signifie : pousser, attaquer, frapper. Elle soigne la mauvaise circulation du sang, les blocages et les obstructions; elle facilite l'évacuation des toxines. Comme l'indique l'idéogramme *sho,* l'expiration est brutale et brève.

10. Ji-soku, respiration prolongée : soigne les tremblements, les frissons, dus par exemple à une absorption excessive d'excitants. Elle est longue et calme.

11. Wa-soku, respiration harmonieuse et paisible : elle alimente et harmonise les cinq éléments (terre, eau, air, feu, métal) et soigne de façon générale toutes les maladies d'ordre énergétique.

L'utilisation de ces onze méthodes permet la guérison de la totalité des états pathologiques; toutefois l'usage de ces techniques requiert, tout au moins au début, l'enseignement d'un véritable Maître, sous peine d'encourir de graves troubles, psychiques notamment; de plus, elles s'adressent à des personnes malades; c'est-à-dire que pour les débutants et les personnes en bonne santé, la respiration « classique » de zazen est suffisante.

Maître Dogen, dans le *Fukanzazenji,* « Règles pour la pratique du zazen », s'est contenté de décrire la respiration en ces termes succincts : « La respiration doit être calme et longue. »

Dans le Zen, l'accent n'a pas tellement été porté sur les méthodes de respiration, bien plus par contre sur la posture; si celle-ci est juste, en effet, la respiration suivra naturellement. De surcroît à l'époque de Maître Dogen, une place importante était laissée aux investigations tâtonnantes du disciple, qui devait par lui-même découvrir la méthode la mieux adaptée à sa condition du moment. L'état paisible, immobile et silencieux de la concentration plonge sa racine profonde dans la posture et la respiration; si celle-ci devient agitée, saccadée, les images et les pensées se forment dans la conscience qui perd son état de concentration, et chasse le pur *shikantaza.*

Selon une autre classification, il fut admis huit autres types de respirations; elles sont présentées sous leur aspect néfaste, afin de souligner la prudence avec laquelle un pratiquant doit user de ces techniques :

1. *Respiration lourde* : la concentration sur l'expiration est exagérée, ce qui provoque une augmentation de l'élément terre et entraîne l'apparition des symptômes correspondants.

2. *Respiration légère* : l'inspiration prédomine, amenant un excédent de l'énergie air, le véhicule de la pensée. On entre en état de *sanran*.

3. *Respiration froide* : c'est le type précédent pratiqué dans un lieu froid ; l'élément eau devient alors prédominant.

4. *Respiration chaude* : l'expiration est violente et heurtée, ce qui provoque le réchauffement du corps ; pratiquée trop longtemps, elle apporte un excédent de l'élément feu.

5. *Respiration saccadée* : les expirations sont brèves et leur fréquence trop importante ; l'élément terre augmente.

6. *Respiration molle* : l'inspiration est trop longue et trop lente ; l'élément métal est en excédent.

7. *Respiration tempérée* : l'inspiration est douce, calme, malléable ; elle suit mollement les contours, comme le fleuve épouse son lit ; l'élément eau a tendance à dominer.

8. *Respiration rude* : l'expiration trop forte devient rude, râpeuse et parfois même bruyante. L'élément feu est en excédent.

En fonction des déficiences énergétiques, on peut pratiquer chacune de ces huit sortes de respirations, de telle façon que se rétablisse l'équilibre énergétique du corps. Il ne faut toutefois pas en prolonger trop longtemps l'usage, et risquer de provoquer à nouveau un déséquilibre par excédent.

L'ÉNERGIE (KI)

En japonais, la respiration forte est nommée *iki soku i* : « volonté, conscience, esprit ».

ki : « volonté, activité, énergie ».

Le kanji *soku* se compose de deux kanjis dont la partie supérieure signifie « moi, soi » et la partie inférieure « esprit ».

soku se traduit donc par « son propre esprit » et l'expression *i ki soku* signifie à la fois l'esprit qui devient énergie, vitalité, au moyen de la respiration, et l'énergie qui devient esprit.

Il y a six sortes de *ki* :

1. *Sui*
2. *Ko*
3. *Ki*
4. *Ka*
5. *Kyo*
6. *Shi*

A chacune de ces énergies correspond une méthode définie de respiration.

1. *Sui* correspond à une respiration pratiquée à la fois par le nez et par la bouche, en particulier l'expiration. *Sui* signifie : « souffler, expirer ». Par *Sui* il est possible de faire décroître l'excès de chaleur, l'agressivité.

2. *Ko* est obtenu de la même façon mais l'expiration est plus légère ; en l'accentuant, cela devient *Sui*.

3. *Ki* est efficace dans l'apaisement des douleurs, ou la diminution de l'air contenu dans le corps ; certaines personnes en zazen font toujours entendre des gargouillements, ce qui est signe de flatulence ; cela peut être résolu par le mode de respiration qui éveille cette forme d'énergie. *Ki* traduit l'idée de contentement.

4. *Ka* est au contraire l'expression de la colère. C'est tempêter. La respiration qui correspond est haletante et surtout très puissante.

5. *Kyo* signifie : « fabrication, fiction » et correspond à une respiration imaginaire ; la respiration correspondante se pratique avec rétention du souffle ; l'inspiration est plus prononcée que l'expiration.

6. *Shi*, énergie stimulante, vivifiante ; fait disparaître la fatigue.

Par ces six énergies, issues des respirations mentionnées, et pratiquées consciemment, les maladies peuvent être soignées. *Sui* et *ko* sont deux sortes d'énergies susceptibles de soigner l'esprit. *Kokyu* est la respiration, *ko* l'expir, et *kyu* l'inspir. Ces six énergies, éveillées consciemment par la respiration appropriée, sont d'une grande valeur thérapeutique.

Sui et *ko* : ces deux énergies, nées d'un rythme respiratoire calme et de large amplitude, sont favorables aux guérisons mentales.

Kyo, née d'une respiration artificielle (c'est-à-dire avec rétention plus ou moins longue du souffle), est particulièrement propice à soigner les maladies du foie et de la bile, lesquels jouent un rôle important dans la production d'images mentales et des représentations conceptuelles.

Ka est une énergie susceptible de soigner les affections pulmonaires; *ki,* celles de la rate; *shi,* les affections rénales. Les deux premières énergies, *sui* et *ko,* sont dites naturelles, car elles sont produites par des formes de respiration qui ne demandent pas un apprentissage ni un champ d'application particulier.

Ki, ka, kyo, shi sont appelées énergies spécifiques en raison de la spécificité de leur champ d'action et de l'entraînement qu'exigent les techniques de respiration qui les produisent. Le kanji *ka* désigne l'« irritabilité ». Lorsque s'élève une émotion de colère, la respiration devient saccadée, haletante et entretient une émotion; il faut alors apaiser son souffle par une respiration appropriée, calme et profonde, qui neutralise les effets de l'énergie *ka* et établit une énergie pacifiante. A l'énergie *kyo* qui désigne la fiction, « l'imagination », correspond un état mélancolique et rêveur où la respiration est accordée également sur l'humeur : elle s'exprime par des soupirs longs, profonds et espacés.

Lorsque des douleurs apparaissent, douleurs articulaires en particulier, il faut pratiquer la respiration qui éveille *ki,* la troisième forme d'énergie. Si le *ki,* l'énergie, a tendance à se localiser dans la partie supérieure du corps (thorax, tête) un échauffement malsain s'éveille, générateur de maladies cardio-vasculaires, de céphalées et migraines, de névroses. Il faut dans ce cas pratiquer les respirations qui éveillent les énergies *sui* ou *ko*.

Si un évanouissement, une perte de conscience a lieu, il faut à son réveil pratiquer la respiration qui amène la circulation de la puissante énergie *ka*.

Si l'on est pris de toux sèche, par irritation de la gorge, la respiration qui éveille l'énergie *kyo*, la rétention du souffle et l'expiration laryngienne peuvent supprimer les affections. Un état de fatigue est facilement supprimé par *shi*, la sixième forme d'énergie.

Le contrôle naturel de ces six énergies *(ki)* assure une respiration adéquate, et le bon fonctionnement des cinq organes et des cinq viscères; il permet en outre de rétablir l'équilibre énergétique du corps.

En début de zazen, il est recommandé d'expirer par la bouche d'un souffle ample et puissant, de vider tout l'air vicié contenu dans les poumons. Zazen peut alors commencer avec la première inspiration nasale. C'est ce que définit l'expression *ko-ki* : dans un premier temps, l'air chaud et vicié est rejeté par la bouche *(ko)*, puis l'air frais et pur est inspiré par le nez *(ki)*. L'éveil de l'énergie *ki* fraîche et purifiante, produit en outre un effet analgésique sur les douleurs.

Toutes ces méthodes ont été longtemps tenues secrètes dans le Zen Soto. Les Maîtres en avaient connaissance mais ne les divulguaient pas. Ils en instruisaient les seuls disciples qui avaient reçu le *shiho* (transmission), c'est-à-dire ceux qui étaient capables de comprendre ces méthodes et d'en user avec sagesse, car les erreurs commises dans ce domaine peuvent être très graves. Certes, pendant zazen, il ne faut pas avoir de but, celui de bonne santé pas plus que la recherche du *satori*. La seule attitude juste pour recevoir l'infini, c'est de lui ouvrir grandes ses portes, de le laisser pénétrer par toutes les ouvertures et circuler jusque dans la plus infime de nos cellules. Nous devons en être assailli afin qu'il siège en nous; c'est-à-dire que nous devons capituler, faire capituler notre ego. Par zazen, le processus s'opère naturellement par l'abandon de soi dans l'état de concentration *samadhi*. C'est *mushotoku,* la non-recherche de l'obtention.

Zazen ouvre à la totalité; aussi est-il difficile, même pour ceux qui n'ont qu'une perception limitée de sa dimension, de n'y placer qu'une quête d'ordre thérapeutique, de n'y voir qu'une dimension de simple harmonisation du physique au psychique. Toutefois, la conscience est corporelle, et de la situation du corps dans l'espace-temps dépend l'état de conscience. De même, le corps est conscience. Rechercher lequel a l'antériorité sur l'autre est un faux problème; la pensée influence l'attitude du corps, le corps influe sur la pensée; simultanéité et imbrication sont totales. L'immobilisation totale du corps induit la conscience dans la sérénité parfaite. Durant la concentration de zazen, le métabolisme et tous les échanges physiologiques (la respiration elle-même) ont un fonctionnement ralenti et parfois même suspendu, comme si le pouvoir du temps transcendé par la conscience était lui aussi transcendé par le corps.

La concentration sur la respiration, l'attention portée à la posture amènent cet état de concentration parfaite, totale, sans support, concentration pure ou *samadhi,* où l'énergie cosmique pénètre le corps et l'emplit pleinement, semblable au courant magistral du fleuve dans son lit.

Cette énergie donne la couleur à ce qui est en nous; elle en imprime la texture, le rythme, la force. Aussi sommes-nous totalement transparents aux yeux de celui qui sait voir, comme le bois qui brûle et dont le bûcheron connaît le degré de sécheresse ou d'humidité à la couleur de la fumée. Cette fumée est notre respiration, tellement révélatrice de notre condition physique et mentale. Dans les tournois de *kendo* (art chevaleresque du sabre), le combattant, avant l'acte décisif, ne regarde pas les mouvements du corps de son partenaire; il ne voit et n'entend que ce qui est perceptible de sa respiration et il frappera dans le temps faible, creux, vide d'énergie, à l'instant d'inspiration de l'adversaire.

L'expiration est le temps fort, plein de l'être. En descendant dans le centre vital de l'abdomen, l'énergie a sa valeur qualitative et quantitative maximale; et cette énergie est pacifiante, concentrante, convergente et centripète. Dans son aspect négatif (qui n'est pas l'aspect négatif en soi de l'énergie, mais de la structure phénoménale du corps qu'elle investit et qui est en état de faiblesse), elle tend vers *kontin,* l'assoupissement.

L'inspiration est tout le contraire : elle rend passionné, elle est dispersante, divergente et centrifuge; elle amène l'état de *sanran;* l'énergie est dirigée vers le haut, vers les organes supérieurs (du thorax et de la tête) et favorise toutes les productions mentales. Cela est à double tranchant : dans son aspect positif, elle est créatrice. J'ai appris qu'en français il existe une expression consacrée : « avoir de l'inspiration ». Au Japon, on dit qu'on crée sur l'expiration, mais c'est un autre problème qui tient plus à une différence chronologique entre le moment de l'« inspiration » et le moment de la création proprement dite. Son aspect négatif se révèle dès l'instant où l'on jette un regard sur l'homme de notre civilisation. L'humanité tirerait profit à concentrer davantage son énergie sur l'expiration. On compterait, à tous les niveaux, moins d'aberrations, moins de souffrances.

LE POUVOIR
DE L'IMAGINATION

Il était d'usage, en Inde, qu'un lépreux imagine que son sang était du lait. Cette substitution imaginaire parvenait parfois à le guérir. D'autres imaginaient qu'un esprit bienveillant entrait en eux et devenait leur maladie. Certains cas guérissaient, mais de nombreux autres ne voyaient pas la moindre amélioration à leur condition. Certes, le facteur foi joue un rôle important dans cette forme de thérapeutique. De nos jours, elle est devenue une science appliquée connue sous le nom d'autosuggestion et est pratiquée sous diverses appellations. Certes le pouvoir du mental sur le physique est important. Mais sans aller aussi loin que les Hindous, on trouve également dans le Zen cette forme de thérapie par action de l'imagination. Elle consiste davantage à oublier son mal (en portant sa concentration ailleurs) qu'à l'imaginer autre. Être souffrant et ressasser cette souffrance n'a jamais été favorable à la guérison ; le Zen, cependant, ne s'est servi de cette méthode que dans les cas de maux bénins, tels des refroidissements où le sujet imagine l'énergie-feu le pénétrer profondément et détruire l'excès de froid qui a engendré son mal. Une telle attitude favorise certes la guérison. Ces méthodes se rattachent toutefois davantage au bouddhisme tibétain, à l'hindouisme, au bouddhisme Theravada dont un sutra rapporte soixante-douze méthodes d'application pratique.

QUELQUES MÉTHODES PRATIQUES

Quand l'organisme maintient son équilibre intérieur fonctionnel et l'équilibre extérieur avec son milieu (ce qui suppose une faculté d'adaptation spontanée), la science baptise cette fonction : faculté d'homéostasie. La médecine orientale en avait compris les principes depuis des millénaires ; les premiers traités d'acupuncture, application directe de ces principes, pallient la déficience de cette faculté homéostatique.

Acupuncture, *moxas* (pointes de feu) et *shia-tsu* (pressions digitales) sont les formes différentes d'une même thérapeutique. Si je mentionne ces techniques comme appartenant à la thérapie Zen, c'est qu'en Chine puis au Japon, le Zen en ayant grandement apprécié la valeur, les a sans cesse corrigées et perfectionnées à la lumière de ce qu'enseignait la pratique de zazen.

Il est dit dans un sutra : « Lorsque l'on vit dans un authentique dojo, on ne peut tomber malade, la force physique et spirituelle fait fuir tous les démons. Le *ki* de zazen remplit l'air du dojo, que protège le Bouddha. » Certes ! Les temples Zen cependant furent toujours conçus avec une pièce destinée aux malades éventuels ; genre d'infirmerie où aiguilles d'acupuncture et *moxas* côtoyaient les plantes médicinales.

Cette pièce était d'autant plus importante pour isoler les malades atteints de maladies graves ou simplement contagieuses que la règle des temples Zen voulait que les moines dorment tous en commun dans le dojo ou dans une salle commune.

La thérapeutique à proprement parler empruntait alors plusieurs chemins différents et parallèles. La maladie était considérée comme l'immixtion d'un démon ; le Maître (ou le chef des moines) était consulté ; puis il se livrait à une première tentative d'exorcisme. Le disciple malade était conduit devant le Maître, lequel, usant de son *kotsu* (bâton court et recourbé à la manière d'une crosse) lui assenait un nombre indéterminé de coups sur le point douloureux par lequel s'exprimait la maladie. De la sorte, le mauvais *ki,* le démon, était censé s'enfuir. Si tel n'était pas le cas, le malade était conduit dans la salle des soins où il était soumis à un traitement spécifique.

Ces formes de traitement se sont perpétuées au fil des siècles, les unes ayant été débroussaillées, simplifiées et systématisées, d'autres s'étant enrichies de connaissances empiriques. L'acupuncture, les *moxas* (armoise séchée) ou l'absorption de plantes médicinales constituent les méthodes les plus rapides sur la voie de la guérison. Mais, de nos jours encore, on recourt le plus souvent au *shia-tsu* (traitement par pression digitale et malaxage) qui constitue la plus simple des techniques. Elle consiste à presser avec les doigts (le pouce en particulier) les points énergétiques sur les méridiens correspondant aux organes malades.

Une méthode radicale pour redonner au malade l'énergie qui lui manque, notamment dans les cas de catalepsie et parfois même d'apoplexie, consiste à presser le plus fort possible avec l'index replié le point nommé *kikai tanden* (déjà cité), puis d'exercer une torsion en faisant pivoter le doigt. Répéter l'opération jusqu'à ce que le malade s'éveille. A ce moment-là, frapper le point brusquement. Un autre point important dans ces cas de diminution d'énergie est situé juste à gauche de la cinquième vertèbre dorsale : empoignant fermement les épaules, frapper brusquement ce point avec le genou. Les coups de *kyosaku* judicieusement assénés sont bien sûr également efficaces et stimulent les centres énergétiques complexes de la base du cou.

L'histoire de l'imposition des mains commence probablement avec celle de l'homme. D'ailleurs peut-on parler d'une histoire au même titre que l'on parle de l'histoire de l'acupuncture ?

Une constatation de fait dut naître : le pouvoir des mains, qui contenait implicitement la loi sur le magnétisme des corps. Les Maîtres Zen en tout cas en comprirent la portée, cela d'autant plus que, par la pratique quotidienne de zazen, leur pouvoir était considérablement accru par rapport aux praticiens ordinaires. La pratique en est désormais fort courante, et s'est répandue même parmi les profanes qui n'y voient plus de nos jours le miracle accordé par la compassion du Bouddha, mais l'application simple d'une loi naturelle. Cependant, la foi demeure un facteur important; chez les sceptiques, cette méthode n'agira jamais avec autant d'efficacité; on retrouve ici, comme partout ailleurs, l'importance de la psychosomatique et le pouvoir de la suggestion (ici davantage encore, puisqu'il n'y a pas recours avec ce mode de thérapie à l'inoculation d'éléments extérieurs produisant des réactions chimiques brutales; l'acupuncture elle-même peut être considérée comme brutale à côté de cette façon de traiter). En imposant les mains sur la partie malade du corps (il est préférable d'avoir fait zazen auparavant), l'énergie cosmique se transmet au moyen du fluide conducteur qui traverse de part en part notre corps et se révèle particulièrement puissant à l'extrémité de nos doigts et sur la paume de la main. Pour plus d'efficacité, les mains peuvent être mises en contact direct avec le corps et y exercer une légère pression rythmée sur la respiration (pression à l'expiration, relâche à l'inspiration); ce faisant, le *Hannya Shingyo* peut être récité mentalement, renforçant de la sorte, par le pouvoir intrinsèque du sutra, le pouvoir du praticien.

Ces deux formes de traitement, *shia-tsu* et imposition des mains, requièrent évidemment beaucoup de celui qui les pratique; la seule force énergétique propre du praticien constitue la majeure thérapeutique : aussi sort-il généralement épuisé, « vidé » de ces séances. Mais il est tout de même des méthodes qui engagent le praticien à un niveau moindre, sinon quasi nul. L'herboristerie, très courante, a répertorié deux cents plantes médicinales utilisées sous leur forme naturelle, soit en décoctions, soit en cataplasmes.

Enfin, l'alimentation elle-même est considérée comme une médecine : le produit alimentaire de base, sorte de panacée à tous les troubles du métabolisme, est constitué par la soupe de riz complet ou *guen-maï*. Absorbée régulièrement, un bol tous les matins, par exemple, elle constitue un excellent médicament préventif. Elle a la vertu de neutraliser un grand nombre de maladies si elle est absorbée dans la journée autant de fois que l'on veut, à l'exclusion de toute autre alimentation. Certains autres produits alimentaires, telles les prunes, par exemple, sont traités de telle façon qu'ils deviennent des produits à user à dose médicamenteuse : les *umebosis,* en effet (c'est le nom de ces prunes laissées à macérer dans le sel sur une période de plusieurs mois), prises le matin à jeun avec du thé, sont recommandées pour le fonctionnement gastro-intestinal, la stimulation de la circulation sanguine; en outre, dénoyautées et appliquées sur les tempes, elles sont un excellent analgésique des migraines, céphalées et névralgies. Les cataplasmes de pommes râpées ont également cette fonction. La consommation de carottes bouillies puis grillées est favorable au fonctionnement rénal. Les amandes des noyaux de pêches préparées en décoction ou mélangées à un mets sont excellentes pour la régularisation hormonale de la femme. Le diabète peut être enrayé par l'absorption, deux ou trois fois par jour, de graines de potiron ou de figues séchées, et la prise, le matin à jeun, d'un verre d'eau bouillie. Contre les insomnies, manger des oignons ou des pousses fraîches de poireaux; le fonctionnement du système nerveux autonome s'en trouve amélioré. Les exemples pourraient être encore nombreux; mais le traitement médical au moyen de plantes et de fruits est un fait universel; seuls varient les produits employés, en fonction de la situation géographique. Toutefois, le mode d'alimentation en usage dans les temples Zen a toujours voulu être l'expression de l'idéal d'une nutrition judicieusement équilibrée, donc préventive de maladies. En ce sens, les moines Zen ont toujours joué le rôle de précurseurs.

Comme je l'ai précédemment expliqué, toute maladie apparaît à la suite d'un déséquilibre entre le dynamisme binaire (dynamique *Yin-Yang*) et la structure ternaire de l'organisme et leurs éléments correspondants du milieu. La structure ternaire résulte du dynamisme binaire : présence simultanée des deux rythmes *Yin-Yang* en un troisième terme, synthétique. L'ensemble constitue l'architecture : terre-homme-ciel, où l'homme est la synthèse, procédant à la fois de la terre et du ciel. Sur le plan physiologique fonctionnel, ce dynamisme binaire existe sous la forme de deux corrélations : l'une nerveuse (de la vie végétative et motrice), l'autre chimique (absorption-digestion-évacuation, respiration, métabolisme). Du déséquilibre de ces deux corrélations dynamiques avec le milieu naît la maladie; déséquilibre énergétique où chaque cellule du corps est impliquée. Cela constitue la base de toute la médecine orientale (acupuncture), mais les moines ont toujours préféré la simple pratique de zazen pour rétablir tout l'équilibre organique, sans avoir à interférer par aiguille interposée.
Le Maître Zen qui regarde les postures a une connaissance intuitive de l'état de santé du pratiquant. Il peut alors agir

en corrigeant la posture, en insistant sur les points faibles
et douloureux, en donnant le *kyosaku*. Cela est la véritable
compassion du bodhisattva, par-delà l'aide qu'il apporte à
ceux qui gravitent dans son entourage immédiat. Il fait couler, à travers leurs sentiments transformés, la source vive de
paix et de joie dont a besoin l'humanité.

Un de nos disciples était atteint d'un cancer. Les médecins
ne pouvaient plus rien pour lui. Je lui ai dit : « Mettez votre
rakusu sur le front et récitez le sutra du Kesa, le *dai sai geda
puku*, autant de fois que vous le pourrez et ayez foi en lui. »
Seule la foi en ce moment le plus critique pouvait l'aider. Et
elle l'a aidé... La foi est véritablement la source de la Voie. Il
faut croire, totalement, sans objet, croire de façon *mushotoku*,
sans attachement à rien.

Notre condition est comparable à celle d'un homme
assoiffé, perdu dans le désert; sa recherche fébrile d'une
source d'eau le fait courir vers le sud, croyant qu'elle s'y
trouve. N'obtenant rien, il se désespère, s'effondre, gémit,
implore. De l'eau!... Puis par ce qu'il croit être une illumination soudaine, il s'élance brusquement vers le nord, certain de
la trouver. Rien... Vers l'est, puis vers l'ouest... Et ses souffrances s'accroissent. Enfin, sa dernière chance apparaît :
l'eau se trouve sûrement dans les profondeurs de la terre,
sous ses pieds. Il creuse, et creuse encore, jusqu'à épuisement.
Mais toujours pas de trace d'eau.

Il ne faut rien rechercher, ni vouloir échapper à quoi que ce
soit. Les cinq sens sont dans cette métaphore représentés
par la recherche des cinq directions. L'on court vers le sud,
à la recherche des bonnes saveurs, vers le nord pour écouter
les mélodies douces et les voies suaves. Puis vers l'ouest pour
fuir les bruits et inhaler les parfums, vers l'est pour fuir la
pestilence et s'éblouir de couleurs : enfin l'on creuse le sol
pour se laisser caresser par le soleil et les baisers. Mais, finalement, tout s'assombrit : la saveur devient insipide, la mélodie bruyante, les parfums puants, les couleurs ternes, les
caresses meurtrissantes. On ne peut fixer l'impermanence,

l'immobiliser et s'en saisir d'un aspect. De même ne peut-on la fuir, s'en abstraire, lui tourner le dos.

Par son immobilité, par sa gravité imperturbable aux effets de l'action (et en ce sens la transcendant), l'esprit s'éveille. Il comprend qu'il n'y a rien, rien de solide, rien de dur et de fixe qui puisse ressembler à une entité. Les phénomènes passent les désirs, et tout passe à travers tout sans s'arrêter nulle part. C'est cela la transcendance, et comprendre cela constitue la sagesse transcendantale.

Nous portant vers les illusions, nous transmigrons sans cesse, et nous incarnons dans les trois mondes (ou plans), les *tridhâtu* en sanscrit ou *san-jai* en sino-japonais. Il existe une infinité de mondes dans un espace infini; mais chacun d'eux s'étage selon trois plans; chacun de ces plans porte en lui la dualité des pôles, attraction-répulsion, qui gouvernent les actions qui tendent vers la recherche ou vers la fuite :

1. le premier plan *yoku-kai (kâma-dhâtu)* correspond à l'état des êtres soumis à la soif et au désir sexuel (damnés, démons, animaux, hommes...);

2. le plan suivant, ou *shiki-kai (ruja-dhâtu),* est le domaine du visible, du physique et du matériel, mais n'inspire pas la concupiscence. Par amour du visible, il est certaines religions qui recherchent les visualisations;

3. le troisième monde ou *mu shiki-kai (arujya dhâtu),* sans forme ou immatériel; nos données de l'espace ne s'y appliquent plus, mais celles du temps demeurent. C'est le monde des dieux incorporels; hiérarchiquement, c'est le plus haut des trois mondes, monde des pouvoirs et des jouissances, mais faisant partie intégrante du *samsara* (ou monde des transmigrations) puisque n'étant pas affranchi du désir.

Tant que demeurera la plus infime velléité de recherche, la moindre brume de pensée, tant que persistera le plus ténu espace de dualité, la roue des transmigrations nous tiendra aliénés. C'est rechercher l'eau dans le désert; finalement on

court pour rechercher la Voie : « Je poursuis, je recherche la Voie ». La Voie existe sous vos pieds, dans votre esprit!
L'esprit participe au processus désir-action né des illusions. Qu'il cesse de désirer, il cessera d'agir, et, ce faisant, s'éveillera de son ignorance. Le désir est le matériau constitutionnel de notre *karma,* notre raison d'être dans le monde phénoménal. C'est dire que couper le *karma* n'est pas chose aisée, sinon nous ne serions pas là; nous serions d'autant moins là que couper le *karma* équivaut à mourir, totalement. Le *karma* est congénital dès la naissance; il est la naissance, la vie phénoménale elle-même, et le désir l'attachement à cette vie, l'attachement à un ego fictif. C'est la maladie de l'illusion, qui est action de l'ego pour lui-même, mouvement qui se referme sur lui-même tout en absorbant ce qui l'entoure pour sa substance, à la manière d'une cellule cancéreuse. Comme elle, l'ego est voué à la mort, soit par transmutation (guérison), soit en contaminant le milieu et se putréfiant avec lui.
Trouver la Voie qui mène à la première forme de mort, la mort à soi-même, tel fut le but que s'assignèrent toutes les religions; elles se donnèrent pour moyen la pratique de la méditation et l'observance des préceptes.

Certes, les *kais* existent aussi dans le Zen, depuis l'époque même du Bouddha qui en a posé les fondements par épuration de la morale complexe hindoue, fort répandue alors sous sa forme ascétique.
Bouddha en répudia les sophistications pour n'en garder que l'essence pure et universelle. Cela donna les dix *kai* fondamentaux sur lesquels je reviendrai par la suite. Toutefois, *kai* et méditation sont dans une telle relation d'interdépendance et d'influence mutuelle, que dans le Zen les kai se résument en zazen où ils trouvent leur perfection : dans l'immobilité silencieuse et la pure concentration. L'effort et l'endurance à la pratique font accroître la force morale et l'énergie vitale, les deux conditions élémentaires à l'œuvre humanitaire du bodhisattva.

Si le pouvoir de *zen-jo,* de la concentration Zen (ou *samadhi*) est faible, rien de l'immense œuvre ne pourra être accompli; bien au contraire, nous involuerons en maladie et ferons régresser la roue du *dharma.* Ainsi en est-il du manque de sagesse par incompréhension de la loi de l'impermanence et de la vacuité de toutes choses.

Mais le grand bodhisattva qui a une vision claire de toute chose, lorsqu'il est affecté par la maladie des autres en raison de son infinie compassion, ne cesse d'aider les hommes et de les soulager de leur souffrance. Car il sait que toute maladie provient des *bonnos,* et qu'en contractant les *bonnos* des autres, il les libère d'autant. Et, comprenant intimement que les *bonnos* n'ont pas d'existence réelle, qu'ils sont aussi vides que l'ego et le *nirvana* lui-même, il demeure sans attachement envers tous ces aspects de la vérité unique. C'est l'observation du bodhisattva, qui ne considère pas la partie, mais voit la totalité. S'il se laisse aller à une quelconque forme d'appréciation, cette observation elle-même est maladie; elle signifie seulement la recherche de l'essence, mais n'est pas l'authentique regard procédant de l'essence.

Aucune maladie n'est réelle; elle ressortit à la nature du *dharma* où toutes les existences sont par nature maladie; procédant de l'essence, les existences ne se situent nulle part, et ne sont ni *ku* ni non-*ku,* semblables à la libre vérité. Lorsque les mots s'évanouissent, que les aspects disparaissent, s'instaure la tranquillité parfaite de pureté totale.

La non-existence, c'est la voie de *ku;* par l'observation de *ku* (*ku-kan*) le bodhisattva exorcise les maladies en tranchant la non-sagesse. Le sutra de Vimalakirti rapporte l'histoire suivante : « Quand le bodhisattva Vimalakirti tomba malade, Manjusri lui rendit visite et s'enquit des causes de sa maladie. Vimalakirti répondit : cette maladie qui se manifeste en moi maintenant vient de la compassion du Bouddha. La maladie de tous les vivants m'a rendu malade. Lorsque tous les êtres vivants guériront, je guérirai de même. »

Lorsque diminueront les *bonnos,* la compassion du bodhisattva déclinera aussi, mais tant que se perpétuera l'attachement à la vie, au désir, à l'amour, se manifestera la compassion du bodhisattva dans des dimensions équivalentes.

La véritable paix de notre esprit, pendant zazen, ne peut être troublée par les maladies; comprenant la profonde signification de cette observation, votre pratique assidue de zazen et les mérites que vous en retirerez vous conduiront naturellement à l'état paisible de l'esprit; cela marquera la fin de toute maladie du corps et de l'esprit.

FUKATOKU

Voici pour finir une histoire tirée du *Ikkano myoju* du *Shobogenzo* de Maître Dogen, un koan pour tous ceux qui pratiquent la Voie et cherchent à mettre fin à leurs souffrances :

« Maître Gensha pratiquait la Voie jour et nuit; il décida un jour d'aller voir un autre Maître, de façon à perfectionner davantage sa pratique. Il prépara son sac de voyage et se mit en route.

« Au moment où il quittait la montagne, son orteil heurta une pierre; il se mit à saigner et ressentit une grande douleur; mais alors, de façon tout à fait inattendue, il eut une réalisation soudaine : « Ce corps n'existe pas », s'écria-t-il. « D'où vient donc cette douleur? » A peine avait-il fait cette réflexion qu'il obtint le *satori* et s'en retourna immédiatement chez son Maître Seppo. »

Toutes les existences sont *ku*, impermanentes, changeantes, sans noumène; pour le monde phénoménal, seule existe la réalité du perpétuel changement; ainsi est l'ego, sans noumène, sans substance propre; il n'est pas une entité, il n'a pas d'autonomie; il est la simple actualisation momentanée d'un ensemble de causes interdépendantes entre elles qui forment le tissu phénoménal, lui-même manifesté par le pouvoir du virtuel. Aussi la vraie substance du corps et de l'esprit n'existe pas; leur substance est la virtualité d'existence, la potentialité de manifestations phénoménales. Aussi l'existence est-elle *fukatoku*, insaisissable.

Le karma

Qu'est-ce que le karma? En chinois *go,* en sanscrit *karma* signifient « action », c'est toute action engendrée par la bouche, le corps ou la conscience. Ce sont les semences porteuses des actions futures, ou l'ensemble infini des données passées et présentes reliées par *engi* ou les douze *innen* rassemblées dans une structure, un organisme vivant (l'être humain, par exemple); celui-ci est en relation avec le milieu et l'univers qui l'entoure. Autrement dit, le produit dans une structure vivante de toutes ces données passées et présentes constitue le karma. Si vous faites zazen maintenant pendant une heure, cette action est une semence qui engendre dès maintenant et pour l'éternité un bon et profond karma, le karma le plus haut; de même, si vous lisez ce livre.

Pourquoi lisez-vous ce livre ici et maintenant? C'est le résultat de votre karma passé. Toute action est la réalisation du karma passé et engendre le karma futur. Le bonheur ou la souffrance, la condition de bonne ou de mauvaise santé dépendent directement du karma passé actualisé dans le présent; c'en est l'effet causal, rétributif.

Le karma, bon ou mauvais, que nous avons créé dans le passé trouve progressivement son actualisation par l'enchaînement causal; les effets ne se manifestent jamais dans leur totalité; une partie peut déjà avoir reçu certaines rétributions, tandis qu'une autre est encore latente. Aussi est-il toujours difficile de comprendre quel aspect du karma s'actualise. Mais, pendant zazen, vous pouvez en observer les aspects infinis depuis le plus lointain passé; vous pouvez voir votre karma comme une image reflétée dans un miroir pur. Il est dit dans le sutra du Lotus : *« Par zazen, nous vaincrons tous les aspects des crimes, des fautes et brillerons dans les dix directions. »*

Quand nous commettons des crimes, ou accédons au bonheur, ce sont là les résultats du bon ou du mauvais karma.

Qu'est-ce que le bon et le mauvais karma? Les sutras bouddhiques, comme les textes de la plupart des religions, postulent le fait que le karma est toujours le résultat d'une bonne ou d'une mauvaise action; quant aux causes fondamentales qu'engendrent bon ou mauvais karma, elles sont quasi universelles, et ressortissent d'une morale fondamentale.

Par exemple, depuis les temps préhistoriques, et dans le monde entier, le meurtre a constitué un acte interdit qui était sévèrement réprimé. En fait, seuls les hommes parmi toutes les espèces vivantes sont fratricides. Les animaux d'une même espèce ne s'entre-tuent pas. Un pigeon ne tue pas un autre pigeon; entre eux règne l'harmonie.

Ne pas tuer est le *kai* (précepte) fondamental et universel, le premier de tous les *kai* à respecter. Il ne s'applique pas seulement aux êtres humains, mais aussi aux animaux, à tous les êtres sensibles.

L'empereur Liang, un jour, alla voir Bodhidharma et lui dit : « J'ai construit un grand nombre de temples, écrit des sutras, aidé beaucoup de moines, quels mérites ai-je obtenus? »

Bodhidharma répondit :

« Aucun mérite! »

C'est un koan. Nous ne devons pas attendre de bons mérites de notre bon karma. Si vous faites de bonnes actions et que vous pensez : « Je crée sûrement un bon karma et en obtiendrai de bons mérites », vous pensez de façon partielle et limitée, car vous ne considérez pas alors votre mauvais karma; celui-ci est profondément enfoui, il faut toujours s'en méfier et être attentif.

La vue juste de Bodhidharma avait perçu le mauvais karma de l'empereur; voici ce que relate l'histoire : « Certes, Liang menait présentement une vie paisible et bienveillante; s'intéressant au bouddhisme, il voulait le défendre et l'encourager dans son pays. Malgré cela, son mauvais karma finit par transparaître et émergea avec force. En effet, lorsqu'il avait combattu les royaumes du Nord et du Sud, et était sorti vainqueur en tuant le roi adverse, il s'était épris de la reine, femme du roi défunt, l'avait ramenée dans son royaume et l'avait épousée. Cette année-là, la reine mit au monde un garçon qui devint prince. Bodhidharma, qui avait assisté aux événements belliqueux entre les royaumes du Nord et du Sud, décida sur ces entrefaites de partir pour le Nord, où il s'enfonça loin dans les profondes montagnes septentrionales.

« Le jeune prince grandissait, et tout le monde se réjouissait de voir en lui le futur successeur du roi. Il reçut l'éducation propre à son rang de prince, fut introduit dans les affaires et l'histoire de son pays. Cependant, à mesure que les années passaient, il devenait de plus en plus soupçonneux à l'égard du roi son père. Un jour, il décida d'avoir la preuve de ce qu'il pressentait quant à sa véritable identité, et la filiation avec celui que tout le monde disait être son père. Pour cela, il connaissait un moyen sûr : il savait que si l'on verse une goutte de sang sur les os de ses parents, le sang s'infiltre et se répand rapidement à l'intérieur; si les os sont ceux d'un étranger, le sang coule sans pénétrer. Aussi, une nuit, il s'échappa du palais et se rendit sur la tombe du roi défunt; il creusa et déterra les os, puis se coupa légèrement le doigt et fit couler quelques gouttes de sang sur l'os qu'il venait d'extraire. Le sang pénétra immédiatement dans cet os. Il eut alors la confirmation de son pressentiment. Son vrai père était bien ce roi qui avait trouvé la mort sous les coups de l'empereur Liang qui prétendait être son père.

« Le temps passa, et de nouveau les relations devinrent tendues entre les royaumes du Nord et du Sud; de nouvelles batailles furent engagées. L'empereur Liang ordonna alors à son fils d'aller combattre l'ennemi. Le prince se mit à la tête des armées, mais au lieu de combattre l'ennemi, il gagna ses rangs et fit opposition à son père. Il attaqua le palais où était resté l'empereur Liang, son faux père; celui-ci, durant toutes ces dernières années, était devenu fervent bouddhiste et avait reçu l'enseignement de Bodhidharma. Lorsque l'ennemi entra, avec à la tête son fils adoptif, Liang était assis dans la posture du Bouddha, et pratiquait zazen. C'est ainsi qu'il mourut, assassiné par le prince. »

Si vous créez maintenant un mauvais karma, cette action est le résultat du passé, aussi est-il très difficile de vouloir l'arrêter. Quand je vous donne les *kai* au moment de l'ordination, je récite, au début de la cérémonie, le sutra de la Confession, traduit comme suit :

Pourquoi, depuis les temps anciens, ai-je créé autant de mauvais karma ? De tout ce karma s'élèvent mes désirs, ma colère, mon ignorance, tout cela sans commencement.
Et cela a été créé par mon corps, ma bouche, ma conscience.
Aussi je confesse ici et maintenant, à cœur ouvert, toutes choses.

Durant zazen, le karma apparaît devant le miroir de la conscience. L'observation du karma devient confession. Si l'on se confesse, le karma se réalise et achève son effet. Aussi zazen est-il très important. Pratiquer zazen, même une minute ou deux, est un bon karma. Si l'on sait supporter la douleur, patienter, persévérer, cette action devient méritoire, crée un excellent karma et se réalise dans le futur sous forme de grand bonheur, pas seulement pour vous, mais pour toute votre famille, toute l'humanité.

En étudiant plus profondément cette notion de karma, on remarque que c'est un pouvoir potentiel qui a une influence et se prolonge dans le futur. Si notre volonté est en action, si nous désirons quelque chose par notre conscience personnelle, cela devient une pensée. Pendant zazen, le corps ne peut agir, il reste tranquille ; même si vous voulez embrasser quelqu'un, ce n'est pas possible, les mains sont en position de *hokai jyo jin*. Si vous voulez bâiller, c'est difficile, il faut faire *gassho*. Mais dans votre vie quotidienne, vous pouvez agir selon votre volonté, bouger, parler, penser... Ces actions sont le produit de la réalité de votre vie, et en même temps elles influencent l'avenir.

On peut distinguer trois sortes d'actions : celles du corps, de la parole et de la conscience. Mais la source, la racine des actions du corps et de la parole, réside dans la conscience. L'action de la pensée devient le karma de l'action du corps et de la parole. La pensée est la substance du karma : elle crée l'action de l'esprit. A partir de l'esprit, le karma est créé, et, au-delà, tous les phénomènes du monde.

La substance de notre esprit est *ku*, je le répète toujours, sans noumène, complètement pure, en connexion avec l'ordre cosmique; mais, par la volonté, les *bonnos* apparaissent, ils produisent le karma et ainsi sont créés *shiki,* les phénomènes du monde entier. Du fait de l'existence de l'ego, le karma apparaît et continue. S'il n'y a pas d'ego, le karma potentiel ne se continue pas.

Dans le bouddhisme et dans la plupart des religions, il y a des préceptes fondamentaux. En dehors des religions, il y a aussi l'éthique, la morale universelle et fondamentale. C'est la même pour toute l'humanité. Or dans la civilisation moderne, la morale fondamentale régresse, aussi cette civilisation est-elle en crise. Dans le bouddhisme, le bon, le mauvais karma ne sont pas la vérité ultime; il faut être au-delà du karma, de tout karma. Tel est l'enseignement du Bouddha.

Pour le corps, la pire des actions est celle de tuer, mais pas seulement les humains, les animaux également, ainsi que les plantes, tous les êtres sensibles. C'est très difficile à pratiquer. « Je n'ai tué personne aussi suis-je parfait. » Mais on n'est jamais aussi parfait!

« Je ne vole pas », se disent certains. Mais il est très difficile de respecter parfaitement ce *kai*. Parfois, vous ne payez pas le téléphone, vous prenez une feuille de papier pour écrire chez quelqu'un...

Pour ceux qui les ont reçus par l'ordination, le pouvoir de ces engagements continue pendant très longtemps. Même pendant votre sommeil, ou lorsque vous voulez commettre une mauvaise action, ce pouvoir potentiel devient un pouvoir de prévention des mauvaises actions. Vous pouvez réfléchir. Surtout en zazen, beaucoup de *bonnos* apparaissent. Vous avez envie de critiquer quelqu'un, votre ami. Mais votre esprit vous permet d'observer les *bonnos :* « Je dois cesser cette action. Ce n'est pas si bien. » Vous pouvez réfléchir à votre esprit, à vos *bonnos*. Pendant zazen, vous répétez constamment, inconsciemment, naturellement, automatiquement cette réflexion sur votre bon ou mauvais karma. Alors, par zazen, vos *kai* se prolongent et se renforcent. Zazen renforce les *kai*, et votre mauvais karma décroît. A ce moment, la sagesse transcendantale apparaît.

Qu'est-ce qui est bien? Qu'est-ce qui est mal dans le bouddhisme? Créer l'esprit qui procède de la nature originelle du Bouddha, sa véritable et pure nature, cela est bien. Au contraire, une mauvaise action manifeste un esprit opposé à la nature du Bouddha. Si vous faites décroître votre véritable nature originelle de Bouddha par votre propre conscience, c'est une mauvaise action. La Vraie Voie existe à l'intérieur de notre esprit, pas à l'extérieur. Un sutra dit : *Dans les trois mondes, infernal, terrestre et céleste, tout est en ma possession, tout le cosmos est ma possession, toutes les existences du cosmos sont miennes.*

Il n'est pas nécessaire de tout prendre. Si l'on prend, si l'on possède quelque chose, cela revient à briser le *kai, ne pas voler.* Toute la terre, l'eau, le feu, le vent, peuvent être utilisés, aussi n'est-il pas nécessaire de s'en emparer consciemment.

Dans un sutra, il est écrit : *Tous les êtres sensibles sont mes enfants. Les personnes âgées sont mon père et ma mère. Les hommes et les femmes d'âge moyen sont mes frères et sœurs. Tous les enfants sont mes fils et filles.*

Aussi devez-vous respecter ceux qui sont vos aînés, et être bons avec les jeunes. Le mari et la femme doivent être intimes. On peut faire l'amour, mais il faut choisir avec soin son partenaire. Il faut faire attention quand on fait l'amour, souvent, cela devient compliqué et crée également un mauvais karma, la graine d'une potentialité de karma pour l'avenir. Si vous faites involontairement une mauvaise action, ici et maintenant, il faut y voir la réalisation d'un karma potentiel passé.

Nous ne devons pas mentir aux autres, ni à nous-même. Il est facile de mentir aux autres, mais très difficile de se mentir à soi-même. Nous ne devons pas non plus mentir au ciel et à la terre. Si vous pensez que tous les êtres sont vos enfants, comme il est dit dans le sutra, il n'est pas nécessaire de haïr ou d'être jaloux. Si vous avez un esprit vraiment compatissant, il n'est pas besoin d'être jaloux, ni de médire de vos amis. Vous devenez parfois un bodhisattva, le père de tous les êtres sensibles. Alors tous ensemble, tous les hommes et toutes les femmes, par-delà les pays et les nationalités, sont vraiment frères et sœurs. Il ne faut pas être jaloux de l'intimité existant entre frère et sœur. Riche et pauvre, classe sociale élevée et basse, grand et petit ne sont que des ombres, des phénomènes du karma. Aussi n'est-il pas nécessaire d'avoir trop de désirs et de convoitises...

Lorsque vous voulez mentir ou critiquer quelqu'un, si vous vous en abstenez, cela influencera votre avenir pour longtemps. Cela devient un karma amenant bonheur dans l'avenir. Cela fait décroître vos maladies, vous pourrez vivre longtemps. Au contraire, si par exemple vous faites trop l'amour, si vous devenez un obsédé sexuel, cela finit par créer un mauvais karma, et un accident se produira, inévitablement.

La pensée de la transmigration du karma n'existe pas seulement dans le bouddhisme. En Inde, dans les *Upanishads,* dans le jaïnisme, on trouve cette notion. Le bouddhisme l'a par la suite développée en détail. C'en est devenu l'un des grands principes. Si vous ne connaissez pas ce principe, vous ne pourrez comprendre le bouddhisme. La morale fondamentale est ce qu'il y a de plus important. A l'époque moderne, on l'oublie, et on ne l'enseigne plus. Les religieux l'expliquent, mais pas assez exactement; ils se bornent à dire : « Ne volez pas, ne tuez pas, ne mentez pas, ne faites pas trop l'amour, ne buvez pas. »

Nous pouvons savoir s'il y a du vent par le mouvement de l'herbe et des arbres. De même, en observant les actions des gens, on peut comprendre leur esprit et leur karma. Le karma qui se manifeste a déjà été influencé originellement par les gènes. Vous possédez un karma génétique; quand vous entrez dans le sein de votre mère, vous avez déjà la substance d'un fort karma. Produit d'avant la naissance, ce karma continue jusqu'à la mort.

Le fort karma du père et de la mère influence l'enfant en gestation. Le fort karma de vos ancêtres a déjà commencé. Lors de la conception, pendant la gestation, et à votre naissance, l'action du corps et de la conscience de votre mère vous influence également. Vous devenez un garçon, ou une fille, et toute l'éducation et l'environnement créent votre karma. Votre personnalité est presque tout entière un produit du karma. Vos actions « ici et maintenant » sont des réalisations du karma passé, qui influence encore le karma futur. Et le karma de chacun se répercute sur l'univers entier. Si vous faites zazen, cela influence non seulement le dojo, mais le quartier, le pays, la civilisation, le cosmos...

Les bonnes semences du passé deviennent les bonnes racines des actions futures. Il en est de même des mauvaises semences. Ainsi toute existence devient ce qu'elle a semé. Les êtres de haute ou de basse dimension sont des phénomènes, des aspects du karma. Les états coléreux, amoureux, anxieux, les souffrances sont des produits de notre propre égoïsme, produit par la conscience personnelle. Si nous acceptons toutes les existences, si nous ne produisons pas d'esprit négatif, partout et toujours nous pouvons éprouver de la joie et du plaisir : si nous avons de la joie, anxiété et souffrance disparaissent. Si nous sommes dépourvus d'anxiété et de souffrance, la colère n'apparaît pas. Ainsi pouvons-nous obtenir toutes choses de la Grande Voie.

On ne peut alors devenir dogmatique. Les vues négatives des personnes ordinaires, dualistes, sont produites par l'ego. S'il existe un aspect de l'ego, nous tombons dans le mode de vue dualiste de l'existence ou de la non-existence. Mais, si nous suivons l'ordre cosmique, l'esprit de l'ego prend fin, et nous pouvons nous séparer des deux points de vue de l'existence et de la non-existence. Si nous ne tombons pas dans ce dualisme qui verse d'un côté ou de l'autre, nous pouvons obtenir le vrai pouvoir de la foi. Ainsi, notre esprit originel *(ku)* nous dicte-t-il les dix *kai* fondamentaux.

L'enfant n'aime pas tuer, voler, mentir, ou critiquer; il ressent de la honte lorsqu'il commet de tels actes. Il est pudique par rapport à son sexe, et le cache, à moins qu'il soit amoureux. Les enfants sont bien souvent plus honnêtes que les parents, ils n'ont d'autres désirs que celui de manger et de se sentir en sécurité, ils ne pleurent que pour cela. Ils aiment ce qui est bon et craignent le mal. Ainsi possédons-nous les dix *kai* dès notre enfance. Les grands sages, les grands saints sont des êtres qui n'ont pas perdu l'esprit de leur enfance.

Si nous avons affaire à un homme orgueilleux, fier, et que nous savons patienter, notre pouvoir de patience augmente, se développe. Si nous rencontrons de mauvaises gens, mais que nous nous montrons compatissants, à leur contact, notre compassion augmente. Ainsi pouvons-nous comprendre que si nous suivons et accomplissons la loi morale, intégralement, la compréhension de la Voie du Ciel s'ouvre à nous; si nous accomplissons la Voie du Ciel, nous pouvons alors accéder à notre vraie nature originelle, comprendre notre propre karma passé, et notre destinée. La Voie du Ciel dispose tous les êtres sensibles à leur véritable place naturelle, et les fait croître au sein du cosmos.

Pendant la dernière guerre, à Sumatra, la police militaire m'avait enjoint de saisir et d'incarcérer tout combattant ennemi que je capturerais. Mais je pensais alors que si je capturais l'ennemi, il valait mieux lui donner des vêtements, de la nourriture, des cigarettes... et c'est ainsi que j'agissais. La police militaire voulait exterminer les prisonniers; mais moi j'allais en prison et faisais une distribution de vivres, de cigarettes, ce qui leur procurait le réconfort qui leur manquait. Finalement, je me suis adressé au commandant qui m'a laissé entrer, et, en échange de quelques biens, j'ai pu faire relâcher une centaine de prisonniers indonésiens. A la fin de la guerre, la police militaire fut faite prisonnière, mais parmi l'armée indonésienne libérée, j'étais le bienvenu, respecté et protégé par tous!

Il est très important de respecter l'homme, de se respecter mutuellement, d'avoir un sens élémentaire d'humanisme. Dieu et Bouddha, les bodhisattvas, les saints et les sages sont des produits de l'être humain, et nous protègent, comme des êtres humains. Si nous avons en nous le désir profond de respecter et de protéger autrui, nous ne pouvons alors commettre à son égard d'actions malveillantes, abusives, ni concevoir des sentiments de colère ou de mépris. Si l'humanité était ainsi, il n'y aurait ni meurtres ni crimes sur terre. Cet esprit de compassion s'élève chez tous les êtres sensibles, il est ressenti par les animaux eux-mêmes, les oiseaux, les poissons, les plantes, les arbres...

PREMIER KAI :
NE PAS TUER. FUSESSHO KAI

Bouddha a érigé en premier précepte le respect et la sauvegarde de la vie. Il refusa l'ordination à toute personne criminelle; mais aux personnes qui avaient commis des délits mineurs comme tuer des animaux, il permettait l'ordination, après confession.

Les meurtres sont de toutes sortes ainsi que les manières de tuer. On peut les classer en quatre catégories :

— Tuer les hommes de bien avec un mauvais esprit, c'est ce qu'il y a de pire.

— Tuer les hommes mauvais avec un esprit mauvais.

— Tuer les hommes bons avec un esprit bon.

— Tuer les hommes mauvais avec un esprit bon.

Pour les oiseaux, les animaux, ou pour ce qui est de couper les arbres, les fleurs, la classification est la même.

Dans un esprit de bien, il est parfois nécessaire de tuer de mauvaises gens, un criminel dangereux par exemple.

Il existe des degrés dans les formes diverses de meurtre; il y a par exemple une hiérarchie relative à la qualité des victimes : herbe, arbre, insectes, animaux à deux pattes, animaux à quatre pattes.

Ce *kai* ne doit pas avoir un sens restrictif : au sens large, « ne pas tuer » peut signifier ne pas faire souffrir les autres, ne pas haïr, ne pas jalouser... car ces actions-là aussi sont une façon de tuer. Cela peut s'appliquer également à l'acte de donner le *kyosaku,* par exemple; il ne faut pas vouloir le donner dans un esprit de haine, mais avoir l'esprit *mushotoku,* sans rien; il ne faut pas penser : « Celui-ci, je l'aime bien, donc je vais lui donner un petit coup léger, celui-là je ne l'aime pas, je vais lui donner un bon coup bien fort! » Aussi, avant de donner le *kyosaku,* on fait *gassho,* en harmonie avec celui qui le reçoit, dans un état d'esprit totalement pur; en donnant le *kyosaku,* nous devons donner une vraie joie, ne pas faire peur.

Nous devons toujours observer que le ciel et la terre ont la même racine; toutes les existences sont un seul corps. Comprendre la vraie nature originelle de l'ego signifie pénétrer la non-séparation, la non-différenciation entre soi et les autres. Par cette compréhension, tout crime, toute haine, toute jalousie, toute animosité sont bannis à jamais.

Notre esprit de compassion s'accroît à travers les autres; sans les autres, il ne peut exister d'esprit de compassion ou d'amour. Si nous exerçons notre patience, que nous apprenons à patienter face aux difficultés, notre pouvoir de patience augmente. En même temps que se développe notre esprit de compassion, la puissance de notre foi s'accroît pareillement. Nos semences de karma s'actualiseront un jour, et nous conduiront soit à la détresse, soit au bonheur, comme la semence de l'arbre engendre l'arbre, qui croît et s'épanouit. Le malheur des gens à notre époque et toute la crise de la civilisation actuelle sont le résultat d'une accumulation de mauvaises semences qui germent et croissent, semées et entretenues du fait des manquements à la morale fondamentale, celle-ci ayant sombré dans l'oubli. Les dix préceptes restent les règles fondamentales du comportement de l'être humain, s'il veut s'harmoniser avec la nature et ne pas s'opposer aux lois de l'univers.

Si nous respectons profondément une personne et avons une compassion véritablement profonde, nous pouvons atteindre la vraie Voie. Si nous éprouvons du respect et de la compassion, notre égoïsme décroît. Le plus important est de respecter sa famille, parents, mari ou femme, frères et sœurs aînés. Ceux qui n'ont ni respect ni compassion pour leur famille ne peuvent créer un esprit de compassion pour les autres. Si quelqu'un n'a pas l'esprit compatissant, il pourra aisément tuer des animaux ou des vers. Même un animal ou un ver éprouvent aussi de l'amour pour leur mère ou leurs enfants. Il existe une intimité entre mâle et femelle, ils éprouvent aussi des joies, des plaisirs et craignent la mort. Si nous observons cela, nous ne pourrons tuer même des animaux. Si vous protégez le *kai* de « ne pas tuer » jusqu'aux petits vers, si vous respectez même leur vie, votre *kai* « ne pas tuer » aura atteint la perfection.

Si l'on s'entraîne à fabriquer un sabre ou une épée par un travail acharné, l'acier en sera tranchant. « *Kai* », c'est arrêter les mauvaises choses. Si vous les arrêtez, par ce fait même d'arrêter, votre vertu s'accroît. Mais, parfois il est nécessaire de tuer. Si une personne ou un animal tuent une centaine ou un millier de personnes ou plus encore, il est possible de tuer ce meurtrier. Dans un sutra, on peut lire : « Ceux qui tuent des gens avec un esprit mauvais doivent être tués. » C'est l'éducation pour les autres. Cette exécution est alors plus juste que celle d'un ver de terre accomplie avec un mauvais esprit. La peine de mort est parfois nécessaire. Si le gouvernement se trompe, la civilisation entre en crise. Une bonne civilisation est liée à l'existence des dix principes de morale fondamentale. A ce moment-là, même les mauvais changent leur esprit. Les animaux, les oiseaux ne s'enfuient pas. Si vous protégez ce *kai,* vous recevez deux sortes de récompenses : vous pouvez vivre longtemps, et sans maladie.

Si vous avez un mauvais comportement en ce qui concerne ce *kai,* ou si vos ancêtres ne l'ont pas respecté, sûrement un bébé sera mort-né, ou mourra rapidement un ou deux jours après sa naissance, ou dans son enfance. Il aura une vie brève. Cela est dû à l'influence du fait que ses ancêtres n'ont pas préservé ce *kai,* ou à l'influence du mauvais karma de la mère. Ceux qui ne protègent pas ce *kai* souffrent de maladie. Ceux qui sont malades maintenant le doivent souvent à l'apparition de leur karma passé ou génétique. Si vous et vos ancêtres n'ont pas protégé ce *kai,* vous aurez un accident de voiture. Les avortements répétés produisent également de graves maladies ou des accidents. Si vous regrettez, si vous vous confessez, si vous l'observez pendant zazen, ce karma décroît. Certains ne peuvent être guéris par aucun médicament ni aucune méthode, car le karma influence leur maladie. Si la force du karma est puissante, elle continue éternellement.

Les grandes guerres sont suivies de grandes calamités, et les gens ne sont pas heureux. Les Japonais ont reçu une bombe atomique à Nagasaki et Hiroshima, c'est la rétribution de leur mauvais karma ; et certainement, cet acte de l'Amérique aura une répercussion dans son karma national. Entre pays et pays, il y a de grands karmas, des karmas nationaux. Si un pays, une nation en conquiert une autre, un mauvais karma en résultera par la suite. Dans un sutra il est écrit : *Si de nombreuses personnes meurent dans un pays, les moissons ne seront pas bonnes, ce pays ne donnera pas de beaux fruits ni de belles fleurs.*

Notre vie est tout à fait pareille à un nuage, elle suit toujours le vent. Le vent est semblable au karma, le nuage à notre corps. Le vent bouge et actionne le nuage du corps. Ainsi la destinée des gens est-elle menée par le karma, et ils n'exercent pas de véritable liberté.

Le visage, l'aspect, la silhouette, la couleur de la peau, des cheveux, tout cela réalise l'aspect du karma génétique. Si nous observons les dix *kai,* notre mauvais karma décroît et cela influence éternellement l'humanité.

La différence entre l'animal et l'homme réside essentiellement dans les préceptes, les *kai*. Dans nombre de ses actes, l'être humain suit un rituel, un cérémonial; des événements comme la naissance, le mariage, les funérailles font l'objet d'une cérémonie, d'un rituel à accomplir; la hiérarchie familiale, le respect des ancêtres, quoique en voie de disparition de nos jours, ont longtemps été honorés dans nos sociétés et le sont encore dans des types de sociétés plus archaïques. L'acte sexuel lui-même a toujours fait l'objet d'un rituel, d'un comportement défini; chez les animaux, on ne retrouve pas tous ces aspects du comportement. Ils obéissent à leurs pulsions et les satisfont sans l'intermédiaire d'un cérémonial; les hommes dans notre civilisation actuelle tendent à rejoindre le comportement animal, s'abandonnant à leurs instincts, sans plus faire cas d'un comportement moral. Cela aura des répercussions certaines. D'ores et déjà, c'est un facteur de la crise de civilisation.

« Ne pas tuer », ce précepte ne s'adresse pas seulement à la vie humaine. Lorsque j'étais enfant, on nous enseignait cette morale élémentaire dans les petites classes du jardin d'enfants. Nous avions des livrets qui nous expliquaient ces préceptes moraux sous forme d'histoires passionnantes. A l'heure actuelle, cette forme d'enseignement est désuète et délaissée par la plupart des enseignants qui ont tendance à s'opposer à cette morale fondamentale. Voici une histoire, telle qu'on nous la racontait pour illustrer le précepte « ne pas tuer » :

« Il était une fois un jeune pêcheur qui, lorsqu'il n'était pas en mer pour accomplir son dur labeur, aimait à se promener sur les rivages longeant le petit village où il vivait.

« Un jour, comme bien d'autres auparavant, où ses pas l'avaient conduit sur la plage, il fut soudain tiré de sa rêverie par les cris et les rires de jeunes enfants, assemblés un peu plus loin et qui semblaient fort affairés. Taro Urashima, tel était son nom, s'approcha et constata que la raison de cette agitation était la capture d'une petite tortue qu'ils prenaient plaisir à ennuyer.

« Urashima proposa un échange aux enfants. Il leur donna

quelques pièces, moyennant quoi les enfants lui remettraient la tortue. Ainsi fut fait. Urashima acheta donc la tortue, la cajola, lui fit boire du saké (car il paraît que les tortues aiment bien le saké) et lui rendit sa liberté. Elle eut tôt fait de courir jusqu'à la mer et d'y disparaître. Les jours et les mois passèrent... Il s'était peut-être écoulé une année depuis cet événement, quand un jour, une grosse tortue s'approcha rapidement du bateau où pêchait Urashima. Elle s'arrêta tout près et s'adressa à lui : " Bonjour, jeune pêcheur. Ne vous souvenez-vous pas de moi ? Il y a bien longtemps, vous m'avez secourue des mains de jeunes garçons méchants qui me torturaient. Maintenant, je veux vous témoigner ma gratitude, et vous allez être récompensé. Montez sur ma carapace, je vais vous conduire dans un pays merveilleux comme vous ne pouvez en rêver. Venez donc ! Je vais vous guider ! "
« Taro Urashima, qui n'en croyait pas ses oreilles, s'exécuta, chevauchant la tortue, il fila vers l'horizon lointain. Ce ne dut pas être un voyage très long, mais toute notion de durée avait disparu dans l'esprit de Urashima, et la traversée passa comme un rêve ; aussi inopinément qu'il avait quitté son bateau, il se trouva soudain devant un palais de magnificences, devant le palais du roi des dragons.
« L'éclat du luxe qui ruisselait de toute part était à peine soutenable, même au regard du plus averti. Des êtres féeriques le peuplaient, mi-femmes, mi-anges, plus splendides que tous les trésors de la terre réunis... La Reine apparut, insurpassable en beauté ; en lui faisant l'honneur de le recevoir, elle s'approcha et l'embrassa d'un baiser plus éthéré que la brise sur l'onde du lac. Il fut conduit dans ses salons rutilants. Des chandelles brûlaient sur une table dressée, couverte des mets les plus succulents ; des fruits aux saveurs étranges se mêlaient aux exhalaisons des fleurs les plus enchanteresses. La soirée se déployait au son de douces mélodies qui transportaient les âmes sur les berges de la tendresse, ou de chansons joyeuses rythmées au pas des danseuses qui évoluaient pareilles aux elfes émergeant des forêts.

« S'agissait-il bien de soirées, d'aubes ou de crépuscules, de jours levants ou de nuits tombantes? Personne n'aurait pu répondre et la question aurait été saugrenue, car le temps en ces lieux était chose inconnue, ou du moins n'avait plus aucun rapport avec ce que Taro Urashima en savait. Point de nuit, point de jour, point de saison, point d'année... S'était-il écoulé des années, ou un instant? Urashima fut plongé à ce moment précisément dans ces réflexions-là. Rien ne semblait ternir, rien ne semblait faner, ni les êtres, ni les fleurs, ni les fruits, ni la lumière, rien... Rien qui fût marqué par l'empreinte du temps. Était-ce un rêve, un mirage, une vision? Pourtant non, il vivait, se nourrissait et respirait; il se pinça et sentit une douleur; il était bien réel, et les objets qui l'entouraient bien palpables!

« Où était-il? Que vivait-il? Soudain la nostalgie, une nostalgie forte et oppressante le saisit dans tout son corps; des images se formaient, peu à peu se clarifiaient, et des souvenirs naissaient, des souvenirs lointains... Une plage, un village de pêcheurs, des êtres qui riaient et s'ébattaient, ses frères, ses amis; le lourd filet de poissons qu'il avait coutume de tirer avec tant de peine, mais qui le remplissait tellement de joie; au fil des images qui défilaient, s'emmêlaient et soudain s'éclairaient, Urashima peu à peu redevenait pêcheur.

« L'envie le saisit de retourner dans son village natal. Il fit alors part de son désir à la reine. La reine s'attrista, mais ses plaintes ne purent rien contre la détermination de Urashima. "C'est fort regrettable, dit-elle. Vous voulez nous quitter, et je ne peux rien contre votre décision. Cependant, je vous prie, acceptez le présent que je vais vous remettre. Voyez ce coffret; outre qu'il est fait d'or et de pierres précieuses, il renferme un trésor. Mais souvenez-vous-en bien, vous ne devez jamais l'ouvrir. Tant que vous serez en possession de cette boîte, vous pourrez être heureux, à jamais, et tout vous sera possible par son pouvoir. Quand vous voudrez revenir ici, vous le pourrez. Vous pourrez tout faire. Mais, surtout, ne l'ouvrez jamais! "

« Urashima prit le coffret et s'en fut; en passant la porte du palais des dragons, il vit la tortue qui l'attendait. " Avez-vous aimé votre séjour? " lui demanda-t-elle. " Bien sûr! J'en avais même oublié mon lieu natal. Mais combien de temps suis-je resté? " " Très longtemps, répondit la tortue, moi-même, je suis bien vieille maintenant. "

« Quelques instants plus tard, il était de retour dans son village. Mais quel étrange spectacle. Il fit un tour sur lui-même et constata que plus rien n'existait de ce qu'il avait laissé. Tout avait changé, s'était transformé. Il rentra dans ce qui avait été la maison de ses parents, et se heurta à des étrangers. Parents, amis, frères, sœurs avaient disparu depuis bien longtemps. " Quel étrange individu est-il donc, pensaient les villageois. Voilà un jeune homme qui cherche ses parents si vieux que seuls nos grands-parents auraient pu les connaître; qui cherche des frères et des sœurs de l'âge de nos grands-pères, et des amis qui étaient des amis de nos grands-parents! " Ils pensèrent qu'il était un peu simplet, mais ils le prirent cependant en amitié.

« Pourtant la chaleur de leur accueil ne pouvait combler la solitude de Urashima qui se sentait de plus en plus mélancolique. Il se souvint alors du petit coffret que lui avait confié la reine du Palais des Dragons, et son cœur s'éclaira de nouveau; empli d'une joie soudaine, il en oublia les paroles d'interdiction. Il s'empressa d'ouvrir la boîte, imaginant un trésor fabuleux. Quelle erreur! Les années et les années passèrent sur lui en un instant... En un instant, il devint un vieillard centenaire. En un instant, les marques de toute une vie étaient passées sur lui... Il n'y avait rien dans cette boîte, seulement le vide et un filet de fumée qui s'en échappait encore. »

DEUXIÈME KAI :
NE PAS VOLER. FUCHUTO KAI

Dans le *Shinjïkangyo,* le sutra de l'observation de l'état d'esprit, il est écrit : *Si vous souhaitez vous confesser profondément, je vous en prie, faites zazen et observez les aspects véritables de votre karma, alors le karma de toutes fautes s'évanouira comme une goutte de rosée.*

La confession est la porte du satori. A partir de cette confession, le véritable espoir religieux apparaît. Si nous nous confessons, notre nature change.

« Ne pas voler », c'est la nature originelle du bodhisattva. « Ne pas voler » : ne pas utiliser les objets des autres sans permission. Si vous empruntez quelque chose à quelqu'un, vous devez le rendre. Quand vous empruntez de l'argent, si vous oubliez de le rendre, c'est comme si vous l'aviez volé.

Si vous protégez ce kai de « non-voler », vous suivez la voie sacrée des sages. Dans tous les pays, les gouvernements interdisent le vol. C'est une loi universelle, constante. Certaines lois diffèrent d'un pays à l'autre. Mais « ne pas voler » est une loi universelle dans toute l'humanité. Aux Indes, dans le passé, on racontait que si quelqu'un cohabitait avec des objets volés, il tombait malade.

Dans un sutra, on trouve cette histoire : « Un moine vivait dans une maison, et chaque nuit un démon le visitait dans ses rêves et lui disait que cette maison recelait des objets volés. Alors ce moine raconta ses rêves au Bouddha. Bouddha lui dit : " Vous ne devez pas quitter ces lieux, ni rechercher ces objets. " » Dans un autre sutra, il est écrit : « En été Bouddha Shakyamuni fit une conférence sous un arbre. Sur les branches de cet arbre, au-dessus de lui, des gens avaient accroché des ornements, des colliers précieux, selon la coutume. Puis, ils avaient été oubliés, personne ne les avait enlevés, même une semaine, un mois, un an plus tard. »

Si on les éduque à ne pas voler, même les animaux, les chiens, les chats ne volent pas, la nourriture par exemple. Si l'on préserve ce kai, on devient très fort et brave. Le kai devient semblable à une armure, à une arme. On devient compatissant, plein de sympathie envers les bons, mais fort et ferme envers les méchants.

A l'époque du Bouddha, au pays de Makada, le prince de la contrée était un fervent bouddhiste. Il était très courageux. Son père le roi envoyait toujours des tributs, des présents aux pays voisins. Une année, Makada fut très pauvre. Les gens ne pouvaient payer leurs impôts. Le ministre du pays voisin rendit visite au prince pour qu'il leur donne vite son tribut. Le prince dit : « Notre pays est très pauvre, si nous vous envoyons un tribut, il sera en difficulté. Nous ne pouvons payer notre tribut. » Ce ministre repartit et rapporta ces paroles à son roi qui dit : « S'ils ne nous donnent pas de tribut, nous les attaquerons avec une grande armée. » Le roi de Makada et ses ministres en furent effrayés. Mais le prince leur dit : « Ne vous en faites pas, ce n'est pas difficile ; je vais me rendre à la frontière. » Il se fit accompagner d'une armée. « Je veux accueillir cette armée et aller à la rencontre de mon voisin. » Il monta au sommet d'une montagne. Il fit passer la moitié de son armée par derrière, et attaqua l'ennemi par les deux côtés. Il fut vainqueur et occupa le pays ennemi. Comme il régnait avec bienveillance et compassion, les deux pays devinrent paisibles.

Nous ne devons même pas voler une pièce de monnaie, ni un papier. Non seulement le bodhisattva ne doit pas voler, mais il doit également enseigner aux autres à ne pas voler. Même un bâton d'encens ne doit pas être dérobé sans permission devant la statue du Bouddha.

Si nous volons quelque chose, cela engendrera un mauvais karma. Nous deviendrons pauvres. S'il y a beaucoup de voleurs dans un pays, ce pays s'appauvrit, il a des difficultés sur le plan économique et financier.

Il est écrit dans un sutra : « Un été, à l'époque du Bouddha, un riche brahmane avait convié à une sesshin la sangha du Bouddha. La grande sesshin d'été commença. Mais une nuit, ce brahmane eut un rêve. Son château avait été entouré par un grand serpent blanc. Le rêve d'un serpent blanc est de bon augure. Mais ce brahmane l'ignorait. Il consulta un devin, méchant homme qui jalousait Shakyamuni Bouddha.

« Celui-ci lui dit : " C'est un très mauvais rêve. Un fort ennemi vous attaquera certainement, ou bien vous allez mourir. " – " Que faire alors? demanda le brahmane, conseillez-moi. " – " Vous devez vous enfermer dans le château et ne pas sortir de tout l'été. Enfermez-vous avec de belles servantes. "

Ce brahmane ne put alors offrir de don, de *fuse,* à la sangha du Bouddha pendant la sesshin. Et tout le monde, même le Bouddha, ne mangeait que de la soupe de blé. Quelqu'un vola du riz de la réserve du brahmane. Bouddha se fâcha très fortement contre l'auteur de ce vol et dit : " Je dois vous excommunier ". Le disciple Mokuren dit alors : " J'ai un pouvoir magique grâce auquel je vais pouvoir vous apporter de la bonne nourriture du paradis. "

« Bouddha répondit : " Ce n'est pas nécessaire. Quand je serais mort, ou dans cinq cents ans, si pendant une sesshin personne n'a de pouvoir magique, comment feront-ils? Il n'est donc pas nécessaire de chercher de la nourriture par les pouvoirs magiques. "

« Le disciple Ananda dit au Bouddha : " Il est difficile pour notre Maître et pour tous de n'avoir que du blé chaque jour. Tout le monde souffre. Dans le pays voisin, j'ai de la famille très riche. Je vais leur demander de l'aide. Sûrement ils aideront notre sesshin. "

« Bouddha répondit : " Si à l'avenir, lors d'une sesshin d'été, ils ne peuvent obtenir l'aide d'aucun homme riche, comment feront-ils? "

« Sariputra dit ensuite : " Je connais de riches dévots du bouddhisme dans ce pays. Je vais leur demander de l'aide. "

« Bouddha dit : " Ce n'est pas la peine. Si à l'avenir, ils n'ont pas de riches bouddhistes pour les aider, comment feront-ils? "

« Ainsi le Bouddha continua la sesshin sans aucune aide. Ils ne mangèrent que de la soupe de blé pendant toute la sesshin d'été. »

Cette histoire est un exemple d'enseignement aux disciples pour les sesshins futures. Quand nous sommes pauvres, il faut suivre la pauvreté. Quand nous sommes riches, il est possible de suivre la richesse. Une sesshin pauvre est pauvre. Une sesshin riche est riche. Quand on est pauvre, il ne faut pas voler. Il faut se contenter de ce que l'on a. Si on est satisfait, si on n'a pas de désirs, la vie est calme.
Pour se confesser profondément, zazen est la plus haute méthode. Dès qu'en zazen nous observons notre karma, tous nos crimes et notre karma lui-même s'évanouissent comme une goutte de rosée. Nous devons nous confesser, réfléchir. Notre mauvais karma, nos *bonnos* apparaissent à travers le corps, les paroles, la conscience.

Le vêtement
fait de plumes merveilleuses

Cette histoire se passe au bord de la mer, au pied du mont Fuji, où croissent de belles forêts de pins que longent des plages de sable blanc. Aujourd'hui encore, nous pouvons contempler ces paysages enchanteurs.
« Autrefois, vivait là un pêcheur du nom de Haku-Ryu, le dragon blanc. Il faisait toujours de mauvaises pêches! Par une belle journée de printemps, en passant par la forêt de pins, il trouva un vêtement accroché à une branche, une merveilleuse robe faite de plumes multicolores. " Voilà un bien beau vêtement, pensa-t-il, et sûrement précieux. Évidemment, si je le dérobe, ce n'est pas très bien, mais je suis pauvre, et, en le vendant demain au marché, je pourrai sûrement en tirer une bonne somme. "
« En ce jour, le destin lui était décidément bien souriant, car cette nuit-là, il fit un rêve où lui apparut une très belle jeune fille qui lui dit : " Je suis un ange, je viens des cieux pour visiter ce monde; mais vous avez pris mon vêtement avec vous, et l'avez emporté ici; je ne peux retourner au ciel sans ma robe. S'il vous plaît, rendez-la moi! "

« Haku-Ryu nia alors avoir ce vêtement : "Vous faites erreur, si quelqu'un a dérobé votre robe, ce n'est pas moi; cependant le destin vous a conduite jusqu'à ma demeure. Alors, je vous en prie, partagez ma couche avec moi. "

« Il voulut la saisir, l'enlacer, mais au moment où il allait l'embrasser, il se réveilla. Son rêve lui inspira alors de profondes réflexions sur les kai.

« Il avait entendu autrefois prêcher un Maître Zen et se souvint de son enseignement : " En premier, pensa-t-il, j'ai volé des vêtements, et très précieux au demeurant; ensuite, j'ai menti à cet ange; et enfin, j'aurais voulu dormir avec elle. Si je ne lui rends pas ce vêtement, elle ne pourra pas retourner au ciel et devra mourir sur cette terre. J'ai brisé bien des kai! Sûrement dans le futur, ce sera très mauvais pour moi. Je dois retrouver ce bel ange et lui rendre son vêtement. " Le lendemain matin, il se rendit sur la plage et trouva la jeune fille pleurant sous un sapin. Il s'excusa auprès d'elle et lui remit son habit, ce qui la remplit aussitôt de joie. Le soleil se levait à peine, et annonçait une belle journée. L'ange entama alors une danse céleste sur le chemin qui la conduisait aux cieux. A ce spectacle, le pêcheur entra en extase. Par la suite, chaque fois que Haku-Ryu partait en mer, il faisait toujours de très grosses pêches. C'est ainsi que lui et sa famille s'enrichirent, et devinrent une des plus importantes familles de pêcheurs de la contrée » *(Sutra de Maître Homon)*.

TROISIÈME KAI :
NE PAS AVOIR UNE MAUVAISE VIE SEXUELLE.
FUJAIN KAI

Quand un Maître faisait une conférence à propos du sexe, si un disciple riait, il devait sortir du dojo et les autres disciples devaient le réprimander et le chasser. La plupart des grands Maîtres et des grands Sages respectaient ces conférences qu'ils considéraient comme très importantes!

Il est écrit à ce propos dans un sutra : *Si la Voie du sexe entre un homme et une femme est juste, le climat, le temps aussi sont justes; si la pratique de la Voie est désordonnée, le climat, le temps, l'ordre cosmique sont affectés et perturbés; cela entraîne la décadence de la civilisation et sa perte.*

L'amour est une bonne chose et nécessaire aux êtres humains. Pour les moines, de nombreuses religions l'interdisaient, comme Bouddha lui-même, à ses disciples. Cela revêtait une signification très profonde; mais de façon générale, il ne prêchait pas l'ascétisme. Cependant, une mauvaise vie sexuelle est à bannir.

Qu'est-ce qu'une mauvaise vie sexuelle? Vous devez l'analyser et le comprendre à travers ce sutra. Pourquoi l'homme et la femme existent-ils en tant qu'entités séparées? Cela est en complète harmonie avec l'ordre cosmique. Ceux qui pratiquent zazen peuvent comprendre cela. Tous les Sages et tous les Maîtres ont toujours respecté ce sutra.

Beaucoup de gens pensent que la sexualité est une illusion, en particulier dans les religions traditionnelles : c'est une erreur !

Si l'on regarde une corde et qu'on la prend pour un serpent, ce n'est pas la faute de la corde, mais de notre vision erronée. Notre vraie nature originelle peut redevenir le cosmos. Dans les cieux, se trouve l'aspect du ciel et sur la terre, l'aspect de la terre. De même façon, il y a le soleil et la lune, les étoiles, les planètes, l'arc-en-ciel, les saisons, l'été, l'hiver. Sur la terre, il y a la géographie, la topographie, les montagnes, les rivières, les mers et les océans; il y a les pauvres et il y a les riches, les capitales et les provinces... Notre vraie nature originelle a été celle d'entités séparées, les hommes et les femmes. L'homme parachève les vertus du ciel, la femme produit et accomplit les vertus de la terre. Quand le *Yin* et le *Yang,* le négatif et le positif sont en harmonie, et que l'ordre cosmique n'est pas en mutation, toutes les existences et tous les phénomènes peuvent grandir dans la sérénité.

Personne n'a le droit d'aller regarder ce qui se passe dans la chambre à coucher de monsieur et madame. Les rapports entre l'homme et la femme doivent garder leur stricte intimité; mais, de nos jours, cette intimité est largement violée, il y a ceux qui regardent et ceux qui montrent, comme les spectacles pornographiques, par exemple. Si la Voie entre l'homme et la femme est juste, l'atmosphère, le temps, l'ordre social le deviennent automatiquement. Si la Voie est erronée, le climat, l'ordre social, l'atmosphère se dégradent. Dans notre civilisation moderne, beaucoup d'erreurs sont commises dans les rapports hommes-femmes.

Si la femme change souvent de partenaire, sa physiologie en est d'abord affectée, puis son psychisme en subit aussi l'influence. Son sang se souille, le karma se complique et influence ses enfants, sa famille. Les conséquences ne se situent pas seulement au niveau de la génétique, mais affectent aussi l'entourage social, le temps, le pays, l'ordre cosmique.

A notre époque où une pratique erronée de la sexualité peut être observée dans la plupart des pays « surdéveloppés », c'est toute l'humanité, toute la civilisation qui en sont affectées. L'hiver cette année se prolonge très tard; aujourd'hui encore, il fait froid. La cause ne peut être décelée seulement à partir des observations météorologiques, le mauvais karma de notre civilisation doit entrer aussi dans les données. Les bases fondamentales de la morale ont sombré, et cela est lourd de conséquences, pour tout pays, pour toute famille, pour tout milieu quel qu'il soit.

Par l'observation de ce kai, de la rectitude de cette voie, le couple même le plus pauvre et le plus misérable du monde pourra recevoir d'immenses mérites célestes; les ministres et les gouverneurs s'ils commettent des erreurs dans cette Voie, par rapport à ce kai, entraînent des conséquences non seulement pour eux-mêmes, mais pour le pays et le peuple qu'ils gouvernent; de nombreuses calamités en résultent, des accidents, la famine, la pollution. C'est le fait de notre civilisation actuelle, où les kai sont bafoués par la majorité des politiciens; ils mentent, ils tuent, ont des mœurs dépravées. La crise de l'être humain apparaît lorsqu'il s'oppose à l'ordre cosmique. L'ordre cosmique manifeste alors sa colère...

Dans le palais, autrefois, personne ne pouvait jeter un regard sur le lit de l'empereur; mais on disait que la pratique sexuelle juste du roi influençait l'ordre cosmique, le soleil, la lune, le mouvement des planètes, les montagnes, les rivières, les saisons.

Autrefois, en Inde, à l'époque du Bouddha Shakyamuni, au palais de Makada, là où le Bouddha obtint le satori, vivait le roi Bimbashara et la reine Idaïke. C'était un bon roi et une bonne reine, mais ils n'avaient pas de fils. La reine Idaïke était belle, trop belle, et dans sa jeunesse, elle avait eu beaucoup d'amants. Elle ne pouvait plus concevoir. Le roi dit : « Il faut que nous ayons un enfant, un successeur. C'est nécessaire pour notre pays. »

Ils prirent conseil auprès d'un célèbre devin qui dit : « Majesté, vous n'avez pas en vous de semences d'enfants. Vos semences sont maintenant la possession d'un ermite qui vit dans la montagne profonde. Il fait zazen parmi les rochers. Si cet ermite, si ce saint meurt, vous pourrez avoir un enfant car il possède cette semence. Tant qu'il ne sera pas mort, le ventre de votre femme ne portera pas d'enfant. »

Le roi se rendit dans la montagne avec une nombreuse suite; ils trouvèrent un homme avec de longs cheveux, une belle barbe blanche. Il avait l'air très fort. Un véritable ermite, sage, immortel, âgé de plus de cent ans. Le roi se concerta avec ses suivants afin de tuer le saint. Un des courtisans transperça rapidement de son épée l'ermite qui était en zazen et le tua.

A cet instant, le ventre d'Idaïke se mit à grossir... Ils rentrèrent au palais et consultèrent à nouveau le devin qui regarda le ventre de la reine et dit : « Pourquoi l'avez-vous tué ? Il suffisait de le voir, de le rencontrer pour que la reine puisse avoir un enfant, inutile de le tuer. Mais vous l'avez tué, aussi quand ce bébé grandira, un accident surviendra. Mais si vous tuez cet enfant, un accident surviendra également. Toutefois, si vous le mettez au monde au-dessus d'une épée, la faute sera amoindrie. »

Dix mois plus tard, la reine mit au monde ce bébé au-dessus d'une épée. Mais il n'en mourut pas. Seul un doigt de son pied fut tranché. Ce bébé devint le prince Ajase, très célèbre dans l'histoire du bouddhisme. Ce bébé prince était très mignon. « Sûrement un enfant si mignon ne provoquera aucun accident dans l'avenir », pensaient le roi Bimbashara et la reine Idaïke. Ils élevèrent avec amour cet enfant très intelligent. Le roi et la reine étaient de grands dévots du Bouddha Shakyamuni. A cette époque, Devadata, un cousin du Bouddha, très méchant homme, jalousait énormément le Bouddha. Il s'était enfui de l'entourage de Shakyamuni et s'opposait toujours à lui. Il organisait un mouvement anti-Shakyamuni. C'est alors qu'il rencontra le prince Ajase et qu'il lui dit : « Je vous en prie, vous devez tuer votre père et devenir roi de Makada. Je tuerai Shakyamuni Bouddha et deviendrai le vrai Bouddha, et vous et moi dirigerons ce pays. »

Le prince répliqua : « Vous êtes fou! »

Devadata dit : « Vous êtes trop honnête. Regardez votre pied, et dites-moi, s'il vous plaît, pourquoi vous manque-t-il un doigt? Vous l'ignorez? C'est parce que vos parents ne sont pas vos vrais parents, mais des ennemis. »

Alors le prince, qui avait des soupçons au sujet de son orteil manquant, crut Devadata et il pensa : « Mes parents sont mes ennemis. »

Il le crut et fit enfermer son père dans un cachot obscur du palais. Alors Shakyamuni Bouddha comprit qu'Ajase avait mal agi sur l'incitation de son cousin. Il voulut secourir le roi. Il envoya dans la prison du palais son disciple Mokuren qui avait des pouvoirs magiques et son disciple Purna très habile et intelligent conférencier, ainsi que la plus belle de ses disciples nonnes, la jeune nonne Renge, Fleur de Lotus.

Mokuren les fit pénétrer dans la prison grâce à ses pouvoirs magiques. Purna le réconforta par de très belles histoires. La nonne se tenait près du roi. Elle était très belle et le réconfortait. Parfois la reine Idaïke venait le voir. Elle lui portait du miel, du fromage. Quand elle l'embrassait, elle lui laissait dans la bouche, du fromage, du miel. Cela lui permettait de le nourrir de bouche à bouche. Ainsi le roi ne maigrissait pas, il n'était pas tellement fatigué.

Le prince, lui, était devenu roi. Il pensait : « Mon père est sûrement mort. »

Il alla à la prison et vit qu'il était toujours bien portant. Il pensa que quelqu'un l'aidait, et demanda au gardien pourquoi il en était ainsi. « Shakyamuni Bouddha l'aide et lui envoie des disciples. Mokuren les fait sauter dans la prison par ses pouvoirs magiques. Et la reine Idaïke lui apporte à manger. Il ne mourra pas. » Et une voix intérieure lui dit : « Vous serez puni par les cieux pour le meurtre de votre père et pour l'emprisonnement de votre mère dans un cachot obscur. » Il observa son karma, réfléchit profondément, et à la fin, il devint un dévot du Bouddha Shakyamuni et le respecta très profondément.

Par la suite, Ajase édita les sutras du Bouddha, prépara les cérémonies après sa mort, protégea le bouddhisme, les moines, la sangha.

Le sutra de l'observation de la vie infinie — *kan* (observation), *muryo* (infinie), *ju* (vie), *kyo* (sutra) — relate cette histoire.

Ce sutra rapporte en outre la conférence du Bouddha destinée à Idaïke qui était prisonnière. Shakyamuni lui rendit visite dans la prison du palais. Il y pénétra grâce à ses pouvoirs magiques, et donna une grande conférence à Idaïke. Autrefois, dans sa jeunesse, elle avait eu une mauvaise sexualité, et ce karma avait influencé toute sa vie. Il lui enseigna la façon d'observer ce karma.

Dans la vie d'Idaïke, son bonheur devint malheur, et son malheur bonheur, de manière répétée. Telle est la logique du karma. Il en est ainsi de même chez la plupart des gens.

Le bonheur devient malheur, et le malheur bonheur... Ainsi va le karma de la mauvaise sexualité.

Toutes les manières, les comportements découlent de ce précepte, la sexualité juste.

On doit avoir des organes sexuels forts; si l'on n'est pas complet, il n'est pas possible de devenir moine ou nonne. Autrefois, le Maître, avant l'ordination, devait examiner les organes sexuels en prenant un bain avec le disciple, et regarder exactement. S'il ne peut avoir une érection, ce n'est pas possible.

Pour une femme frigide, de même. C'est une nonne âgée qui examinait les femmes. C'était la cérémonie la plus importante avec l'ordination. Seul un homme à part entière, une femme à part entière peuvent devenir moine ou nonne.

Si vous réfléchissez à votre karma, profondément, celui-ci décroît particulièrement pendant zazen. Mais il n'est pas nécessaire de trop penser. Quand votre subconscient apparaît comme dans un rêve, il faut laisser passer, laisser passer. Qu'est-ce que le mauvais karma? La mauvaise sexualité? La sexualité sans amour, comme le viol, la prostitution, l'homme qui viole ou la femme qui se prostitue...

Le livre des koans, le *Mumonkan,* rapporte une histoire célèbre. Il s'agit de *l'Ermite et la vieille dame.*

« Il y avait une vieille dame qui protégeait un jeune moine, très beau, aux traits fins. Il vivait en ermite et s'abîmait jour et nuit dans la pratique de zazen, dans un bel ermitage qu'elle lui avait fait construire dans un coin de son jardin. Il y demeura plusieurs mois, plusieurs années; un jour arriva chez la vieille dame une très belle jeune fille. La vieille dame lui dit alors : « Va voir l'ermite; il fait sûrement zazen en ce moment. Va et embrasse-le. »

« Ce qu'elle fit. Le voyant, elle lui dit : " Qu'en pensez-vous? Je vous aime, je veux que vous arrêtiez zazen et que vous fassiez l'amour avec moi. "

« Alors le moine répondit : " Je suis pareil à l'arbre sec, au rocher froid. Même si tu m'embrasses, je ne ressentirai absolument rien à ton égard. " La jeune fille retourna alors auprès de la vieille dame qui s'empressa de savoir ce qui s'était passé.

« " Comment ai-je pu perdre des années à protéger ce moine stupide ! " s'écria-t-elle furieuse après le récit de la jeune fille ; et elle alla brûler l'ermitage. » Comment aurait dû agir ce moine ? C'est un koan !

Avoir une vie sexuelle trop tôt, trop jeune, ou violer des enfants, amène un très mauvais karma. Les jeunes de moins de quinze ans qui font l'amour ont et créent aussi du mauvais karma. Au début de mon séjour à Paris, une actrice vint me voir pour me faire la confession suivante : après la mort de son père, elle avait dix ans environ, déconcertée, elle se rendit dans une église pour demander conseil à un prêtre. C'était un jeune prêtre ; après qu'il l'eut écoutée un moment, il l'appela dans le confessionnal et la fit entrer avec lui ; là il l'embrassa et viola son jeune corps.

« A partir de ce moment-là, me dit-elle, j'ai détesté le christianisme. Ma vie changea complètement ; mon père était mort, mon corps souillé ; je voulais me suicider ! »

Pour le prêtre, c'était un très mauvais karma. Pour cette actrice aussi, mais c'était du karma passé, d'autant plus qu'elle était très jeune. Pour une fillette, c'est un très mauvais karma ; après seize ou dix-huit ans, c'est moins grave, mais avant, c'est vraiment déplorable. Les êtres humains qui font l'amour sans avoir sanctifié leur union agissent comme des animaux.

J'ai reçu encore la confession d'une autre jeune femme. « J'étais âgée d'une douzaine d'années, je jouais avec des amis, lorsque soudain, juste avant la tombée de la nuit, il se mit à pleuvoir très fort. Nous nous sommes réfugiés sous un abri, c'était dans la banlieue parisienne. Un homme vint. Mes amis repartirent et je restai seule. Il commença par m'embrasser, puis m'entraîna en me forçant, et me viola. J'avais douze ans : à partir de ce moment-là, la vie changea totalement. Je reçus un très grand choc. » Cela aussi, c'est une sexualité exécrable. Elle aussi avait un mauvais karma, mais celui de cet homme était vraiment démoniaque. Certainement, par la suite, une grave maladie, la folie ou un accident aura résulté de ce mauvais karma, sa vie aura été courte, ou bien il aura été inculpé, ou sa famille aura subi les conséquences de ce destin pervers...

Changer souvent de partenaire revient également à avoir une mauvaise vie sexuelle. On peut lire des romans où les prostituées représentent l'exemple même de ce mauvais karma qu'elles subissent de par leur passé, et qu'elles engendrent de par leur vie de prostituée. Mais il est des femmes qui, ayant un mauvais karma, veulent le changer, se convertir et deviennent bodhisattva. Par exemple Marie-Madeleine dans l'Évangile, ou l'héroïne du roman de Dostoïevski, Sonia, dans *Crime et Châtiment*. Toute personne qui a un mauvais karma, si elle le confesse profondément, sincèrement, peut trouver à s'épanouir et sortir de sa terre boueuse, comme la fleur de lotus. Ceux qui ont de mauvaises mœurs, une vie dépravée et ne le confessent pas, le gardent sans regret pour eux, ceux-là finalement sont acculés à la solitude et au désespoir. La famille, les amis se séparent d'eux, les accidents, les maladies les guettent; la nature, le climat, le temps, le monde en est influencé; ils accroissent les calamités naturelles.

Vous connaissez sans doute l'histoire de *Crime et Châtiment* : Sonia est une prostituée. Raskolnikov a tué une vieille usurière, et il dit une phrase célèbre dans le roman : « Même dans un endroit souillé, une fleur cherche à s'épanouir. » Il aime Sonia; mais elle ne sait pas que Raskolnikov est l'auteur du meurtre de la vieille dame. Sonia a reçu une éducation fort religieuse; elle s'est familiarisée avec l'étude de la Bible. Un jour, Sonia et Raskolnikov ont une discussion sur des sujets bibliques. Au terme de cette discussion, il lui avoue qu'il a tué la vieille femme. Malgré l'amour profond qui la lie à Raskolnikov, Sonia lui demande d'aller se livrer à la police et de se confesser à Dieu. « Tu es l'homme le plus malheureux du monde », lui dit-elle. Raskolnikov était un intellectuel idéaliste; il voulait changer les lois du monde, rendre l'humanité heureuse. C'est la raison pour laquelle, il avait aussi tué la vieille usurière. Faire la révolution et devenir un héros, tuer pour changer les lois et la société, ainsi pensait Raskolnikov, le terroriste... A la fin du roman, il est condamné à huit ans d'incarcération dans une prison de Sibérie. Sonia, cependant, le suit, décide de vivre à proximité du lieu de détention, et attend sa libération, huit ans plus tard. C'est une belle histoire d'amour!

Tolstoï a écrit un roman similaire, *Résurrection*. Je l'ai lu quand j'étais jeune, et en ai été fortement impressionné. Dans ce roman, il est également question d'une prostituée, Katioucha. Mais les rôles sont inversés, c'est elle qui est faite prisonnière. Le héros du roman, son amant, le prince Nekhlioudov, la suit en Sibérie et l'attend. C'est tragique. Les gens aiment la tragédie quand il s'agit d'amour!

Stendhal a analysé les diverses formes d'amour, et les a classées en quatre catégories :
— l'amour passion,
— l'amour goût,
— l'amour physique,
— l'amour de vanité.

Mais, je veux ajouter une autre forme :
— l'amour *mushotoku,* l'amour sans but.

C'est le véritable amour, créateur de bon karma.

L'amour, le sexe sont nécessaires dans la vie. Mais quel amour? La plupart des gens parlent de l'amour, recherchent l'amour; mais ils sont comme des fantômes qui recherchent des fantômes.

Dans la *sangha,* quand on se sépare de sa famille, quand on reçoit l'ordination de moine, autant que possible, on doit vivre seul. Protéger le non-sexe est mieux. Être seul pour un moine ou une nonne, cela vaut mieux. Pour les bodhisattvas, de même. Mais ce qui importe le plus est de ne pas pratiquer une mauvaise sexualité.

Le pire de tout est le sexe sans amour, le viol, ou avec quelqu'un de trop jeune, ou en utilisant des drogues.

Dans l'Islam, en Indonésie, la religion autorise un homme à avoir quatre femmes. Une dame est venue d'Abidjan et m'a dit que, dans ce pays, une femme peut avoir quatre hommes, c'est une coutume. Dans un sutra, on dit qu'en Chine et au Japon, un homme pouvait avoir une seconde femme. Mais à l'époque moderne, seulement un homme, une femme. C'est la coutume...

Narcissisme, fétichisme, sadisme, masochisme, homosexualité sont de mauvaises pratiques et entraînent un mauvais karma. Également exhibitionnisme, voyeurisme, coprophilie, sodomie, nécrophilie, travestissement...

Il est écrit dans un sutra : *Le temps et le lieu où l'on fait l'amour sont très importants. Le partenaire aussi.*

Dans un dojo, ce n'est pas possible. Ni au-dehors, dans une voiture, sur la route, c'est interdit. La manière est très importante. Au Japon, après la guerre, il n'y avait pas de chambres, alors beaucoup de gens faisaient l'amour dans les cimetières. Aussi des voleurs professionnels regardaient et pêchaient les sacs à main, près des tombes. Ils pêchaient les sacs avec des cannes de bambou. Cette action entraînait d'autres crimes...

La bonne sexualité devient complètement source de satori, la graine du bonheur véritable et de la longue vie. Si on pratique une mauvaise sexualité, elle sera source de maladie, de vie courte, de nombreux accidents et aura une mauvaise influence génétique sur les descendants.

Dans l'humanité, chaque personne a un karma différent. Alors l'amour apparaît.

Par exemple, si tout le monde avait le même visage, le même caractère, le même esprit, les mêmes cheveux, personne n'aimerait, il n'y aurait pas d'amour ni besoin de choisir.

Il y a le karma, beaucoup de karma, aussi l'amour apparaît-il. J'ai lu beaucoup de nouvelles, de romans. Les pièces de Shakespeare, *Hamlet, Othello, le Roi Lear, Macbeth* expliquent le karma des gens, ce sont des tragédies.

J'ai médité au sujet du *Roi Lear;* c'est une tragédie mais si on lit cette pièce d'un point de vue objectif, par exemple, si Dieu l'observe, elle devient tout à fait une comédie. Ou bien *la Tempête* ou *Henri VIII;* la plupart du temps, c'est le karma de l'amour qui est décrit. Dans le *Faust* de Goethe aussi.

Quand j'étais jeune, j'ai été influencé, impressionné par *les Souffrances du jeune Werther,* de Goethe.

« A la fin, la femme veut devenir la dernière amante de l'homme. L'homme veut être le premier amant de la femme. »

L'amour des jeunes décroît, il devient petit, pareil à une ombre, l'ombre du soleil levant. Mais l'amour spirituel, ou le véritable amour, quand on a vieilli, que l'on a expérimenté les difficultés, cet amour s'accroît sans cesse, comme l'ombre du soleil couchant.

QUATRIÈME KAI :
NE PAS MENTIR. FUMOGO KAI

Les cinq préceptes fondamentaux :

1. Ne pas tuer

2. Ne pas voler

3. Ne pas avoir une mauvaise vie sexuelle

4. Ne pas consommer trop d'alcool, de drogues (en Chine, au Japon, c'est ne pas consommer trop de saké, ou ne pas faire de commerce de saké).

5. Ne pas mentir

L'ordre de ces préceptes n'a pas toujours été suivi. Mon Maître Kodo Sawaki disait que le quatrième devait être ne pas mentir, et le cinquième ne pas médire, ne pas critiquer. Pour lui, boire du saké n'était pas si important! Le grand moine Jiun, qui a écrit très profondément sur les kai, disait qu'il n'est pas interdit de boire du saké. Kodo Sawaki aimait le saké, et disait que le saké pouvait devenir un médicament, mais parfois aussi un poison.

La première fois que je le rencontrai, à Sojiji où il était éducateur dans le dojo Zen, j'avais environ dix-huit ans. Je lui ai dit : « Maître Kodo Sawaki, je veux faire zazen. J'ai déjà fait l'expérience de zazen à Kamakura, durant une sesshin, mais le surveillant me donnait le kyosaku du matin au soir, et j'avais les épaules ensanglantées. Un jour, il était à demi endormi, et il me frappa sur la tête. Je me suis alors levé furieusement, lui ai arraché le kyosaku des mains, et l'ai rossé; puis je suis parti en courant. » Quand j'ai rendu visite à Kodo Sawaki, j'avais vraiment l'intention de faire zazen; mais il ne m'enseigna pas du tout zazen; il me dit : « Zazen, c'est très difficile! C'est douloureux, cela fait très mal aux jambes! Ce n'est pas la peine de faire zazen. » Et à la place, il me fit boire du saké, du saké très fort, du *shochu* d'au moins 40°. C'était la première fois que j'en buvais. C'était aussi la première fois que je rencontrais Maître Kodo Sawaki. Il avait la réputation d'être un très grand moine, un grand éducateur de zazen... et il me faisait boire du saké!

Il agissait exactement à l'opposé de ce que j'attendais. Il prit deux grandes tasses à thé, m'en donna une, la remplit à ras bord de shochu et m'ordonna de boire. J'étais absolument choqué! J'avais toujours appris que dans le bouddhisme, on ne doit pas boire de saké. Je lui ai dit : « Mais on ne doit pas enfreindre les kai fondamentaux! » Dans la plupart des temples au Japon, il y a toujours au-dessus de la grande porte d'entrée, un écriteau où se trouve gravé : « Il n'est pas permis de faire passer de l'ail et du saké par cette porte. »

Je le rappelai à Kodo Sawaki : « Dans un grand temple comme celui-ci, il ne doit pas y avoir de saké! Vous ne devez pas m'en faire boire! »

Et Kodo Sawadi répondit : « Ce n'est pas la peine d'avoir peur. Ce saké, c'est par la porte de derrière qu'il est entré! »

Il est certes permis de boire du saké, mais il n'est pas permis de devenir ivre. Boire du saké n'est pas si mal en soi, mais perdre la raison par le saké, est erroné. Aussi Kodo Sawaki n'a-t-il pas voulu inclure le kai « Ne pas consommer d'alcool, de saké » dans les cinq kai fondamentaux. Selon lui, le quatrième était « Ne pas mentir » et le cinquième « Ne pas critiquer ». Pour lui, « Ne pas critiquer » était un kai très important, car critiquer peut se révéler pareil à tuer.

Quant à moi, j'inclus dans le quatrième précepte « Ne pas mentir, ne pas critiquer, ne pas médire » et le cinquième, c'est « Ne pas abuser de nourriture, de boissons, de drogues ». Selon la civilisation, les kai changent, évoluent. A notre époque, les drogues et l'alcool sont très répandus, la plupart des jeunes en absorbent, c'est très dangereux. Le cerveau se détruit en partie, le corps s'affaiblit, l'énergie vitale décroît largement. De plus, à notre époque, les produits chimiques, pharmaceutiques ou alimentaires sont aussi trop largement répandus et contribuent à l'affaiblissement de la santé de l'homme.

On mange aussi très mal. Dans le passé, il était difficile de se nourrir. Cela demandait beaucoup d'efforts et de travail; mais de nos jours, par le développement de la technique, c'est devenu relativement facile; nous vivons une époque de surconsommation; la nourriture sophistiquée est quasi la seule que l'on puisse trouver désormais, en particulier dans les villes, dans ces restaurants qui offrent une nourriture trop riche et trop artificielle. Cela est dangereux. C'est pourquoi la macrobiotique s'est développée. Mais, à l'inverse, celle-ci est trop sélective. L'alimentation a une influence certaine sur la crise actuelle de la civilisation. Il est nécessaire de nos jours de choisir sa nourriture, ses boissons.

Les désirs principaux des gens sont la nourriture et l'amour. La plupart des gens cherchent à ne satisfaire que cela durant toute leur vie. Nous vivons une époque de consommation tant alimentaire que sexuelle; les restaurants, les marchands de nourriture et les marchands de sexe (films, revues, colifichets, etc.) foisonnent de toute part; cela répond au désir des gens de notre civilisation; c'est là une interdépendance, un engrenage qui entretient et stimule les désirs.

Ces préceptes fondamentaux doivent nécessairement changer, en s'adaptant à l'époque et au contexte : hélas, avec notre civilisation, ils doivent se renforcer. La morale et l'éducation doivent se modeler selon l'époque et le lieu. L'éthique est en perpétuelle évolution. Les règles doivent se renforcer et leur nombre s'accroître durant cette époque décadente.

Dans notre civilisation actuelle, les premiers à mentir et à critiquer sont les politiciens, les gouvernants de ce monde : aberration de surcroît très dangereuse, qui comporte beaucoup de risques pour l'avenir de l'humanité. Dans le passé, si un empereur, un roi entretenait l'hypocrisie et tenait des discours mensongers, cela amenait tôt ou tard un désastre pour sa nation et son peuple. Les conflits, les guerres s'ensuivaient rapidement. Le monde entier ment, à notre époque compétitive, où seul le profit personnel est la condition de survie de chacun. Le milieu politique est un milieu mensonger, et également les milieux économiques et journalistiques.

Il y a quelque temps, je me suis rendu, comme on me l'avait demandé, dans les studios de la Télévision française, pour montrer les postures de zazen et kin-hin; j'avais préparé des *tabis* toutes neuves. Le journaliste m'avait dit que cette émission *Ici et Maintenant* serait pareille au film d'Arnaud Desjardins. Je devais donc montrer kin-hin; et comme les pieds sont très importants pendant kin-hin, je pensais qu'ils les auraient filmés. Je m'étais donc concentré sur les *tabis;* ils n'ont pas du tout filmé kin-hin; seulement zazen. Ce n'était pas la peine de montrer les *tabis*. Et, pour faire zazen, j'avais amené un beau kesa. J'ai demandé au producteur de l'émission ce qu'il était mieux que je revête. Il m'a répondu que le beau kesa était mieux. Alors je l'ai revêtu. J'ai commencé à faire zazen. Quelqu'un alors rapidement, soudainement, est venu, et m'a posé un chapeau sur la tête, un très curieux chapeau. Je le sentais. J'étais complètement surpris! Pendant zazen! Personne ne m'en avait averti! Ma secrétaire était restée tranquille. Elle regardait le studio. Elle avait complètement oublié de se concentrer sur moi. Je ne peux pas comprendre le français, tout le monde parlait autour de moi. Je ne pouvais pas comprendre ce qu'ils faisaient. C'était pareil que sur un champ de bataille. Ils avaient soudainement amené un chapeau très lourd qu'ils avaient posé sur ma tête. J'étais très mécontent; de plus je ne pouvais ni parler ni bouger du fait qu'ils voulaient filmer. J'étais complètement surpris! Personne ne m'avait rien dit; ils jouaient avec ma tête exactement comme avec un jouet. Mais mes disciples ne faisaient pas du tout attention à cela. Après, j'ai compris. Ils voulaient mesurer les ondes électriques du cerveau pendant zazen et la Télévision française voulait filmer cette expérience. Et pendant longtemps, longtemps, j'ai attendu... Après une heure, ils ont commencé à filmer; jusqu'à minuit j'ai fait zazen. Vingt, trente personnes regardaient : des techniciens, des opérateurs, personne ne travaillait. Et il y avait le piano! Ils jouaient du piano pendant zazen! Et trente personnes qui caquetaient devant, derrière moi. Et d'énormes projecteurs droit dans mes yeux qui m'éblouissaient complètement! Ce n'est pas possible de faire zazen dans ces conditions-là! J'ai l'habitude de zazen, mais là, c'était vraiment comme sur un champ de bataille! Et ils voulaient capter les ondes alpha!

Si on regarde trop la lumière du soleil, cela influence le cerveau, aussi Maître Dogen avait-il dit : « Vous devez faire zazen dans une pièce ni trop éclairée ni trop sombre. » Zazen doit être pratiqué dans un lieu calme et silencieux. Là, c'était l'atmosphère la pire qu'il pût y avoir pour zazen; et ils voulaient capter les ondes alpha, les meilleures ondes émises par le cerveau! Complètement contradictoire! Le producteur, le réalisateur, personne n'a été franc, personne ne m'avait averti; tous ont menti; aussi ai-je été induit en erreur! Il est important de parler exactement, d'exprimer la réalité, de dire la vérité, de parler avec véracité, particulièrement dans notre civilisation moderne

Il y a beaucoup d'erreurs dues au fait qu'on ne dit pas la vérité. On ne ment pas, mais on ne dit pas toute la vérité, on ne dit pas les choses telles qu'elles sont réellement; aussi beaucoup d'erreurs sont-elles commises, et la civilisation devient compliquée. Dire la vérité authentique est très important. Mentir est le fait de nos sociétés actuelles qui se trouvent dans des situations de plus en plus dangereuses parce que l'économie et la politique sont de plus en plus le fruit du mensonge.

Le quatrième kai : ne pas parler mal, ne pas abuser par le langage, ne pas médire inclut de nombreux préceptes. Pendant zazen, j'y réfléchis souvent, car parfois je dois mentir. Je dois tromper pour éduquer mes disciples. Il est écrit dans un sutra bouddhiste que pour l'éducation, pour zazen, pour aider les autres, pour la Voie, pour la vérité, il est parfois possible de mentir en tant que moyen.

Mais cela devient une semence de mauvais karma. C'est très difficile. Ce kai est le plus difficile. Si nous mentons, à l'avenir sûrement nous serons trompés. Si nous abusons les autres, par la suite certainement nous serons abusés par les autres!

Ce kai inclut les faits de ne pas mentir, ne pas tromper, ne pas critiquer.

Fuakukokai : Fu, négation. *Akuko,* abuser. Ne pas abuser.

Fusetsukakai : ne pas parler des erreurs des autres.

Fujisankai : ne pas s'admirer soi-même et critiquer les autres.

Fubosambokai : ne pas critiquer.

Sambo : les trois trésors : *Bouddha, Dharma, Sangha.*

Cela signifie rechercher la Voie et ne pas critiquer la vérité, la vraie religion, la vraie Voie. Nous devons toujours dire la vérité.

Dans le *Shodoka,* il est dit : *ni critiquer, ni admirer.* Certains admirent toujours. Si on admire, parfois on se trompe. Cela devient diplomatique, pas véridique. Mais Maître Dogen a écrit dans le *Shobogenzo :* « Si vous voulez admirer quelqu'un,

faites-le par derrière, pas devant lui, ni devant les autres. »
Alors les gens qui sont admirés se sentiront réconfortés.
Voilà la vraie compassion. Au contraire, si vous voulez critiquer, si vous êtes vraiment bon avec les gens mauvais, parlez-
leur profondément, gentiment. Il faut les éduquer, les enseigner profondément, en douceur. Si nous suivons ce kai, nous
pouvons obtenir la véritable paix, la véritable liberté, la santé
pour longtemps. Mais, si nous ne le suivons pas, nous per-
drons la paix éternelle, l'éternelle liberté, nous serons en
mauvaise santé. Alors nous devons faire attention, même
à une seule parole. Ne trompez pas! Ne critiquez pas! Ne
vous admirez pas! Zazen, c'est tout à fait suivre ce kai. *Ne pas
parler. Le silence est l'action la plus élevée en ce qui concerne ce
précepte.*
Les gens qui aiment le mauvais sexe, les obsédés sexuels
mentent. Le voleur ment aussi. Confucius écrit : *Les idiots
du temps passé étaient honnêtes, les idiots de l'époque actuelle
mentent.* Si un homme riche ment, ensuite il deviendra
pauvre. Un homme pauvre et honnête qui ne ment pas,
deviendra riche.
Si nous mentons, cela entraîne une chaîne de mensonges;
nous devons protéger notre langage erroné, ainsi notre cerveau devient-il compliqué et à la fin nous devenons névrosés,
malades.
Nous devons dire l'authentique vérité, rester humble, ne pas
être fier. Alors, si vous devenez moine, autant que possible,
quand vous parlez, dites seulement le nécessaire, ne parlez
pas inutilement. Quand vous voulez parler, il est bon de
chanter un mantra. C'est la pure vérité. Le silence convient,
et, si vous voulez parler, mieux vaut ne pas discuter, la discussion n'est pas importante.
Dans le Zen, le silence est ce qu'il y a de mieux. Dans les
autres religions, on parle beaucoup, par exemple dans l'Amidisme, on récite sans cesse *Namu Amida Bu,* du matin au
soir. C'est *Fumogokai,* ne pas parler en mal, prononcer de
bonnes paroles. *Nammyo Horenge Kyo :* à l'époque actuelle, le

Sokagakkai et le Shingon récitent toujours ce mantra du matin au soir. Si vous comprenez le sens du mantra, votre cerveau devient compliqué. Un langage étranger est indiqué. Si vous chantez le *Hannya Shingyo,* cela devient un mantra, pas la peine de penser au sens. Dans le Zen, il y a beaucoup de dharanis, de mantras, mélange de sanscrit et de *kambun,* chinois-japonais. Même les Japonais ou les Chinois ne les comprennent pas; mais cela inclut la vérité. *Gyate gyate hara gyate hara so gyate boji sowaka*[1]. Vérité infinie, éternelle.

L'autre soir, à la télévision, le studio était tout à fait semblable à un champ de bataille. Il y avait trente personnes qui jacassaient sans cesse. Pendant mon zazen, ils se sont calmés. Un docteur avait mis sur ma tête une machine électrique, sans ma permission. Pendant zazen, on jouait du piano et de forts projecteurs m'éblouissaient. Ce n'était pas le lieu pour émettre des ondes alpha et pourtant le docteur a montré le tracé de bonnes ondes alpha. A la fin, à leur demande de chanter un sutra, j'ai chanté le Hannya Shingyo. Alors, tout le monde s'est calmé. Ma voix était plus forte que la posture de zazen. Le directeur est venu à moi, en personne. Personne ne m'avait salué avant, mais le directeur, lui, est venu me serrer la main : « Merci beaucoup. J'ai été très impressionné par le chant du sutra. » Le visage de chacun avait changé pendant que je chantais. Si l'on dit l'authentique vérité, ce langage influence, impressionne. On le respecte. Au sujet de *Fumogokai* « ne pas mentir, ne pas critiquer », si vous respectez ce kai, vous pouvez être heureux et en bonne santé. Mais il est parfois possible de critiquer. Le Maître peut critiquer dans des cas d'exception, pour éduquer ses disciples.

Dans le bouddhisme, l'éducation est de deux sortes :
1. La colère forte, pour persuader.

---

[1] « Aller, tous ensemble, au-delà du par-delà, où est la sagesse du Bouddha. » (Formule finale du *Hannya Shingyo.*)

2. La méthode compatissante qui utilise une attitude et des paroles de compassion.

Parfois, le Maître se met en colère, critique, mais en réalité, il n'émet pas de critique bien que ses remontrances en aient l'apparence. Si le disciple enfreint les cinq kai, le Maître doit se mettre en colère; s'il ne se fâche pas, ce n'est pas un vrai Maître.

Dans un sutra, il est rapporté une colère du Bouddha : Après la mort de leurs parents, sa famille, frères, sœurs, enfants se querellèrent pour recueillir l'héritage. Alors le Bouddha entra dans une grande colère. « Vous ne devez pas produire l'esprit de Sendara! » (Sendara en Inde, c'est l'esclave, l'intouchable, la caste la plus basse). Dans un autre sutra, il est rapporté une autre colère du Bouddha à l'encontre d'un moine qu'il traita de « moine-cochon, stupide, idiot ».

Kodo Sawaki également, lorsque ses disciples discutaient devant lui, nous réprimandait fortement! *Silence! Vous êtes complètement idiots! Ne vous plaignez pas! Ne vous excusez pas!* Mais les gens stupides veulent s'excuser : « Non, je ne me suis pas trompé! Je n'ai pas fait de faute. J'ai fait comme ci... Je n'ai pas fait comme ça... »

Mahakasyapa aussi se mettait toujours en colère contre Ananda : « Jeune homme! Vert jeune homme! » Bouddha se mettait souvent en colère contre les gens qui enfreignaient les kai. « Vous êtes comme des animaux, comme des souches! » disait-il en s'adressant particulièrement à Devadata, son cousin, qui s'opposait souvent à lui. « Léchez la salive des autres! Mangez leur merde! » disait Bouddha. Il est encore écrit dans un autre sutra : Une jeune nonne avait dormi avec un moine, apprenant cela, le Bouddha entra dans une grande colère, et dit à la nonne « Espèce de putain! Ton sang est complètement souillé. Je ne veux plus te voir! » Il se servit du langage le plus vulgaire avec elle. Et, à l'encontre d'une jeune nonne qui avait volé ses condisciples : « Voleuse! va-t'en! Je ne veux plus te voir! »

Il y a toujours les deux sortes d'éducation : la colère forte et la gentillesse compatissante. Moi aussi, tantôt je me mets en colère et tantôt j'utilise la méthode de la compassion. Les deux sont nécessaires. Si un disciple enfreint les cinq kai, le Maître fait violence à sa pitié, à son pardon, et l'attaque avec des mots violents ; s'il ne se met pas en colère, ce n'est pas un éducateur compétent. Quelquefois le *rensaku* est nécessaire. Le *rensaku*, c'est le grand amour, la grande compassion.

Maître Dogen a écrit : *Il est possible, parfois, de critiquer en vue de l'éducation ; mais, dans la vie quotidienne, vous ne devez ni critiquer, ni médire.* Dans le bouddhisme, *gedo,* les paroles malveillantes, les paroles de médisance, représentent le plus exécrable des langages. C'est « l'autre Voie », par opposition à la Voie du bouddhisme.

Dogen, qui était très moraliste, a rapporté le mondo suivant dans le *Shobogenzo,* le *Bendowa,* célèbre pour ses dix-huit mondos :

« Un jeune moine demande à Maître Dogen : Pourquoi zazen est-il la seule porte véritable pour entrer en religion ? Dogen répondit : *« Zazen est seul la porte véritable pour entrer dans le bouddhisme. Shakyamuni Bouddha qui fut un grand Maître dans son existence historique et les sept Bouddhas qui l'ont précédé, tous obtinrent le satori et devinrent de vrais Bouddhas par le zazen. Ensuite, Mahakyashyapa et tous les Maîtres et les patriarches de la transmission leur succédèrent en ce zazen. En Inde et en Chine, chacun des patriarches expérimenta le véritable bouddhisme à travers zazen. Les autres formes de bouddhisme, sans zazen, sont des mouvements creux, des religions mortes, seulement des théâtres comiques. »*

Je parle en ce moment de « ne pas critiquer » mais, à l'encontre des gens qui sont dans l'erreur, c'est possible. Dans le *Bendowa,* à l'égard de ceux qui ne font que chanter les sutras, comme dans le *Nembutsu* où les adeptes récitent l'*Amida Butsu,* Maître Dogen dit : *Sans vraie foi, si vous chantez ce sutra, le nom de Bouddha, jamais vous n'obtiendrez un seul mérite. Vous ne ferez que bouger la langue et émettre des sons bruyants.*

Réciter les sutras aide les gens faibles, peu intelligents, sans beaucoup de sagesse. C'est une aide à leur pratique, comme le *Namu Amida Butsu* et toutes ces religions ésotériques, d'apparence magique. C'est possible, mais en tant que moyen seulement. Cela n'est que pour les débutants. C'est l'école primaire. Ces gens sont pareils à des grenouilles en chaleur qui coassent pour appeler leur partenaire au printemps dans les champs de riz. Au Japon, il y en a beaucoup au début de l'été dans les rizières; à Seikyuji, il y en a plein; koa... koa... koaaa... koaaaa...

Dogen a utilisé ici des paroles fortes, injurieuses : *Ces gens-là ne comprennent pas du tout le vrai Zen, ni le bouddhisme; ils ne se servent que de leur bouche.*

Si vous voulez obtenir des mérites par votre bouche, par des mouvements de bouche, vous aurez beau appeler mille, dix mille, cent mille fois, vous serez pareil à quelqu'un qui veut aller au nord et se tourne vers le sud; ou pareil à quelqu'un qui veut faire entrer un morceau de bois carré dans un trou rond!

L'éducation par les mots, par le langage, ressemble à un jouet que l'on donne au bébé pour le consoler. « Ça c'est très bien, c'est un beau jouet, un trésor. » Le *Bendowa* comporte également de nombreuses critiques adressées aux intellectuels, aux scolastiques, aux érudits.

Dogen disait d'eux : « Ils sont comme des paniers pour attraper les poissons du langage des livres, ou comme des filets pour attraper les lapins dans la montagne, ou des démons, des *gedo* (en dehors de la Voie!). » Quoi qu'il en soit, nous ne devons pas critiquer. Si on critique, on engendre un mauvais karma. Cependant, pour l'éducation, on peut critiquer, ou même mentir. Si vous observez ce kai, vous pouvez être heureux dans votre vie.

Dans le *Bendowa,* il y a plusieurs histoires sur la manière d'agir. Des disciples posent des questions et Maître Dogen répond. La première question traite de la réincarnation : « Après notre mort, l'âme existe-t-elle séparée du corps? L'âme subsiste-t-elle? Va-t-elle en enfer ou au ciel? » *Cette pensée est gedo, baka, folle, stupide. C'est comme attraper une pierre ou une tuile et penser que l'on possède un trésor en or. Vous devez être complètement honteux pour votre bêtise et votre profonde illusion. Je ne peux dire à quel point cette question est stupide! C'est la plus bassement stupide, la plus pitoyable!*

En fait, qu'est-ce qui est réellement vrai? Quelle est la vraie religion, la vraie philosophie? Il est nécessaire d'en parler. C'est très important, car les gens se trompent en ce qui concerne la vérité. Ainsi, Kalu Rimpoche a déclaré que le bouddhisme Zen et le bouddhisme tibétain sont identiques. Mais ils ne sont pas du tout semblables. A moitié semblables, à moitié différents! Pour mes disciples, il faut que je critique le bouddhisme tibétain, car les gens sont dans l'erreur. Il est possible de critiquer. Si l'on ne critique pas, on n'est pas un véritable éducateur, et on induit les gens en erreur.

Maître Dogen a écrit en conclusion du onzième mondo : *En ce qui concerne les fous qui expriment des opinions erronées de gedo, nous devons leur couper la langue, et ne pas écouter leurs explications bruyantes.* Mais, dans le douzième mondo, un disciple demande : « Est-ce qu'une personne qui fait zazen doit protéger les kai exactement, ou bien n'est-ce pas nécessaire? » Dogen répond : *Il est nécessaire de protéger les préceptes. C'est un problème important. Les personnes qui n'ont pas reçu l'ordination doivent la recevoir. Un disciple qui a transgressé les kai doit se confesser, cela est nécessaire. Tout le monde doit respecter les kai avec exactitude et sévérité.*

Dans le treizième mondo, un disciple demande à Dogen : « Les gens qui font zazen peuvent-ils suivre une pratique? Par exemple la pratique du Shingon ou du Tendai, ou du Nembutsu (Amidisme). Est-ce possible ou non? » (C'est comme, à l'époque moderne, si l'on me demandait : peut-on faire du yoga ou aller chez les Tibétains?) Maître Dogen répond : « Sur cette question, j'étais moi-même dans le doute. Quand j'ai posé à Maître Nyojo la question au sujet de l'essence du bouddhisme, Maître Nyojo m'a répondu : *Depuis les temps les plus reculés en Inde et en Chine et jusqu'à aujourd'hui, tous les grands patriarches qui ont transmis le vrai bouddhisme, n'ont pas pratiqué d'autre méthode : seulement zazen. Seulement concentrés sur zazen.* C'est ainsi que répondit Maître Nyojo à ma question, car si l'on veut réussir, réaliser, parachever quelque chose, on doit s'y efforcer toute sa vie. On doit se concentrer seulement sur une chose. Si on ne se concentre pas vraiment, mais parfois sur une chose, parfois sur une autre, ce n'est pas se concentrer. Car on ne peut pas vraiment le faire ainsi. On doit donc se concentrer sur une chose unique. Et ainsi on peut atteindre le but. On peut parvenir véritablement au tréfonds de la sagesse transcendantale. Et, après, on peut comprendre toute chose. »

Parfois Maître Dogen éprouvait beaucoup d'admiration. Dans le quinzième mondo, il admire beaucoup le premier ministre *Hyo Sai Sen.* C'était un très grand ministre à l'époque de Dogen, qui écrivait des poèmes : « J'aime zazen lorsque j'ai le temps entre mes fonctions officielles. Dès que j'ai fini mon travail officiel pour le gouvernement, même si je suis Premier ministre, je fais zazen chaque fois que je le peux. Lorsque je dois dormir, je ne vais pas au lit, mais je fais zazen. Quand j'ai envie de dormir, je dors en zazen et non dans mon lit. » Il est devenu un célèbre bodhisattva. Son nom est *Fudo Koji. Fudo,* immobile. *Koji,* Bodhisattva. Le bodhisattva immobile. Un homme bodhisattva est *koji;* une femme *daishi :* grande sœur. Aussi Dogen l'admirait-il. Ce bodhisattva immobile avait beau être un premier ministre très occupé, il faisait zazen plus qu'un autre. Aussi dire : « Je suis très occupé, je n'ai pas le temps de faire zazen », ce n'est pas vrai. Ceux qui veulent vraiment faire zazen, même s'ils sont Premiers ministres, le peuvent. Cet homme obtint le satori. Il faut y réfléchir et se comparer à lui.

Si l'on pratique zazen, on peut réaliser le vrai bouddhisme. Dans le monde des Bouddhas, on n'utilise que des paroles douces, empreintes de compassion; mais, si l'on descend dans le monde des démons, il faut utiliser souvent les critiques et les réprimandes. Dans le sutra Kegon, il est écrit : *Le monde des Bouddhas, le monde des êtres humains et le monde des démons sont entremêlés. Mais personne ne peut les voir ensemble, et ils ne se dérangent pas. Parmi les êtres humains, ceux qui ont un lourd et mauvais karma peuvent voir les démons; pour eux, la terre, les arbres, la nature, les hommes et les cités sont peuplés par les démons et le diable; il n'est pas un lieu ni le moindre espace où ils n'existent pas.*

Dans les trois mondes, tout est semblable à un rêve, à un phénomène fugitif. Vos propres rêves ne peuvent être compris par autrui! Parmi les êtres d'une même espèce, un langage commun est utilisé, une communication, un échange verbal s'établit. Dans cet instant sont inclus des secondes, des heures, des jours, des mois, des années. Les êtres de la même espèce sont produits, deviennent intimes entre eux. Ils sont mus par la tristesse, ou la joie, puis meurent. Mais si on acquiert quelque fierté, les paroles de médisance fusent, et les actions du corps, de la parole et de la conscience engendrent un mauvais karma qui se perpétue longtemps.

Dans le sutra du Lotus est rapportée l'histoire suivante : « Un bodhisattva continuait zazen chaque jour durant des années. Il n'était pas très intelligent. Il ne savait ni écrire ni réciter de sutra. Mais chaque fois qu'il rencontrait des gens, même des esclaves, il leur témoignait beaucoup de respect. Il faisait toujours *gassho,* et même *sampaï* à leurs pieds. Il leur disait : " Je vous respecte, vous êtes un grand Bouddha. " Mais un jour, de mauvaises gens le critiquèrent et le réprimandèrent : " Vous êtes idiot! D'où venez-vous? Nous ne pouvons croire en vos paroles. " Ils le frappèrent en le chassant à coups de bâton. Le bodhisattva s'enfuit, mais en courant il répétait à haute voix : " Je vous respecte, vous êtes de grands bodhisattvas. Je dois vous respecter! Vous pouvez devenir de grands Bouddhas à l'avenir. " Un jour, ce bodhisattva eut la vision d'un magnifique Bouddha céleste. Il obtint à ce moment-là un grand satori, et il vécut très longtemps. » Si nous respectons ce précepte « ne pas critiquer, ne pas médire », notre vie pourra se prolonger longtemps dans le bonheur.

CINQUIÈME KAI :
NE PAS ABUSER DE NOURRITURE OU DE BOISSON.
NE PAS S'ENIVRER, NI ENIVRER AUTRUI
PAR L'ALCOOL OU LES DROGUES. FUKOSHU KAI

Dans l'histoire du bouddhisme et des religions, ce kai a souvent changé. Dans certaines religions, c'est « ne pas boire d'alcool ». Dans le bouddhisme, c'était parfois « ne pas boire de saké », parfois « ne pas en vendre », ou « ne pas en introduire dans les temples » (ainsi que tout produit à odeur forte comme l'ail). Au-dessus de la plupart des portes de temple, on peut lire cette inscription : « Le saké et l'ail ne doivent pas passer par cette porte. » Mais il y a quelques siècles, le saké fut nommé *hannya to. Hannya,* sagesse. *To,* eau chaude. Il devint donc l'eau de la sagesse.

Pendant les sesshins, il n'est pas recommandé de boire du saké. Mais le saké peut aussi être un médicament, il peut créer une atmosphère forte. L'important est de savoir en user. Par le saké, il ne faut pas perdre sa raison, sa sagesse. Il ne faut pas devenir volubile, particulièrement en paroles désagréables. Si vous voulez boire du saké, utilisez-le comme médicament. Parfois ce cinquième kai se traduisait ainsi : « Ne pas émettre de paroles bouffonnes, burlesques. » Il n'est pas interdit de boire du saké, mais il ne faut pas devenir grossier, vulgaire. A l'époque médiévale, au Japon, l'aristocratie dirigeante ne tolérait pas les plaisanteries populaires à son égard; mais, avec l'éveil de la démocratie, ce précepte a perdu peu à peu de son intérêt.

De nos jours ce kai est devenu « ne pas abuser des boissons et de la nourriture ». Du fait que la civilisation s'est complexifiée, le mode de nutrition a subi la même sophistication, en outre, les drogues se sont amplement répandues dans les pays occidentaux, où les toxicomanes sont pléthore. Les produits chimiques prolifèrent, tant sur le plan alimentaire que pharmaceutique. Les repas sont souvent trop nourrissants, et les médicaments trop forts. Par les processus de raffinement, de transformation, de conservation, la plupart des produits alimentaires perdent une bonne part de leurs agents vitaminés et de leur calcium, ne gardant qu'une valeur nutritive très appauvrie. Tout cela est très dangereux pour la constitution et la vitalité de l'homme, dont on peut déjà constater la dégénérescence.

Il est primordial de revenir à une nourriture simple et naturelle. L'état d'esprit avec lequel on absorbe son repas est également très important. Ainsi, en particulier, pendant les sesshins, au moment où nous prenons notre repas, nous récitons le *sutra des Repas*[1] où il est dit en premier lieu que nous devons réfléchir sur notre karma et penser : *M'est-il permis d'absorber cette nourriture, ou non? D'où vient cette nourriture?* Le *tenzo* (cuisinier du temple) l'a préparée, le paysan l'a cultivée, etc. Nous devons toujours avoir de la reconnaissance envers ceux qui nous permettent maintenant de nous nourrir. Autant que possible, il faut manger des produits régionaux et frais. Tout produit exotique, importé, mis en conserve, est à éviter.

Ensuite, nous devons réfléchir à notre vertu, notre pratique, nous demander si elle est authentique, complète ou non, voir ses imperfections. Puis penser à calmer notre esprit, apaiser nos bonnos, nos illusions. Faire décroître *ton*, les désirs, *ji,* la colère, *chi*, l'ignorance. Il ne faut pas désirer, s'irriter, sombrer dans la stupidité. Le quatrième paragraphe est très important : nous devons penser que cette nourriture est un médicament. Nous ne devons pas manger par gourmandise, ni manger une nourriture trop riche. Nous nous nourrissons seulement pour éviter le dépérissement du corps ou son dessèchement.

Pourquoi mange-t-on? Pourquoi boit-on? Pourquoi mange-t-on du pot-au-feu, du bifteck? Pourquoi boit-on du whisky? Ici et maintenant, nous devons toujours observer notre karma, considérer notre nourriture, notre boisson,

---

1. Publié dans *I shin den shin.*

penser que nous devons influencer notre entourage et l'aider par notre compassion. Nous devons réaliser *jodo,* réussir, parachever la Voie. Qu'est-ce que la Voie? C'est observer notre esprit et voir notre karma à travers zazen. Sans pratique, il n'y a pas de Voie.

Dans les kai du Zen, Maître Dogen a écrit *fukoshu kai,* ne pas vendre de saké, parfois ne pas en boire. Ce kai est la transmission du Zen qui s'est faite depuis le Bouddha : pas d'extase, pas d'intoxication. Vous ne devez pas devenir ésotérique ou mystérieux. Dans le Hinayana, c'est, strictement : « Ne pas boire d'alcool. » Le Mahayana n'est pas ascétique, mais autant que possible, n'en buvez pas trop!

Il y a plus important encore. Il faut, non seulement, ne pas être intoxiqué par l'alcool, mais aussi ne pas être intoxiqué par la religion! « La religion est l'opium du peuple », a dit Marx. Prenez garde à la religion! Dans le bouddhisme Mahayana, on apprend à s'éveiller des intoxications. Il ne faut pas s'intoxiquer, rechercher l'extase ou l'ésotérisme. Zazen permet le retour aux conditions normales. Un vrai religieux ne doit pas vendre d'alcool ésotérique, d'alcool extatique, d'alcool mystérieux à ses croyants.

Que signifient saké, alcool? D'un point de vue de basse dimension, c'est le whisky, le vin, le saké. Mais dans le Mahayana, c'est, par exemple, le satori, le paradis... « Après la mort, vous pourrez aller au paradis; si vous avez le satori, vous pourrez connaître l'extase. » Aux États-Unis, on va même jusqu'à vendre des pilules du satori! Symptôme d'une grosse maladie de la civilisation...

Il s'agit de ne pas dériver. Ce kai signifie réellement l'illumination de la sagesse, la sagesse transcendantale ou le *Hokkyo Zan Mai,* le Samadhi du Miroir du Trésor[1]. Si une forme pénètre dans le miroir, s'y reflète, ce n'est qu'une ombre, un phénomène, dans le miroir, il n'y a rien. Pendant zazen, on ne peut pas boire. Si on fait zazen, on peut tout contrôler.

1. Voir le texte dans *la Pratique du Zen,* éd. Albin Michel.

Même si l'illusion se manifeste, ou le satori, si nous restons sur le satori, si nous le saisissons, ce n'est pas le véritable satori, c'est une illusion. *Zazen lui-même est satori,* répétait Maître Dogen. Seulement en zazen, nous ne devons pas sombrer en *kontin* (obscurité, assoupissement), ni en *sanran* (énervement, trop de pensées). *Hishiryo :* ni *kontin,* ni *sanran.* Aussi *fukoshu kai* en définitive signifie-t-il zazen. Zazen n'est pas un travail, un business. Je me dis toujours que je ne dois pas devenir un businessman du zazen. Zazen en lui-même est zazen. Zazen... devenir Bouddha, ou Dieu. Zazen n'est pas un spectacle pour les autres. On ne peut le comprendre objectivement. Dans le Soto Zen, zazen lui-même est *fukoshu kai.*

Nous ne devons pas devenir extatiques, ésotériques, mystérieux, exotiques, faire des visualisations, être trop idéalistes, communistes, matérialistes, capitalistes... Si on boit du whisky, on devient un peu stupide, on parle trop; mais, pour les gens en bonne santé, cela peut devenir parfois une médecine. Mais si on est intoxiqué par une religion, une superstition, une philosophie erronée, on ne peut s'éveiller, et cela devient une intoxication éternelle.

Shikantaza, simplement s'asseoir, est *fukoshu kai.* Zazen est *fukoshu kai.* Tel est le koan de ce précepte.

Ces cinq kai sont ceux du bodhisattva. Avec les cinq suivants, ce sont ceux du *bhiku,* du moine. Si vous voulez devenir moine, vous devez recevoir les dix préceptes.

Certains disent : « Je suis un moine plus ancien, tu n'es qu'un moine débutant. » En fait, parfois l'ancien n'est pas si bien. Ainsi, un vieux tapis n'est pas parfait; il est poussiéreux, un tapis neuf est plus beau! Si on devient ancien, on n'est plus frais. La foi devient compliquée. Les paroles des anciens sont compliquées, ironiques, car la sagesse progresse ainsi que l'expérience dans la vie. On est plus malin. Les anciens vivent dans le passé. Je fais toujours attention à cela. D'autre part, les jeunes n'ont pas assez d'expérience, pas assez de sagesse, ils veulent toujours du nouveau, ils vivent dans l'avenir.

Dans le sutra du Lotus, on trouve l'histoire d'un serpent dont la queue et la tête discutaient toujours. La queue disait : « Je suis toujours à l'arrière, toi, tu es devant, je dois toujours te suivre. » A la fin, elle s'est enroulée autour de l'arbre. Elle ne voulait plus avancer. La tête a vu une belle grenouille. Elle voulait la manger, mais cela n'était pas possible. Alors la tête permit à la queue d'aller en premier. Mais la queue n'avait pas d'yeux; elle est tombée dans un grand trou, et les deux en sont morts!

Dans l'Himalaya, vivait un oiseau à deux têtes. La tête droite était très habile à se procurer de la nourriture, mais pas la tête gauche. La tête droite mangeait toujours, et la tête gauche ne pouvait pas manger. La tête gauche dit à la tête droite : « Je connais une herbe très bonne. » Mais c'était une herbe empoisonnée. La tête droite en a vite mangé; alors le corps de l'oiseau est mort, et avec lui les deux têtes.

Le ciel et la terre ont la même racine. Toutes les existences sont un seul corps. Que l'on gagne ou perde, que l'on soit riche ou pauvre, ce n'est qu'une goutte de rosée, un phénomène fugitif, un rêve. Nous devons comprendre réellement notre connexion avec le cosmos.

SIXIÈME KAI :
NE PAS CRITIQUER, NE PAS MÉDIRE.
FUSEKKA KAI, FUAKUKO KAI

« Quand il est bien, je ne suis pas bien.

« Lorsque je suis bien, il n'est pas bien. »

C'est ainsi que l'on pense souvent. Mais dans l'un et l'autre cas, ni l'un ni l'autre n'ont l'attitude de Bouddha, tous deux pensent à travers les limites de leur mental, l'étroitesse de leur sagesse.

L'infini et l'éternité demeurent chez la plupart des gens, la sagesse est loin d'être infinie, illimitée, dans notre vie quotidienne, dans ce monde-ci. Nous n'avons pas le droit de rétrécir ce cosmos infini avec les limites de notre cerveau, avec notre raison et ses catégories, avec l'étroitesse de notre compréhension. Pourtant la plupart du temps, les critiques fusent, à travers cette sagesse étroite et partielle.

Nous admirons ce que nous aimons et critiquons ce qui nous déplaît. « J'aime la Chine; la Chine, est ce qu'il y a de mieux. » « J'aime le Japon. J'aime la France. » Admirer ce que nous aimons, critiquer ce qui nous déplaît, c'est le fait de nos catégories étroites, de notre raison étroite, de nos sentiments étroits. Nous ne réfléchissons pas du tout sur nous-mêmes. En dernière instance, toutes les existences du cosmos sont *ku*.

Comment décider de ce qui est bien, de ce qui est mal? Qu'est-ce que le bien? Qu'est-ce que le mal? Rien ne peut être décidé par nos petites catégories, notre raisonnement étroit, notre savoir livresque; certains croient détenir la vérité à travers les livres; elle y serait qu'elle demeurerait incomprise, de par notre intelligence étriquée. On lit un livre aujourd'hui, et on est limité par ce livre; aujourd'hui c'est ainsi, mais demain on en lira un autre; et demain ce sera autrement! Par le savoir acquis dans les livres, on ne peut décider de rien. Notre compréhension est étroite, notre sagesse limitée, notre raisonnement catégorique.

Dans la civilisation européenne jusqu'aujourd'hui, la recherche et la connaissance ont toujours procédé de façon encyclopédique. Le Zen n'est pas une valeur encyclopédique.

Le Zen n'est pas un sutra.

Le Zen, c'est *Ku*. Parfois *Ku*, parfois phénomènes...

Le Zen, ce ne sont pas les six cents volumes du *Maka Hannya Haramitsu Kyo* de la *Prajna Paramita...*

Il n'est pas nécessaire de se décorer, de se revêtir d'une belle apparence. Ni la peine de critiquer la personnalité d'autrui. Nous devons réfléchir sur nous-mêmes et progresser en nous-mêmes. Entre nous et les autres, il n'y a pas de différence. Nous formons les maillons d'une même chaîne; nous sommes interdépendants, reliés les uns aux autres. Il faut comprendre ce principe selon lequel toutes les existences sont connectées entre elles, en interdépendance, et finalement forment un tout. Il n'y a pas d'opposition, de dualité, entre moi et Bouddha, ou Dieu. »

Mon maître Kodo Sawaki parlait toujours de Maître Ryokan, qui fut un très grand moine dans l'histoire du Zen au Japon. Ryokan était semblable à un mendiant. S'il sortait pour faire *takuhachi* (mendicité), il oubliait son bol. Aussi, lorsqu'il rentrait le soir, il ne pouvait pas manger... Parfois sur le chemin, il jouait avec les enfants et oubliait *takuhachi*. A notre époque, quelqu'un comme lui serait considéré comme vraiment mauvais, comme un incapable. Kodo Sawaki disait toujours : « Je voudrais être comme Maître Ryokan, mais ma vie quotidienne m'oblige à être à l'opposé; car si j'oublie mon bol et mon argent, je ne peux pas manger. Si je ne mange pas, je ne peux pas faire de conférences, et je ne peux pas éduquer mes disciples... Mais j'aime Ryokan parce qu'il oubliait, c'est la différence entre lui et la majorité des gens. »
Un jour, Maître Ryokan, par un beau clair de lune, s'assit dans un champ de pommes de terre, et se perdit dans la contemplation de la lune. Le propriétaire du champ vint à passer par là, et se mit furieusement en colère, car chaque nuit un voleur venait dérober ses pommes de terre. « Vous êtes le voleur! » cria-t-il à Maître Ryokan. Mais celui-ci, imperturbable, continuait à regarder la lune, silencieusement. Alors le propriétaire se saisit d'une grosse branche et se mit à en frapper Ryokan; mais lui demeurait toujours silencieux, impassible. Arriva alors un voisin qui arrêta le propriétaire en proie à la colère et le réprimanda fortement : « Pourquoi frappez-vous cet homme? Ne savez-vous pas que c'est Maître Ryokan? » Le propriétaire en fut très surpris, et comprit son erreur. Alors Ryokan fit un poème (qui est la dernière phrase du *Kongo Kyo*) : « Les gens qui battent, et les gens battus, les deux sont semblables à une goutte de rosée, ou à l'éclair : ainsi devez-vous les considérer. »

SEPTIÈME KAI :
NE PAS S'ADMIRER SOI-MÊME UNIQUEMENT
ET CRITIQUER LES AUTRES. FUJISANKITA KAI

Fujisan : fu, c'est la négation. *Ji :* soi-même. *San :* admirer.
Ki : critiquer, briser. *Ta :* les autres. *Kai :* précepte. Beaucoup
de gens sont ainsi. Ils se décorent eux-mêmes et critiquent
les autres. *Toutes les existences ont la même racine.* Les yeux et la
bouche parlent entre eux. Les yeux disent : « Je vois de belles
choses, mais je ne peux manger. La bouche mange tout le
temps; même si je trouve de la nourriture, je ne peux manger. C'est toujours la bouche qui mange! »
Et la bouche dit : « Je ne peux pas voir! » Les yeux
continuent : « La bouche embrasse. Les yeux ne peuvent pas
embrasser! »
Dans le Honshyo *Sutra,* il est écrit : « Quelque part vivait un
homme chauve, pas un moine. Il avait un fils idiot; mais ce
fils était très honnête et très dévoué envers son père. Il le sui-
vait toujours partout. Un jour dans la montagne, alors que
tous les deux dormaient sur l'herbe dans la forêt en été, un
moustique vint se poser sur la tête de son père. Le fils se
réveilla. Il était très gentil avec son père. Aussi il prit un
bâton et frappa le moustique. Le moustique s'est envolé et
le père est mort. » C'est un koan!
Il est écrit dans un autre sutra : « Si le Maître est trop gentil
envers ses disciples et ne les éduque pas véritablement profondément, c'est aussi enfreindre ce kai. » Tous les maîtres
veulent avoir beaucoup de disciples : « J'ai beaucoup de
disciples. J'en ai cent, deux cents, cinq cents, mille. J'ai dix
mille personnes qui me suivent », il ne faut pas s'en vanter...
Si un disciple s'en va, cela ne m'attriste pas du tout. Je
souhaite que seuls demeurent les véritables disciples. Je ne
veux pas de disciples faibles. Les disciples doivent être édu-
qués de façon vraie et forte. S'il en est pas ainsi, ils empêchent
de répandre le vrai *dharma.* Dans l'éducation moderne, à
l'université, la plupart des professeurs agissent en ne respec-

tant pas ce précepte. Ils suivent les élèves, le contraire de ce qui devrait être. De plus, il y a plein d'élèves. On ne peut avoir de contacts profonds. Il n'y a que l'enseignement du savoir. Encore un aspect de la crise moderne...

Si nous sommes véritablement éveillés, et si nous sommes emplis de sagesse transcendantale, nous pouvons comprendre que toutes les existences ne sont qu'une racine. Le monde entier est une seule réalité sans frontières. Japonais, Français, Indonésiens, Noirs, Arabes, hommes et femmes, tout cela est pareil. Jeunes et vieux également. Tout est pareil. Point n'est besoin d'être amis ou ennemis. Ce sont les hommes d'État qui créent ces erreurs. Ils créent les murs, les limites, les armes, la bombe atomique. Ils sont complètement fous. Il est écrit dans un sutra : *Nos bonnos sont identiques à notre véritable esprit d'hishiryo, à l'eau pure dans le lac.* L'éléphant fou entre dans le lac, et l'eau devient complètement souillée. Une jeune fille pure entre calmement, paisiblement dans ce lac, et cela crée une atmosphère merveilleuse. C'est la même chose en ce qui concerne le miroir. Le miroir en lui-même n'est rien. Toutes sortes de visages s'y reflètent. De beaux visages, des visages laids, des visages souriants, parfois grimaçants. De même, si un bonno pénètre notre esprit, celui-ci devient souillé. Si nous avons des pensées justes, le lac de l'esprit devient alors magnifique.

Je lis toujours des sutras, des livres sur le Zen, le *Shobogenzo,* du matin au soir. Je ne lis pas de journaux, je ne regarde pas la télévision, ni de spectacles pornographiques. La plupart du temps je suis en contact avec des livres saints et avec zazen.

HUITIÈME KAI :
NE PAS ÊTRE AVARE, NI DÉSIRER TROP.
FUKENHOZAI KAI

Ce kai s'adresse aux disciples qui veulent recevoir l'enseignement. Ils ne doivent pas être regardants à donner leurs biens (que ce soient des biens matériels, de l'argent, ou leur énergie, leur temps) pour recevoir l'éducation. Ils ne doivent pas être avares de leurs richesses dans leur recherche de la Voie. De même, le Maître ne doit pas être économe en donnant le *dharma,* l'enseignement. Il doit tout enseigner. Il ne doit pas seulement donner le *dharma,* dispenser l'éducation, mais il lui faut aussi quelquefois aider matériellement. Il doit cependant savoir doser, donner avec sagesse. On peut gâter à force de vouloir toujours donner. Il faut savoir distribuer ou garder; ne pas gâter, ne pas léser. Pour l'éducation de mes disciples, je répète souvent le même enseignement. Je dois répéter, répéter. Je ne me lasse pas, mais eux se lassent... Aussi, trop épargner ou trop donner sont, l'un comme l'autre, une mauvaise éducation.

Dans le *Shobogenzo,* il y a une célèbre phrase que Kodo Sawaki m'avait calligraphiée et donnée, elle m'a beaucoup marqué : *Takarano Takarani Makase Rareru Toki Takara Kanarazu Takara To... Naru,* c'est le trésor ou les richesses, la prospérité matérielle ou spirituelle. *Quand le trésor est tel qu'il est* (c'est en fait la vraie liberté) *il devient très précisément et avec une extrême certitude trésor.*

Si l'homme est attaché fortement au trésor, le trésor n'aime pas cet homme et le fuit; mais l'homme qui n'est pas attaché au trésor est poursuivi par le trésor, qui aime cet homme. Le trésor va à lui : même s'il veut le fuir, il ne le peut, car le trésor suit cet homme et ne veut pas le lâcher. A l'opposé, le trésor fuit celui qui veut le conserver, le protéger, le garder, l'épargner, celui qui y est attaché.

Telle est la signification de ce kai : ne pas épargner, être *mushotoku.*

Tout enfant, déjà, j'aimais beaucoup donner, ce qui provoquait des colères chez mon père; ce qu'il me donnait, je le redistribuais à mes amis. Il m'enseignait toujours à prendre soin des choses, à être parcimonieux, méticuleux. Plus tard, lorsque je gagnais de l'argent, je le donnais toujours à Kodo Sawaki. Je le lui apportais et restais auprès de mon Maître à faire zazen, aussi longtemps que mes ressources me le permettaient, puis, lorsque de nouveau je n'avais plus de quoi vivre, je retravaillais et faisais usage de toute ma sagesse pour collecter le maximum d'argent, le plus rapidement possible et je retournais voir Kodo Sawaki, à qui je donnais cet argent, et demeurais auprès de lui un nouveau laps de temps... Ma famille n'était pas très satisfaite de cela! Mais par la suite, elle en devint heureuse.

Dans ma vie je me suis vraiment, très précisément, concentré sur zazen, je n'ai pas reçu tout de suite l'ordination de moine, seulement celle de bodhisattva; mais toutes mes pensées n'ont été dirigées et concentrées que sur zazen, jusqu'à aujourd'hui. Il m'arrivait parfois d'en avoir assez de faire zazen, mais mon karma était orienté vers zazen, mon karma, c'est zazen.

Maître Keizan, dans ses notes sur *zazen Yojinki*, a écrit : *Si je dois enseigner dix fois par des conférences, par la parole, il est préférable que neuf fois, je pratique et montre par le corps, et que je ne parle qu'une fois.*

Aussi, lorsque je parle, même dans la vie quotidienne, mes paroles sont toujours profondes; même comiques, elles s'élèvent du fond de l'océan.

Pour être comprise, la conférence doit être simple. La pratique du Maître devient l'éducation. Mais c'est difficile; tous les jours, pratiquer, montrer l'exemple... Manger, revêtir le *kesa,* marcher, prendre un bain, s'allonger après le bain... Il est également très difficile d'être toujours aux côtés du Maître; après un moment, les secrétaires s'en vont; elles ne voient plus que les mauvais aspects, et ne savent plus rien voir d'autre.

En réalité, ce huitième kai est *fukenhozai kai* pour les moines, mais, pour les gens ordinaires, c'est *futonyokukai. Futon,* c'est ne pas être avide, ne pas convoiter, ne pas désirer avidement. C'est un précepte très important, en particulier dans notre civilisation moderne, qui encourage tellement les désirs de biens matériels.

C'est la course au désir! Encore! Toujours plus! Ce kai est l'enseignement de *fuse* et explique *mushotoku.* Si on le respecte, si on le suit, les nuits sont paisibles, les jours également, la famille vit en paix. Les voyages se passent bien. On n'a pas de maladie. On peut vivre longtemps. Même dans la solitude, on n'a plus d'anxiété. Même dans la vie sociale, il n'y a pas d'ennuis, c'est l'harmonie. A la fin, on peut avoir le satori.

Qu'est-ce que le désir, *ton?* Le fait de trop suivre l'environnement. *Ton :* trop convoiter, trop désirer. *Jin :* la colère. *Chi :* l'ignorance qui rend compliqué, la suspicion, le doute. Qu'est-ce que l'homme du vulgaire, l'homme ordinaire? Qui est vulgaire? Qui est saint? Ceux qui ont trop de désirs font partie du vulgaire, du commun. Ceux qui ne désirent pas tellement sont appelés saints. Même si on devient moine, si on est un grand prêtre, et que l'on désire trop, on n'est pas un saint. Mais un simple pêcheur, un ouvrier, un fermier, s'il ne désire pas beaucoup, est un vrai saint, un sage.

Le soleil monte au zénith à midi, puis il redescend. La lumière devient obscurité. La lune devient pleine, puis s'obscurcit. Ce qui s'élève sera abaissé et ce qui s'abaisse sera élevé. La prospérité devient déclin. Un arbre qui a de belles fleurs ne porte pas de beaux fruits. Un animal à cornes n'a pas de longues défenses. Un pays qui regorge de trésors n'a pas une si bonne nourriture. Un pays pétrolier a de pauvres cultures. Un pays chaud n'est pas froid. Un pays froid n'est pas chaud. Ceux qui ont un pénis n'ont pas de vagin et vice versa. C'est naturel.

Chacun naît et meurt seul. Personne n'a pu emmener quoi que ce soit dans son cercueil. La plupart des hommes riches vivent peu de temps. Les pauvres ont beaucoup d'enfants. Les gens occupés sont fatigués. Ceux qui pensent trop deviennent névrosés. La roche Tarpéienne est près du Capitole. Ceux qui veulent la gloire, la richesse, le luxe, sont rapidement ruinés, ils déclinent et tombent. Ceux qui aiment la vie simple peuvent vivre longtemps et en paix. Même l'empereur qui régit de vastes territoires, ou le président d'un grand pays, mourra seul.

Lorsqu'on obtient une chose, on en perd une autre, disait toujours Dogen. Vivre une vie simple, n'est pas vivre une vie mesquine. Les gens qui préservent ce kai n'ont pas d'ego. Le cosmos tout entier est leur esprit. Alors l'ordre cosmique leur donne tout. Ils peuvent tout obtenir. Inutile de refuser! Mais si l'on ne donne pas même un brin d'herbe, une fleur, on n'obtient rien.

Si, un jour, nous ne mangeons pas la nourriture que nous désirons, cela revient à faire un don à l'humanité tout entière. Si nous n'achetons pas le vêtement que nous souhaitons revêtir ce jour-là, nous en faisons don à l'humanité tout entière. Si nous voulons vivre dans une belle maison, dans un bel appartement, et si nous dormons dans une pauvre chambre, sur un pauvre matelas, c'est encore un don à toute l'humanité. Une journée, dix jours, un mois, un an, dix ans, toute une vie, si l'on continue ainsi, le mérite en sera éternel.

Si nous mangeons peu, tout a bon goût. Si nous mangeons trop, rien n'est tellement bon. Si l'on est fatigué par le travail, on peut bien dormir. Autant que possible, nous devons abandonner les ornements de l'environnement, c'est-à-dire beaux habits, trop belles chambres et belles maisons, pour une vie simple. Cela entraîne les mérites d'une longue vie en bonne santé. Il en est de même pour les mots. Il est inutile de se montrer trop diplomate, autant que possible, il faut être simple, naturel.

Nous devons nous réjouir avec la nature. Je regarde toujours les pigeons. Il n'est pas nécessaire d'aller au cinéma, ni de regarder la télévision. Il est préférable de regarder le ciel. Zazen est ce qu'il y a de mieux.

Tout le monde tient le beau pour beau,
c'est en cela que réside sa laideur.
Tout le monde tient le bien pour bien,
c'est en cela que réside son mal.
                                              (Lao-Tseu.)

Même les animaux sont convoités. La peau du tigre coûte très cher. Si quelqu'un voit un tigre, il le tue. L'éléphant a des défenses de grande valeur. Si quelqu'un voit un éléphant, il le tue. La vache et le porc ont une bonne chair, l'homme les tue toujours, ainsi que les poulets. La poule pond de bons œufs. Ils servent à la nourriture de l'homme.

La perfection suprême semble incomplète.
La droiture suprême semble imparfaite.
L'habileté suprême paraît maladroite.
L'éloquence suprême paraît bégayante.   (Lao-Tseu.)

NEUVIÈME KAI :
NE PAS SE METTRE EN COLÈRE
FUSHI NE KAI

J'ai lu les notes de mon Maître Kodo Sawaki sur ce kai. Il écrit au début de ses commentaires : *Si on ne se met pas en colère, aucun problème ne peut être résolu* et, en conclusion : *Pendant les sesshins, avant, je me mettais toujours en colère contre mes disciples, pendant zazen. Ce n'était pas à proprement parler de la colère, mais de fortes réprimandes. Pendant le zazen du matin, je les engueulais tous, d'une voix forte ; à la fin du zazen, beaucoup venaient dans ma chambre, déployaient leur zagu, et faisaient sampaï. Après mes engueulades, tout le monde comprenait ce qu'il fallait faire. Il fallait faire un zazen fort et authentique, avoir la posture, la respiration et l'attitude d'esprit justes, et l'atmosphère changeait dans le dojo. Durant les années où j'ai donné mon éducation, je me suis beaucoup intéressé à ce problème des réprimandes, des coups de gueule. Mais se mettre en colère et réprimander sont deux choses différentes ; dans la colère, l'esprit se passionne, s'échauffe, devient petit et mesquin. Pour éduquer, il faut savoir donner de justes réprimandes. La réprimande ne doit pas être le reflet des humeurs personnelles, elle ne doit pas s'exprimer en fonction de soi, mais toujours en fonction de zazen et pour zazen, toujours avec une grande compassion. Il faut garder intérieurement une attitude de compassion, de véritable amour. Extérieurement, en tant que moyen, il faut donner l'impres-*

*sion de forte colère, et faire de vigoureuses réprimandes. Par la suite,
en vieillissant, il me fut plus difficile de réprimander assez fort mes
disciples; aussi j'attendais qu'un disciple ancien le fasse pour les plus
jeunes.*

*A cinquante, soixante ans, je distribuais sans arrêt des gifles, et tout
pouvait être résolu ainsi; le dojo devenait très paisible, et l'atmosphère très forte.*

*Dans l'histoire du Zen, la plupart des patriarches donnaient toujours
de fortes engueulades, Bouddha lui-même bien sûr, Bodhidharma,
et Maître Obaku qui donnait sans arrêt des coups de poings à Rinzai,
Maître Nyojo aussi qui battait ses disciples à coups de sandale de
bois! Un jour, alors que Maître Nyojo semonçait un de ses disciples
qui somnolait pendant zazen, Dogen eut le satori en entendant son
Maître crier : « Vous devez rejeter le corps et l'esprit! » Et Dogen
oublia complètement son esprit et son corps. Maître Unmon est également très célèbre pour ses réprimandes envers Tokusan; et Maître
Tokujo qui, après avoir jeté à l'eau son disciple, Kassan, l'empêchait
de remonter à bord en l'attaquant de son bateau, à coups de rame...
Par la suite, Kassan devint un très grand Maître.*

*Il n'est pas question ici de violence. Le Maître Zen doit éduquer for-
tement ses disciples s'il veut les fortifier dans la Voie. Il éduque et
réprimande avec force, mais aussi avec compassion, pour la Voie,
pour le dharma : il lui faut la force, l'énergie en proportion. Quand
j'étais plus jeune, il arrivait que mes colères fussent si fortes que ma
tête semblait se détacher du tronc, ce qui marquait le disciple pour
toute la vie... Pour pouvoir engueuler son disciple, le Maître doit
avoir totalement confiance en lui. Après une bonne engueulade, nécessairement, les bons mérites arrivent...*

Kodo Sawaki aussi a vu beaucoup de ses disciples partir à la
suite de ses colères; mais il disait toujours : *De la sorte, je sélec-
tionne la qualité de mes disciples.* Ses notes continuent ainsi :
*Il est nécessaire pour zazen que le Maître réprimande fortement, pour
la Voie, pour le dharma, dans un esprit juste. Les grands Patriarches
avaient souvent le surnom de « tigre », de « loup » ou de « père du
tonnerre. »* Les étudiants de l'Université de Komazawa me sur-
nommaient « le tigre ».

A Paris, de proches disciples m'avaient eux aussi trouvé un surnom, « le lion », pour pouvoir parler entre eux tranquillement, de sorte que je ne puisse pas comprendre qu'il s'agissait de moi : « Le lion a fait ceci, il a dit ça... »

Et Kodo Sawaki continue : *Ne pas se mettre en colère, c'est ne pas fuir, ce n'est ni venir ni aller, ne pas se raccrocher. Se mettre en colère signifie se séparer de la nature de Bouddha. Au centre des kai se situe la nature de Bouddha, où tous les Bouddhas, tous les Maîtres et tous les disciples sont un, indifférenciés; donc être en colère, dans ce cas, ne doit pas signifier être en colère. C'est là une attitude très subtile. L'apparence en est l'état colérique, bien que l'attitude intérieure soit calme. C'est cela le kai fu shine kai. Pendant zazen, on ne peut pas se mettre en colère; même si une colère s'élève, par la continuation de zazen, elle disparaît. Quand une mère réprimande son enfant, ce n'est pas une vraie colère.*

La mère qui gronde son enfant exprime en fait sa vraie compassion, son véritable amour. Il arrive, bien sûr, qu'une mère soit irritée et se mette dans un état véritablement colérique et passionné (peut-être s'est-elle querellée la veille avec son mari et elle reporte son irritation sur ses enfants!). Mais, pour la bonne éducation de son enfant, il faut parfois que la mère le gronde.

Quand je réprimande mes disciples, dans mon cœur, en fait, je souris. Nous devons réprimander en souriant.

Kodo Sawaki dit enfin : *Il faut se mettre en colère au-delà de son profit personnel, de son intérêt propre; il faut réprimander pour la juste éducation des êtres humains, pour la Voie, pour la vérité, au-delà des sentiments de haine ou d'amour (d'attachement).*

Les personnes qui ont trop de désirs se mettent toujours en colère; la jalousie, en particulier, entraîne souvent la colère. Dans un sutra, on raconte une histoire de l'Inde ancienne : « Dans une famille, la belle-mère ne s'entendait pas du tout avec sa belle-fille, dont elle était jalouse. Un jour où elle cuisait du riz, la belle-mère se mit en colère contre elle sans véritable raison; la belle-fille parut ne pas y faire attention, mais, soudain, elle sortit du feu un morceau de bois en flammes et le lança violemment sur un mouton qui se trouvait à proximité; le mouton, dont la laine avait pris feu, partit en courant et en bêlant, et fonça droit dans une meule de foin qui, elle aussi, flamba en un instant : comme le vent était fort, le feu eut vite fait de s'étendre jusqu'à la maison des éléphants du roi; ceux-ci, surpris, brisèrent le toit et s'échappèrent jusque dans le pays voisin; mais ils gardèrent une grande rancœur contre toute la population de leur pays d'origine, et chaque fois qu'ils rencontraient des natifs de cette contrée, ils les piétinaient rageusement. C'est ainsi que la guerre fut déclarée entre les deux pays, une guerre qui dura dix ans : par la colère d'une femme jalouse, dix années de karma belliqueux et violent furent engendrées. »

Par la pratique de zazen, vous pouvez vous purifier de toutes les erreurs de votre vie quotidienne. Aussi Bodhidharma a-t-il dit : *Recevoir l'ordination, recevoir les kai, finalement cela signifie comprendre l'esprit du Bouddha, c'est-à-dire notre propre et véritable esprit de pureté.*

L'esprit ne peut être saisi. Si nous comprenons que notre esprit emplit tout le cosmos, nous avons compris le véritable et total précepte. Aussi est-il impossible de commettre des erreurs; que l'on tue, que l'on vole, que l'on discute et se dispute, que l'on critique ou se mette en colère... L'erreur est impossible, parce que l'ego, le cosmos et toutes les existences ont la même racine.

Kodo Sawaki disait toujours : *La vie la plus élevée, le plus haut précepte, consiste à se raser le crâne, revêtir le kesa, et faire zazen. C'est le plus grand et le plus élevé des bonheurs.*

DIXIÈME KAI :
NE PAS AVOIR D'OPINIONS PERSONNELLES ERRONÉES ET DOGMATIQUES. FUJAKEN KAI

Nous fabriquons tous nos propres concepts, nous avons nos propres interprétations et notre propre compréhension, construites par notre pensée consciente, enserrée dans ses catégories. A son époque, le Bouddha s'était opposé à toutes les philosophies élaborées et complexes qui florissaient alors en Inde. Les mythologies ont toujours séduit les hommes, qui y trouvent le mystère, le surnaturel et l'extraordinaire dont ils ont besoin pour combler leur incompréhension et leurs sempiternelles énigmes. Les hommes ont créé les mythes, et les fabulations contradictoires s'y sont superposées à l'infini.

Bouddha lui-même a longtemps souffert de problèmes métaphysiques, de questions ontologiques et existentielles. La souffrance a souvent été le point de départ de la réflexion humaine; elle fut à la base de toute la doctrine, de la philosophie et de la pratique de Bouddha. Celui-ci avait vécu une jeunesse dorée dans le palais, il constata que le monde était rempli de misérables, de vieux, d'estropiés, de cadavres... Ses considérations sur le monde changèrent et devinrent dualistes : joie ou souffrance?

Une autre question que s'est posée le Bouddha concerne la réalité ou la non-réalité de l'existence, la permanence ou l'impermanence de toutes choses. Les discussions se sont échafaudées, les thèses multipliées, et toujours s'alignent deux vues antithétiques, l'une positive, l'autre négative. Une autre question concerne le problème du corps et de l'âme. Au moment de la mort, le corps perd son activité, son énergie. Que devient cette énergie? L'âme subsiste-t-elle? Où va-t-elle? L'énergie a quitté les cellules, le corps est rejeté dans la forêt, les odeurs s'en exhalent, puis le cadavre est incinéré, réduit à l'état de cendres, ou bien enterré et pourrissant. Ainsi disparaît le corps. Mais l'esprit? Où va-t-il? Certains disent que si le corps disparaît, l'esprit disparaît aussi; la mort est pareille à la flamme de la bougie que l'on souffle. Il ne reste plus rien; tout s'est épuisé. D'autres soutiennent le contraire. Le corps est mort, le corps disparaît, mais l'âme demeure éternellement, et se réincarne d'innombrables fois.

Les opinions sont nombreuses, et on en discute toujours.

Où est la vérité? Il est en fait impossible de discuter sur ces problèmes. Il est totalement inutile de vouloir avoir sa propre opinion, de choisir un aspect ou l'autre. Les thèses sur ce sujet foisonnent et les livres compilent sans fin : il est stupide de vouloir choisir!

Les deux idées sont vraies et fausses en même temps. Si on les limite, soit que l'on nie, soit que l'on acquiesce catégoriquement, elles deviennent partielles, donc fausses; mais, prises ensemble, les deux théories forment un tout qui se rapproche davantage de la vérité. La contradiction ne doit pas être évitée — elle est créatrice!

Nagarajuna, en son temps, a longuement disserté sur le problème de l'existence. Si l'on veut prendre par rapport à ce problème une position extrémiste, négative ou positive, notre idée se fait alors totalement erronée. Toute philosophie, dont le fondement est nécessairement en soi prise de position, est déjà à la base erronée. Tout système rationalisant et catégorique qui tend à comprendre l'infini — par essence porteur des paradoxes et des contradictions du cosmos illimité — ne peut que se fourvoyer, et aboutir à une impasse, sinon engendrer la folie. A l'époque de Nagarajuna, le bouddhisme Mahayana est apparu et s'est opposé aux philosophies indiennes traditionnelles, en particulier sur les questions concernant le problème du corps et de l'âme *(atman)*. La philosophie indienne a toujours séparé corps et *atman*. Après la mort, l'*atman* se sépare du corps et erre jusqu'à une prochaine réincarnation. Dans le bouddhisme, on réfute ce genre d'affirmation, bien que l'idée en elle-même ne soit pas totalement fausse.

La notion de *Muga* (non-noumène, non-ego), est omniprésente. Nagarajuna a écrit : *Il n'y a pas de noumène, mais il n'y a pas non plus de non-noumène*. Et il explique cette contradiction par la Voie du Milieu.

Shiki soku ze ku, ku soku ze shiki. Les phénomènes sont le rien. Le rien est les phénomènes. Tel est le principe du bouddhisme Mahayana. On ne peut pas affirmer seulement un aspect et nier intégralement l'autre. Cela revient à créer une vue totalement dualiste, limitée et erronée. Quelquefois la vie est faite de *shiki soku ze ku*. Parfois de *ku soku ze shiki*. Considérez que l'un ou l'autre de ces deux aspects ne peut servir qu'en tant que moyen d'éducation. Nagarajuna explique, à propos de l'interdépendance, qu'il n'y a pas de noumène, que tout est non-noumène, qu'aucune existence ne possède de noumène. Cependant existe la loi de l'interdépendance, qui relie les existences entre elles. D'un côté, il y a les phénomènes, et de l'autre, il y a l'éternité, au-delà de tout phénomène. Toujours ces deux notions, indissociables... Tout est impermanent, bien que, selon le sens commun, tout paraisse permanent. L'arbre qui l'an prochain refleurira n'aura pas les mêmes fleurs.

Tout paraît continuer immuablement, la famille, nous la reverrons la semaine suivante, le mois prochain, dans un an, dans dix ans... La permanence, l'immuable, voilà la vérité du commun des gens : lorsqu'un changement survient, tout le monde en est surpris! Ces changements fournissent la matière aux journaux, à la télévision. L'être humain regarde stupidement le monde changer autour de lui, mais il ne le voit pas. Il ne prend même pas conscience que tout et lui-même sont en perpétuelle mutation. Il ne connaît rien à lui-même; il ne se connaît pas lui-même. « Qui est mort aujourd'hui? Qui est mort hier? » Toujours, il se soucie des autres. « Aujourd'hui, c'est moi qui dois mourir. » Si aujourd'hui la mort arrivait sur lui, il serait tout surpris et, jusqu'au dernier souffle, ne voudrait pas le croire.

Les deux aspects doivent toujours être appréhendés ensemble : permanence et impermanence, *ku* et *shiki, bonno* et *nirvana, ui* et *mui,* ego et non-ego. Les deux existent, mais ne doivent pas être pris séparément, isolément. Ni seulement *bonno,* ni seulement *nirvana.* Entre immanence et transcendance, il est difficile de trancher, on ne peut de fait les dissocier : adhérer catégoriquement à l'un ou l'autre point de vue n'est que le reflet de l'étroitesse de nos esprits.

Entre la vie mondaine, sociale, publique, et la vie religieuse, notre vie dans le Zen, il faut trouver l'équilibre harmonieux. Il est nécessaire d'assumer sa vie dans le social, mais c'est une dimension que l'on doit dépasser, pour rechercher la Voie. Le fait de devenir moine ne doit pas entraîner pour autant une vie recluse, à l'écart du monde social, au contraire, de par notre vocation nous devons aider le monde.

Nous ne devons pas avoir de vue unilatérale, ni créer de concept irréversible. Entre deux extrêmes existe nécessairement la liaison, entre un aspect et l'autre doit s'établir la relation.

Le *Genjokoan* de Maître Dogen traita de ce problème, très profondément : du problème du *satori* et de *mayoi* (illusion), du satori et de la pratique, de l'état d'authenticité et des moyens. Dogen disait toujours : *La pratique de zazen devient satori!*

Shu-Sho : shu, pratique; *sho,* satori. Il n'y a aucune séparation entre quoi que ce soit, il n'y a pas de dualité. Il n'y a qu'un seul et unique phénomène, un tout.

Inutile de tenter d'élaborer des thèses et des doctrines; inutile de discuter, de tergiverser, de contester; ces attitudes n'aboutissent à rien. La remise en question n'est qu'un point de départ à dépasser pour aller plus loin dans la recherche. A un certain moment, la foi doit se substituer au scepticisme, et cette foi est source de progrès. La civilisation occidentale a été l'une des premières à tomber dans le matérialisme, parce que l'attitude sceptique — prise comme fin — à l'égard de l'immatériel, du spirituel, a contribué pour beaucoup à la faire régresser. Nous devons nous défaire de toute vue dogmatique, de tout « isme », qui devra inévitablement éclater tôt ou tard, du fait de son étroitesse inhibante. La conscience d'être, et son corrélat final, la foi, sont les seules données spécifiquement humaines. Nous devons croire profondément en Dieu, et cette foi ne sera pas vaine. Dieu est mort à notre époque, c'est pourquoi nous assistons à la crise de la civilisation, et au fourvoiement de l'être humain. Mais, qu'est-ce que Dieu ? Nous ne devons pas tenter d'en donner une définition, car Dieu ne peut se réduire à nos catégories mentales, et les mots sont inadéquats à rendre sa plénitude : *Votre zazen, c'est Dieu, vous-mêmes êtes Dieu. Dieu est dans votre esprit, et le cosmos tout entier est Dieu.*

Le véritable esprit, l'esprit authentique de Bouddha, l'esprit cosmique, est tout à fait semblable à la lune, alors que l'environnement est analogue à la surface de l'eau et à son courant. Les illusions, les *bonnos,* ressemblent au reflet de la lune sur l'eau. Le milieu, l'environnement, c'est l'eau : lac, rivière, courant, étang, mare, océan, mer, goutte de rosée, etc. La lumière de la lune va partout. On peut même la voir sur les gouttes de rosée, sur un brin d'herbe. La lune se reflète partout, mais le reflet de la lune n'en est pas la substance. Le reflet suit exactement le clair de lune. Quand les nuages recouvrent la lune et que la lumière s'évanouit, le reflet disparaît.

Comme en vous contemplant dans un miroir
La forme et le reflet se regardent.
Vous n'êtes pas le reflet.
Mais le reflet est vous.   *(Hokkyo Zan Mai.)*

Notre conscience, la source de cette conscience, est la nature de Bouddha. La nature de Bouddha est semblable à la lune. Lorsque nous regardons, entendons, sentons, goûtons quelque chose, si nous embrassons, touchons un corps avec notre corps, alors les *bonnos,* les phénomènes apparaissent. L'eau peut être vaste ou peu étendue. La surface de la goutte d'eau et celle de l'océan diffèrent. Il en est de même pour le reflet de la lune. Il n'est pas le même sur une goutte de rosée ou sur l'océan, l'étang, le lac. Mais la véritable substance de la lune est une dans le ciel. Notre conscience change sans cesse. Elle suit l'environnement, le milieu. Mais notre nature de Bouddha, notre nature de pureté, est seulement une.

L'image n'est pas la substance, mais, sans substance, l'image n'est pas créée. L'image de la lune n'est pas la lune elle-même, mais sans lune, l'image n'existerait pas. Lorsque nous regardons le cours de l'eau, nous voyons le reflet de la lune dans le courant de l'eau. Même si nous saisissons l'eau du courant, qui coule et se transforme, et que nous en remplissons un bol, l'image de la lune ne se déplace pas. On ne peut la saisir...

La conscience est comme cela. Quand nous entendons le son d'une voix, un bruit, notre conscience se manifeste, nous pensons. La conscience du bruit naît en tant que son, et disparaît également en tant que son. La conscience du goût naît en tant que goût et disparaît en tant que goût. Si nous remplissons un bol d'eau, l'image de la lune s'y reflète. Si nous remplissons cent, mille bols d'eau, cent, mille images de la lune s'y reflètent. Il en va de même de notre conscience.

Si nous touchons cent, mille objets de notre environnement, cent, mille consciences apparaissent également. Si nous touchons des objets sur une échelle de plus en plus vaste, notre conscience également se multiplie, nos *bonnos* s'accroissent Si l'on touche des objets macro, les *bonnos* également deviennent macro. Si l'on touche des objets micro, la conscience également apparaît en tant que micro. Si nous jetons l'eau du bol, l'image disparaît. Mais elle ne retourne pas au ciel, elle ne rentre pas dans la substance de la lune. Quand l'objet disparaît, la conscience disparaît aussi. Cette conscience ne retourne pas à la substance de notre esprit, à la nature de Bouddha. Notre conscience apparaît et disparaît « ici et maintenant ».

Cette année, la merveilleuse clarté de la lune n'est pas la clarté de la lune de l'année dernière, cependant, elles sont identiques. C'est la même beauté de la lune. Notre conscience est ainsi. Notre conscience d'aujourd'hui n'est pas celle d'hier, mais elle apparaît comme celle d'hier. Si nous nous souvenons d'un objet d'il y a dix ou vingt ans, relatif à l'ouïe, à l'odorat, au goût ou au toucher, la conscience en apparaît exactement. Comme cet objet appartient au passé, notre esprit également appartient au passé. Si nous imaginons un objet futur relatif à l'ouïe, à l'odorat, au goût ou au toucher, la conscience en apparaît également.

L'esprit d'un sabre est son tranchant. Si le tranchant est usé, le sabre est hors d'usage. Certains soutiennent que, lorsque les cellules du corps dégénèrent, puis meurent, l'esprit aussi disparaît et meurt. C'est une façon de voir partielle, mais ce n'est pas une vue globale. Dans le *Genjokoan,* Maître Dogen écrit : « Quand les flammes ont brûlé le bois, il ne reste plus que les cendres. » Pour Dogen, cependant, les cendres demeurent...

La croyance la plus largement répandue consiste à croire en la survie de l'âme qui soit errerait, soit irait au ciel et vivrait éternellement après la mort du corps et la disparition de l'apparence physique. Mais rien ne peut être décidé absolument sur ce sujet fondamental. Dans le bouddhisme est niée l'idée d'un noumène du corps, qui est sans substance, *ku;* il en va de même pour notre esprit. Le karma cependant existe ; existence du karma, absence de réalité du noumène : c'est la Voie du Milieu, simultanément négative et positive.

Le Zen embrasse toujours les contradictions. On ne peut pas faire de choix. Notre cerveau frontal et notre cerveau interne sont toujours en contradiction. L'être humain seul a développé son cerveau frontal, c'est pourquoi il ressent les contradictions. Inclure toutes les contradictions reflète la conscience *hishiryo,* qui manifeste la sagesse infinie.

Pour certains, la Voie consiste à pratiquer la morale, à accomplir les actions de la vie quotidienne, honnêtement, avec attention et diligence, à entretenir des relations harmonieuses avec la famille, avec les autres, à mener une vie modeste et sans grand confort, à modérer ses désirs...

D'aucuns disent que cela est la vraie Voie car parfaitement conforme à la moralité. Mais la morale seule n'est pas la Voie !

Une ancienne histoire chinoise raconte que dans un grand temple vivait une très belle nonne. Elle était très paisible et d'une tenue irréprochable. Une autre nonne vivait aussi là. mais d'une moralité plus légère; parfois elle allait seule, voir les moines. La belle nonne, elle, était vraiment chaste. Un jour, la jeune nonne lui demanda : « Vous êtes belle, la plus belle de notre communauté, jeune encore, trente-cinq ans seulement. Pourquoi êtes-vous devenue nonne? Pourquoi ne vous êtes-vous pas mariée? » Elle répondit alors : « J'ai été mariée. On s'aimait profondément, mon mari surtout m'aimait. Un enfant est né de notre amour, mais son père est mort rapidement par la suite. Aussi ai-je aimé d'autant plus mon enfant, et je l'ai entouré de ma profonde affection. Quand il fut âgé de dix-sept ans, beaucoup de jeunes filles étaient amoureuses de lui et voulaient s'offrir à lui, mais il les refusait toutes. Sa santé s'affaiblit, et, peu à peu, il tomba malade. Il devint très pâle et amaigri. Aucun médecin ne pouvait trouver l'origine de sa maladie. Je devins de plus en plus anxieuse, et pensais que l'origine résidait dans des problèmes d'ordre moral. Son esprit en était sûrement la cause. J'ai alors demandé à son ami intime s'il lui avait fait quelque confidence; celui-ci me dit : « Votre fils m'a confié un jour qu'il vous aimait par-dessus tout et que son désir le plus cher était de pouvoir vous aimer une nuit. » Je fus très surprise de cette réponse, mais n'en souffris pas vraiment. Je décidai alors de dormir avec mon enfant, car, pour moi, seule sa vie comptait, et, ce serait là sûrement le moyen de le guérir. Je le pensais sincèrement. Je donnai alors l'autorisation à mon fils de venir dans mon lit quand il voudrait. C'est ainsi que, la nuit suivante, mon fils, à qui je n'avais pas vu depuis longtemps expression aussi heureuse, vint dans ma chambre à coucher et s'approcha de mon lit. Au moment où il voulut entrer dans le lit et m'embrasser, de grandes secousses ébranlèrent la maison dont une partie s'écroula, et une profonde crevasse s'ouvrit au côté du lit. Mon fils y tomba. Je voulus le retenir, mais seuls ses cheveux me restèrent dans la main, et il disparut. Je ne sais par quel miracle, mon lit et moi-même furent épargnés. » Elle montra alors les cheveux de son fils à la jeune nonne. « Je les ai toujours avec moi, dans ma ceinture. Ainsi suis-je devenue nonne; auparavant je n'étais pas moraliste, mais maintenant, je me demande toujours de quelle façon je peux résoudre mon karma. »

Le fil d'araignée

« Le Bouddha, un jour, se promenait dans les Cieux, sur les bords du lac de la Fleur de Lotus. Dans les profondeurs de ce lac, il pouvait apercevoir le *Naraka;* et il y vit, ce jour-là, un homme du nom de Kantaka qui, mort quelques jours auparavant, se débattait et souffrait dans cet enfer. Shakyamuni Bouddha, empli de compassion, voulait secourir tous ceux qui, bien qu'ayant sombré en enfer, avaient cependant fait une bonne action dans leur vie. Kantaka avait été voleur et avait eu de très mauvaises mœurs. Il volait tous ceux qu'il rencontrait, et changeait sans cesse de femme, aussi se retrouvait-il en enfer. Une fois, cependant, il avait fait une bonne action : en se promenant un jour, il vit une grosse araignée, et eut envie de l'écraser; mais il s'arrêta dans son geste, pensant subitement qu'il pouvait l'aider; il la laissa en vie et passa son chemin. Shakyamuni Bouddha vit son bon esprit dans cette action généreuse, et eut alors envie de l'aider. Aussi fit-il descendre dans les profondeurs du lac un long fil d'araignée qui parvint jusqu'à Kantaka, aux enfers.

Kantaka regarda cette chose nouvelle, et constata que c'était une très forte corde en argent, mais il ne voulut pas le croire. Il se dit que, certainement, c'était un fil d'araignée qui pendait, et qu'il serait probablement très difficile de grimper à ce fil ténu. Cependant, désirant ardemment sortir de cet enfer, il tenta le tout pour le tout. Il saisit alors le fil, tout en pensant que l'escalade serait très dangereuse car le fil pouvait casser d'un moment à l'autre : il grimpa, grimpa... s'aidant des pieds et des mains, et faisant de grands efforts pour ne pas glisser. L'escalade était longue. Longtemps ses efforts se poursuivirent. Arrivé à mi-hauteur, il voulut regarder vers le bas les enfers qui étaient sûrement très loin. Vers le haut, il voyait l'illumination, et ne désirait plus qu'y accéder, revenir à ce monde originel. En se penchant vers le bas pour regarder une dernière fois, il vit une foule de gens qui grimpaient à sa suite dans une succession ininterrompue, jusqu'aux grandes profondeurs des enfers. Kantaka alors paniqua : cette corde était déjà à peine assez solide pour lui; pour ces centaines de personnes qui s'y agrippaient, elle allait sûrement céder, et tous avec lui se retrouveraient de nouveau en enfer! Quelle malchance! Quel dépit! " Ceux-là n'ont qu'à rester en enfer! Pourquoi fallait-il qu'ils me suivent ", maugréa-t-il. A ce moment précis, le fil céda très exactement à la hauteur des mains de Kantaka, et tous sombrèrent dans les profondeurs ténébreuses du lac. Au même moment, le soleil de midi resplendissait sur le lac au bord duquel le Bouddha se promenait. » Les gens sont ainsi; ils répètent les mauvaises actions, réitèrent les réincarnations. Kantaka n'était pas du tout *mushotoku*.

Finalement il est facile d'observer et respecter les kai. Être obsédé par le sexe ne crée pas une situation facile : il faut toujours faire des plans, rechercher une femme, penser et calculer : même pendant zazen, il y en a qui cherchent les belles femmes. Pendant les sesshins, la première chose qu'ils recherchent : une belle femme! Alors, il faut faire connaissance, se rapprocher, sourire, s'asseoir à côté, tenir de beaux discours. Pendant le petit déjeuner, ils recherchent une place à proximité, et ne pensent pas du tout au sutra des Repas. Leur esprit est sans cesse concentré sur ce problème. Il leur faut utiliser toute leur conscience dans ce but, ils deviennent totalement polarisés sur le sexe...

Il est difficile de faire l'amour avec une femme déjà mariée; on a peur, on est anxieux et incertain : « Sûrement elle a honte, elle pense à son mari. » Ce kai aussi est donc difficile à enfreindre. Mentir aussi, c'est difficile!

En revanche, il n'est pas difficile d'enfreindre le dixième kai. « Je ne peux pas devenir Dieu; je ne peux pas devenir Bouddha! Il n'y a pas de Dieu, il n'y a pas de Bouddha! » Il n'est pas bon de penser ainsi, c'est une attitude complexée, un manque de confiance en soi. Nous devons y croire, croire en l'ordre cosmique. Nous sommes reliés à la vérité cosmique. Nous ne vivons pas isolés, coupés du reste du monde, nous sommes en étroite relation avec toutes les existences du cosmos.

AUTRE ASPECT DU DIXIÈME KAI
NE PAS ABUSER DES TROIS TRÉSORS
FUBOSANBO KAI

Ne pas déprécier les vérités.
Ne pas déprécier Bouddha.
Ne pas déprécier l'enseignement du Bouddha : le dharma.
Ne pas déprécier la sangha des moines.

Dans les religions monothéistes (judaïsme, christianisme, islam), il y a également dix commandements. Les trois premiers concernent l'authenticité de Dieu et mettent en garde contre les vues erronées à ce sujet. Les cinq derniers sont similaires aux cinq premiers du Zen :

Tu ne tueras point.
Tu ne commettras point d'adultère.
Tu ne déroberas point.
Tu ne porteras point de faux témoignage contre ton prochain.
Tu ne convoiteras point la femme de ton prochain, ni son serviteur, ni sa servante, ni aucune chose qui lui appartienne.

LES TROIS PREMIERS COMMANDEMENTS

Tu n'auras pas d'autres dieux devant ma face.
Tu ne te feras point d'image taillée, ni de représentation quelconque des choses qui sont en haut dans les cieux, qui sont en bas sur la terre, et qui sont dans les eaux plus bas que la terre.

Tu ne te prosterneras point devant elles, et tu ne les serviras point, car moi l'Éternel ton Dieu, je suis un Dieu jaloux qui punis l'iniquité des pères sur les enfants, jusqu'à la troisième et quatrième génération de ceux qui me haïssent, et qui fais miséricorde jusqu'aux mille générations à ceux qui m'aiment et qui gardent mes commandements.
Tu n'invoqueras point le nom de l'Éternel, ton Dieu, en vain; car l'Éternel ne laissera point impuni celui qui invoquera son nom en vain.

Les trois premiers commandements correspondent au dixième kai du bouddhisme : Dieu est vérité unique, dont nous ne pouvons nous faire une image.
Tout cela peut se résumer à un seul précepte, abandonner l'ego. Devenir un avec Dieu. Il n'y a qu'une vérité, une Voie, sans ego. Aussi est-il écrit dans le *Shin Jin Mei*[1] : *En finir avec les oppositions.* La vérité totale et absolue, la vraie foi signifient que nous devons en finir avec notre ego, nos opinions personnelles. Aussi Maître Dogen a-t-il dit dans le *Shobogenzo :* *Étudier le Bouddhisme, le Zen, c'est étudier l'ego. Étudier l'ego c'est l'abandonner.*
Si on ne peut abandonner l'ego, devenir unité avec la vérité cosmique, avec Bouddha, avec le Maître, s'il y a quelque opposition, on aura beau pratiquer zazen pendant dix ans, vingt ans, toute sa vie, zazen n'aura aucune efficacité. Tout le monde a des opinions personnelles, auxquelles chacun tient fermement. Aussi la vie devient-elle difficile, pleine d'antagonismes. S'il y a opposition entre le disciple et le Maître, si le disciple ne peut abandonner l'ego, s'il ne peut se mettre en unité, en harmonie avec le Maître, il aura beau faire des efforts quotidiennement pendant zazen, s'appliquer dans son travail, étudier le Zen, le bouddhisme et tous les sutras, rien de cela ne sera efficace.
Abandonner, oublier, rejeter le corps et l'esprit (Shobogenzo). Shin jin datsu raku. Seulement se rejeter dans la famille de Bouddha. A ce moment-là, Bouddha aidera, contrôlera, dirigera.

1. Cf. *Textes sacrés du Zen*, II, Shin Tim Meï, éd. Cesare Rancilia.

Quand on suit le Bouddha, on n'a pas à utiliser son pouvoir personnel, à faire d'effort volontaire. On peut alors devenir Bouddha, inconsciemment, naturellement, automatiquement, détaché de la vie et de la mort. Aussi ne devez-vous pas demeurer sur votre propre esprit. C'est l'essence du Zen, *hishiryo*. L'ego prend fin. Cela est le *shiho*. Le Maître et le disciple sont en unité d'esprit. Le disciple entre dans l'esprit du Maître. A ce moment-là, le Maître peut remettre le *shiho* à son disciple.

Dans la vie quotidienne, quand on fait zazen, on ne doit faire que zazen; quand on fait la cuisine, on ne doit faire que la cuisine. Et quand vous êtes aux toilettes, vous devez seulement vous concentrer sur les toilettes; ce n'est pas la peine de penser dans les toilettes, ni de fumer; si vous portez le *kesa* ou le *kolomo,* vous devez les quitter. Si vous voulez donner, donnez sans déranger les autres. Quand vous devez vous lever, levez-vous. Comment se concentrer? Ce ne doit pas être une concentration égoïste. Si vous vous concentrez sur l'esprit du Bouddha, votre vie n'est pas difficile. Vous suivez l'ordre cosmique, inconsciemment, naturellement, automatiquement.

Israël accepta les dix commandements que Moïse lui dictait parce que c'étaient les paroles que Dieu-Yahvé prononçait et transmettait au peuple par l'entremise de Moïse. Le peuple d'Israël croyait en Yahvé. Cependant, les faibles, les impurs transgressèrent ces dix commandements. Le Christ croyait à l'ancienne religion d'Israël. Il la simplifia pour venir en aide au plus grand nombre. Aussi, par la suite, le christianisme donna-t-il l'apparence de s'opposer à la doctrine enseignée par Moïse. Moïse voulait aider le peuple d'Israël, et la Voie qu'il enseignait était liée à un contexte limité. Sa Voie était restreignante. Le Christ universalisa cette religion. Jésus ne craignait pas la mort, lui aussi avait erré dans le désert, jeûné, dormi parmi les bêtes sauvages. Puis il revint parmi les hommes et prononça le Sermon sur la montagne, où Dieu s'adressait aux hommes à travers lui. Bien que différents, Moïse et le Christ sont cependant semblables sur le fond. Tous deux se sont sacrifiés pour aider et sauver les hommes.

Au XVIᵉ siècle, avec Calvin et Luther, le christianisme a connu la Réforme, engendrant le protestantisme, qui s'est répandu particulièrement dans le nord de l'Europe. Protestants et catholiques se sont opposés jusqu'à se massacrer les uns les autres dans les Guerres de religion. Pourtant Jésus a dit : « Heureux les pauvres d'esprit, car le Royaume de Dieu leur appartient. »

Dans les temps modernes est apparue la négation des religions, et l'affirmation du matérialisme historique et de la lutte des classes. Marx emprunte à Feuerbach l'idée d'aliénation. Selon Feuerbach, l'homme projette dans le ciel, en le séparant, en l'aliénant de lui-même, le rêve de justice qu'il ne parvient pas à réaliser sur terre. Justice, amour, sagesse sont les attributs de la conscience humaine, représentant l'idéal humain projeté en Dieu. « La religion est l'opium du peuple. » Ainsi Dieu n'est qu'une projection imaginaire de l'homme qui se trouve dépossédé de quelque chose qui lui appartient en propre au profit d'une réalité illusoire. Nier l'existence de Dieu et de l'au-delà est donc pour l'homme une façon de reprendre possession de son bien. Si l'homme abandonnait la religion, ce serait le début de sa vraie libération. En quoi consiste exactement cette libération ? Aujourd'hui, si le marxisme, le léninisme abandonnaient le matérialisme, les prémices d'une véritable libération s'opéreraient !

La civilisation a subi une évolution qui l'a complexifiée. Notre civilisation actuelle est en crise : peut-on encore parler de progrès, d'évolution ? Parallèlement aux inventions et aux découvertes, se sont développés le morcellement et l'individualisme.

Dans la Grèce ancienne, les sages et les philosophes gouvernaient l'État. En Chine, il y avait le roi et la Voie du Roi. Le roi ne pouvait considérer la nation ni le peuple comme objets de manipulation, car il était le représentant de la Voie des Cieux, qui était une notion sacrée pour le peuple. Le roi ne pouvait exister que comme existe le soleil ou la lune, et agir selon l'ordre de la nature. Il devait donc être parfaitement *mushotoku*. Il faut comprendre la vraie Voie sans Voie, comme l'ordre cosmique, comme le mouvement des astres, ils suivent toujours la même orbite, la Voie sans Voie...

La vraie Voie n'est pas Voie commune (Lao Tseu.) La vraie civilisation n'est pas la civilisation réelle et matérielle, mais une civilisation invisible. Le langage apparu aux temps préhistoriques était d'abord un langage simple : la parole était sacrée, profondément religieuse, car tout était objet de culte. Puis des noms durent qualifier l'invisible, le mystérieux, l'absolu, et les textes religieux naquirent et se développèrent. Le Tout s'exprimait à travers des termes simples et empreints de mystère, auxquels tout le monde prêtait une foi totale. Les subdivisions, les complications mentales, les catégories issues de l'analyse n'existaient pas.

Jésus lui-même disait : « Regardez l'oiseau qui vole dans le ciel, regardez le lis qui éclôt dans les prés. » Pourquoi la civilisation s'est-elle complexifiée ?

La population a proliféré, l'organisation a été nécessaire. Les inventions ont engendré des désirs plus nombreux. L'individualisme et l'égoïsme se sont accrus, et l'homme a oublié les autres existences, il a oublié les relations profondes qui le relient à tous les êtres et au cosmos tout entier. Il s'est replié sur sa personne, ne s'est plus intéressé qu'à lui-même, et à sa pléthore de désirs. Il a développé les lois, les règles et les techniques pour sauvegarder ce qu'il croit être sa propriété, et se protéger des autres.

Les systèmes ont dû se multiplier à travers des structures de plus en plus rigides, créant des lois sans fin. La science et la technique dépassent l'homme qui subit sans comprendre et sans rien contrôler. La communication authentique et spontanée a fait place à un langage de signes, froid, abstrait et dépourvu de valeurs humaines.

Chacun a voulu promulguer son confort et sa facilité, au nom de sa pseudo-liberté, mais au détriment de celle d'autrui. Avec la perte des valeurs humaines, tels l'effort, le courage, la bravoure, la spiritualité est évanouie. Le socialisme matérialiste est passé au premier plan, avec ses luttes idéologiques, ses révolutions et contre-révolutions, dont le thème fondamental est : la recherche du bien-être matériel, l'avidité du mieux-être.

Les guerres elles-mêmes, aussi odieuses fussent-elles, faisaient appel dans le passé à l'être humain dans son intégralité, à sa bravoure, à son courage, et souvent aussi à sa grandeur d'âme. Actuellement, avec l'énergie nucléaire, il suffit de répondre à un signal, et le monde s'écroule : on a appris à l'homme à répondre à ce signal, il l'exécutera froidement, « machinalement »...

Révolutions, guerres, antagonismes ont toujours existé dans l'histoire de l'humanité. Mais ces événements attestaient une civilisation corrompue qui entraînait nécessairement un retour aux valeurs originelles et immuables, à la simplicité. Les guerres n'amenaient pas de changement radical de culture, mais replongeaient l'homme à sa source originelle.

Un empereur de Chine ordonna de brûler tous les livres qui étaient le produit d'une civilisation décadente, affaiblie par un excès de raffinement et de sophistication. *L'Iliade* d'Homère rapporte des faits similaires. Le droit à cette époque jouait déjà un rôle important. Beaucoup de philosophes tentaient de définir la société idéale, avec son mode de gouvernement idéal. Avec l'accroissement de la population, les structures étatiques ont dû se renforcer, mais parallèlement, étant soumises à l'évolution de la société, elles furent de plus en plus l'objet de changements, voire de bouleversements et de révolutions. De plus, avec le développement des sciences humaines et physiques, naquirent de nouvelles théories sociales, et une nouvelle science, la sociologie.

L'erreur des scientistes a été de vouloir ériger en loi universelle leur science partielle et limitée.

Le capitalisme, autant que le communisme, est une erreur, l'erreur de ne voir qu'un seul aspect. Nous devons toujours considérer les deux aspects d'une même chose, et ne pas créer d'opinion partielle, nécessairement sujette à controverses. Nous devons avoir la foi et croire au pouvoir de la totalité, au pouvoir de l'ordre cosmique.

Fujakenkai ou le non-dogmatisme : *Fu,* négation. *Jaken,* mauvaise opinion. *Ken,* c'est *darshana* en sanscrit. Dans le bouddhisme, c'est la Voie du Milieu, l'équilibre, le fait de n'aller ni à droite ni à gauche, de ne pas tomber dans les *ken,* les opinions erronées.

Dans le *Kon Go Kyo* (sutra du Diamant), il est dit qu'il ne faut pas demeurer sur une pensée, mais créer. Il faut laisser passer, passer, passer...

Seulement *shiki soku ze ku,* c'est le spiritualisme. Seulement *ku soku ze shiki,* c'est le matérialisme.

Bouddha et nous-mêmes ne sommes pas séparés. Parfois le Bouddha devient le diable. Parfois le diable devient Bouddha.

Hishiryo : penser sans penser, ne pas penser mais penser, c'est la pensée infinie.

Lorsque Narita Roshi est venu me voir, il a perdu sa valise. On l'a cherchée quelque temps, mais il nous a dit de ne pas nous inquiéter. Cependant je me suis concentré pour la retrouver. Certaines mauvaises pensées m'ont effleuré, comme par exemple : « Certainement un disciple l'a volée! Il faut que je trouve qui a pu faire cet acte. » C'est le type même d'une pensée qui fait des catégories, donc d'une pensée erronée, *Jaken.* Ma secrétaire pensait que Narita Roshi avait cru prendre sa valise, mais l'avait oubliée à son hôtel. Il aurait pensé et agi de façon illusoire. La conscience *hishiryo,* c'est la conscience infinie où la sagesse apparaît. Narita Roshi est un visiteur japonais qui ne connaît pas la numérotation des étages en Europe. Nombreux s'y sont trompés, car au Japon, le premier étage correspond au rez-de-chaussée, le second au premier, et ainsi de suite... Je voulais retrouver cette valise, car, selon Narita Roshi qui disait l'avoir déposée devant ma porte, je ne pouvais admettre ni croire qu'un objet quelconque pût être volé s'il a été confié à ma demeure. On vient généralement déposer des objets à ma porte, mais on n'y dérobe rien. Aussi ai-je appelé mon neveu qui, en tant que japonais, était plus à même de comprendre ce qui s'était passé. Or lui-même s'était trompé une fois d'étage, et avait essayé d'entrer chez la voisine du dessous, qui s'était fâchée! Aussi a-t-il vite pensé que la valise se trouvait peut-être devant la porte de la voisine du dessous. Quelques instants plus tard, il revenait avec la valise. Inconsciemment, je savais qu'il pouvait trouver. Aussi ai-je utilisé sa sagesse. Ainsi la sagesse intuitive, si elle n'est pas empêchée par le mental, la vraie sagesse apparaît.

« Les Japonais sont différents des Européens, nous devons changer le Zen! » Il est stupide de vouloir créer un Zen européen. Le Zen, c'est le Zen! Bien sûr, il faut en conserver la véritable essence, retirer les décorations et fioritures. Il ne faut ni concevoir de Zen erroné, ni limiter la portée du Zen à la santé, ni créer de « Zen-yoga »! Si les gens ne veulent pas suivre le Zen authentique et pur, ce n'est pas une raison pour nous compromettre dans un Zen erroné et de basse dimension! Nous devons avoir la fermeté de poursuivre le vrai Zen, celui de Dogen, que je vous transmets. A ceux qui veulent rabaisser le Zen à leur niveau, à ceux qui veulent que l'on moule le Zen sur leurs dogmes étroits et mesquins, à tous ceux-là, il n'est pas nécessaire d'enseigner le Zen, qu'ils acceptent le Zen dans son intégralité, ou repartent. Pas de compromission!

On n'a pas besoin de frayer avec l'empereur ou le roi, et de rétrécir le Zen pour qu'il puisse trouver place dans leurs étroites catégories; s'ils ont peur de voir le Zen dans son authenticité, nul besoin de leur enseigner un Zen rabougri! Si on ne trouve personne qui veut pratiquer le vrai

Zen, le Zen authentique, alors mieux vaut pratiquer zazen seul !

Il y a dix ans, quand je suis arrivé à Paris, je me suis heurté à bien des critiques, venant en particulier des bouddhistes théravadins. Les premiers à m'offrir un dojo furent les macrobiotiques. Ils avaient l'ambition d'en faire un dojo macrobiotique. Mais le Zen macrobiotique n'est pas le vrai Zen, pas plus que le « Zen-yoga », ou le « Zen-santé », ou le « Zen-théravadin ».

Je n'ai jamais accepté de compromis, ni fait de diplomatie. J'ai continué le vrai Zen, *shikantaza;* c'est ainsi que le Zen authentique s'est répandu.

Quand le bois est tombé en cendres, la cendre ne peut redevenir bois (Genjokoan).

A la mort de notre corps, notre esprit aussi meurt. Dans le bouddhisme, pour aucune existence, il n'est reconnu de *ga,* de noumène, de substance. Cependant le karma existe, le karma se continue. Le corps peut être comparé au bois, l'esprit au feu. Quand le bois est réduit en cendres, les dernières flammes s'éteignent. Mais il se peut aussi que les flammes passent d'une bûche à une autre, s'il y a d'autres bois, et s'il y a du vent; le feu reprend et les flammes renaissent. Par la force, par le pouvoir du vent, par l'énergie, cette dernière flamme se transmet au bois suivant. Le karma est semblable au vent; une bûche est consommée, le corps de l'homme trépasse; avec la bûche suivante, la vie au-delà continue. La flamme de l'esprit est entretenue par l'air, ou le vent du karma. Tel est le principe de *Gokan Engi,* le principe de l'interdépendance.

« Je ne veux pas mourir, je ne veux pas entrer dans mon cercueil ! » Mais, au moment même de la mort, on oublie tout cela, même la famille, les honneurs, les amis... On doit tout rejeter, tout, sauf l'ego, qu'on ne peut abandonner : on ne peut s'abandonner soi-même, on veut vivre encore... Et dans les rares cas où on arrive à s'abandonner, et à accepter la mort, c'est souvent dans l'espoir de se retrouver dans un univers calme, paisible et heureux. On refuse la solitude, et on imagine un paradis, un dieu ou un bouddha dont on se rend dépendant. L'attachement à l'amour est souvent le plus fort.

Le karma est l'action de notre corps et de notre esprit, le langage de notre corps et de notre esprit. Mais il signifie aussi la somme de nos actions, qui elles-mêmes sont la subdivision de l'énergie omniprésente dans tout le cosmos. Aussi, lorsqu'on aborde le problème du karma, pose-t-on nécessairement le problème du mouvement perpétuel inhérent au cosmos. Aussi devons-nous comprendre en quoi consiste l'impulsion, le pouvoir fondamental du cosmos.

L'énergie de notre corps et de notre esprit est en liaison totale avec l'énergie cosmique, et cette relation ressort de l'impulsion de l'énergie fondamentale du cosmos. Aussi le karma peut-il être compris comme l'actualisation dans l'espace-temps de cette impulsion énergétique, de ce pouvoir cosmique fondamental.

Dans la philosophie orientale le karma revêt une signification différente de la fatalité, de la destinée telle qu'elle est comprise en Occident. La destinée dans la terminologie européenne assigne à chaque être un sort, réglé par un pouvoir souverain, sur lequel l'homme n'a aucun contrôle. Cette soumission ressortit de l'ignorance personnelle à l'égard de toute compréhension du système cosmique. Quelle est cette « volonté divine », dont les théologiens et les philosophes ont tenté de fournir l'explication? Le pouvoir créateur du cosmos, dont dépend notre karma, existe en nous-mêmes. Nous pouvons le comprendre et le connaître. Le fatalisme est une illusion produite par l'imagination ignorante de l'homme.

Notre position sur cette terre est celle de voyageurs (Einstein).

Nous sommes venus un petit moment en visite sur ce globe, mais quelle en est la signification, quelle est la raison de notre vie « ici et maintenant »?

Et pourtant, avec quelle facilité les hommes oublient cette essentielle question! Avec quelle naïveté croient-ils à la réalité de ce monde! Ils se combattent, se haïssent, font des guerres; ils sont aveugles à la fragilité et à l'impermanence de toute chose. Ils ont perdu le sens de la vraie réalité qui est la fugacité de notre vie terrestre, et la vanité de l'illusion. A travers zazen, nous devons réaliser et comprendre la réalité et l'irréalité des existences de ce monde.

L'hindouisme proclame l'existence illusoire de toute chose, c'est *maya*, l'illusion qui nous fait croire à la réalité substantielle des existences du cosmos. *Maya* désigne aussi parfois l'énergie primordiale, la force créatrice et fécondante, le pouvoir féminin et les organes sexuels féminins.

L'âme n'a pas de réalité, elle n'est pas substantielle. Quand on meurt, notre corps prend fin et notre esprit également, de la même façon que la relation qui sous-tend le bois et la cendre. Après la mort, les composantes du corps subsistent et retournent aux quatre éléments.

Ainsi existe-t-il de façon permanente et pour l'éternité; il n'y a ni augmentation ni diminution de la moindre particule dans le cosmos, comme il est dit dans le *Hannya Shingyo* : *fuzo, fugen.* S'il en est ainsi de notre corps, il en va de même de notre esprit, pour lequel rien n'augmente ni ne diminue après la mort.

Toutes les existences sont sous la dépendance du karma, du mouvement cosmique, de l'action. Toutes les existences sont gouvernées par l'action universelle. Le karma et le non-noumène sont comme l'envers et l'endroit d'une même feuille de papier.

Maître Dogen a dit dans le *Shobogenzo Zuimonki : Si nous souhaitons atteindre l'état de non-désir, nous devons nous séparer véritablement de l'ego, nous devons considérer mujo, l'impermanence, la vacuité, l'incertitude.*

Puis il ajoute : *Étudier et comprendre le bouddhisme, c'est étudier et comprendre l'ego. Étudier et comprendre l'ego, c'est oublier et abandonner l'ego. C'est aboutir à muga, non-noumène, non-ego.*

Abandonner l'ego signifie que l'on reçoit la certification et l'authentification de tout le cosmos, de toutes les existences, de l'ordre cosmique. Le microcosme est semblable au macrocosme. Ainsi pouvons-nous accéder à l'énergie cosmique, en vivant ici et maintenant, et en devenant Dieu.

La vie est mouvement. Les existences vivantes et mouvantes ne peuvent pas être saisies. Aussi le karma est-il notre illusion, notre vision. Produit par notre pensée imaginative, il ne comporte pas d'existence réelle. Il n'est cependant pas dépourvu de signification.

Quel est le pouvoir créé par le karma ? Tel est le véritable problème important, celui du pouvoir spécifique de l'énergie, qui fait se mouvoir et évoluer toutes les existences. Ce pouvoir n'est évidemment pas absolument identique au karma lui-même. Le karma symbolise l'énergie cosmique, mais inclut aussi un autre pouvoir spécifique. Il a sa particularité propre à travers laquelle se réalise le pouvoir fondamental du cosmos. L'ordre du monde humain serait lui-même créé par ce pouvoir spécifique du karma.

Le mouvement dans le cosmos ne peut être engendré uniquement par l'énergie du pouvoir cosmique universel, il suppose l'existence de la qualité spécifique du karma, réalisée en chaque être, vivant dans un lieu et à une époque déterminés. Ainsi, ce qu'on appelle karma, dans notre sens commun, est limité par les catégories du monde humain, par l'existence de chaque individu. Ce concept étroit et limité du karma est donc dépendant des catégories intellectuelles de chacun, tributaire d'un contexte donné, d'une culture spécifique.

Le pouvoir fondamental du karma ne se limite pas seulement au monde humain. C'est un pouvoir infini qui supporte tout le cosmos, gouverne toutes les existences, toutes les galaxies. Toutes les existences sont assemblées et unies dans et par ce pouvoir, comme le fer trempé dans le feu est fondu sous l'effet de la chaleur, ou comme la glace se liquéfie et s'évapore sous l'effet du soleil. Le cosmos n'est jamais au repos. Il assemble et détruit, produisant, à la fois, ordre et chaos. *Chaos,* en chinois-japonais, se dit *konton*. *Konton* signifie la destruction de toutes choses, le bien et le mal, le diable et Dieu, les êtres humains et les systèmes planétaires. Mais le chaos lui-même ne demeure pas. Le système cosmique répète en permanence le mouvement créateur et le mouvement destructeur, comme une trajectoire sur un cercle, et son action demeure éternellement. Il n'y a ni commencement ni fin dans le cosmos.

Le karma est ainsi véritablement créé et réalisé par l'énergie cosmique fondamentale.

L'énergie cosmique qui remplit et influence tout l'univers et toutes les existences, cela de toute éternité, qui imprègne toute la nature, à partir des minéraux, des végétaux, jusqu'aux êtres sensibles, animaux et humains, est reçue inconsciemment, naturellement, automatiquement, par chacune des existences.

Pendant zazen, vous pouvez comprendre ce pouvoir énergétique, le ressentir inconsciemment, et le reconnaître par la conscience *hishiryo*.

Plus la matière est dense, plus le pouvoir cosmique fondamental se réalise faiblement et de façon désordonnée; pour l'être humain, il se réalise de façon ordonnée, à travers son corps et son esprit; il apparaît à la conscience dans un ordre limité, à travers la volonté qui se manifeste au moyen du cerveau frontal. Pour toute la nature, et pour toutes les autres existences, ce pouvoir n'est que mouvement inconscient. Pour l'être humain, cette énergie se transforme en comportement, en pensée, et en action : c'est ce que l'on appelle le karma.

Le sens de la vie

De façon générale, l'action implique le mouvement. L'action désigne l'intégralité de l'activité humaine : la pensée, le vouloir, et la réalisation effective. Dans l'acte de marcher, par exemple, tout d'abord il y a la pensée, puis la volonté, et le corps se met en mouvement sous l'impulsion de la volonté motrice. L'action, le fait d'agir, désigne la mise en pratique de l'énergie cosmique, à l'aide de notre volonté consciente. L'action est donc le karma lui-même. La puissance fondamentale du cosmos, agissant dans la subjectivité humaine, se réalise en tant que vouloir. L'énergie cosmique agit en nous, et le pouvoir de décision est lui-même dirigé par la puissance cosmique fondamentale. Celle-ci revêt toujours et simultanément deux aspects extrêmes, foncièrement opposés, telles la destruction et la création. Notre volonté a toujours aussi ces deux aspects. Savoir ne pas prendre de décision est donc un autre aspect de notre karma. Notre volition possède l'aspect contradictoire de décision et de non-décision, et l'activité qui en résulte devient un microcosme, manifestation du pouvoir fondamental du cosmos. On peut dès lors comprendre la construction du cosmos, macrocosme et microcosme, les contradictions inhérentes aux relations corps-esprit, qui se traduisent en particulier au niveau de la conscience.

Contradictions et différences tendent cependant à s'aplanir pendant zazen. La conscience *hishiryo* – harmonie et unité avec le macrocosme – apparaît à travers la puissance cosmique fondamentale, qui l'anime. Ainsi toute action ou pensée en opposition à l'ordre du macrocosme est-elle création de mauvais karma. Dans le bouddhisme, la volonté est désignée par la conscience *mana* (différente de la conscience *alaya*), racine de toute illusion.

L'action personnelle réalise le karma, et la volonté est la source primordiale qui réalise l'action. Aussi reconnaître la substance du karma signifie prendre conscience de ce que la volonté humaine en est la base, et que cette volonté ne nous appartient pas en propre, mais est gouvernée par la puissance cosmique. *Hishiryo* inclut tout : sans ego, il embrasse toutes les

existences : le bien et le mal, le relatif et l'absolu, le rationnel
et l'irrationnel. L'ordre cosmique n'est pas seulement rationnel, il inclut les contradictions. Si vous ne suivez pas l'énergie
cosmique, vous aurez une vie difficile. Lorsque vous faites
zazen, vous pouvez atteindre la conscience *hishiryo,* naturellement, inconsciemment, automatiquement.

*Tous les êtres sont avalés sans fond par la nature de Bouddha; cepen-
dant en même temps, la nature de Bouddha est avalée sans fond par
tous les êtres* (Dogen).

Bonnos, Karma doivent être compris subjectivement. Et il
en est de même pour zazen. Vous devez comprendre que la
relation entre l'ordre cosmique et votre existence personnelle
devient la source fondamentale du karma. L'énergie du
cosmos est sans commencement ni fin, au-delà du temps et
de l'espace, et des choix personnels. Le système cosmique
nous dirige de l'extérieur : même si nous pensons que nous
disposons totalement du libre-arbitre, nous ne pouvons nous
en séparer, et même lorsque nous voulons nous en séparer,
une telle volonté n'en est pas moins partie intégrante.

« Passion » vient du latin *passio,* et du grec *pathos.* Descartes
écrivit en 1645 un traité *Des passions de l'âme,* dédié à la
princesse de Bohême[1]. Il en envoya une copie manuscrite à
la reine Christine de Suède. On peut y lire que « les femmes
sont délicates et éprouvent de fortes passions ». Elles ne sont
pas les seules! Selon Descartes, à la différence de la raison et
de l'émotion, la passion provient du corps, et naît de l'admiration ou de la surprise – tandis qu'en Orient, on considère
que les *bonnos* proviennent de l'ignorance *(mumyo).*

Lorsque le macrocosme (l'univers) et le microcosme (notre
corps) s'harmonisent, nous pouvons acquérir l'énergie du
cosmos. Alors *l'énergie du macrocosme entre dans le microcosme.*

1. Élisabeth, fille de Jacques Ier d'Angleterre, épouse du prince
Palatin Philippe V. En encourageant la naissance du mouvement Rose-
Croix, elle avait tenté de promouvoir l'harmonie de la connaissance
scientifique et de l'expérience spirituelle.

Ainsi par zazen pouvons-nous obtenir l'énergie infinie. Cette énergie (*ki* en japonais, *ch'i* en chinois) suscite une immense force spirituelle et matérielle, une sagesse sans bornes, et le pouvoir d'harmoniser comme de détruire.

Qu'est-ce que l'amour? C'est une émotion qui veut se joindre à l'objet qui s'accorde avec notre esprit. La haine représente l'aspect contraire.

L'amour dure rarement. Certains patientent jusqu'à la mort, mais beaucoup d'amours se terminent tragiquement. Et ce tragique illumine l'amour. Si c'est le véritable amour, la dévotion apparaît, et cette passion se teinte de pureté et de respect – ainsi par exemple dans la relation Maître-disciple. Tout le monde possède les deux aspects haine-amour qui alternent. De telles contradictions forment le destin de l'être humain. Dans le Zen, le bien devient parfois le mal, et le mal, le bien. On inclut les contradictions, sans dualisme. Il est vrai qu'il est difficile de devenir parfait.

Il n'est pas bon d'hésiter. A l'opposé, le courage, la bravoure, réalisent l'essence de l'activité humaine. Certes, il ne faut pas devenir semblable à un sanglier, mais la vraie bravoure se révèle déterminante aux moments décisifs. N'hésitez pas, décidez, trouvez la solution avec courage!

Il importe de vouloir bien réussir quelque chose, mais vivre seulement de l'esprit de compétition n'est pas la marque d'un esprit noble. « Il est vain et inutile de vouloir se situer au-dessus des autres », disait Dogen. Dans notre vie, la victoire devient défaite, et la défaite, victoire. A travers zazen, nous pouvons observer très profondément nos passions, nos émotions, notre karma, notre destinée. L'esprit de zazen, la conscience *hishiryo,* est comme un miroir.

Lorsque nous exprimons un mouvement par le corps ou le langage, ce mouvement est signe de quelque désir. Mais ce bonno en lui-même n'est pas nécessairement mauvais. Comme le bien et le mal sont des catégories humaines, ils peuvent changer avec le milieu, l'époque et l'individu. Ainsi sont-ils dépourvus d'existence réelle ou absolue. Il n'y a pas de mal absolu, ni de bien absolu. Par exemple, une pierre sur le chemin est un obstacle pour le promeneur, mais le poète la trouvera belle. La pierre en elle-même n'est ni bonne ni mauvaise. Une pierre reste une pierre.

Notre vie a-t-elle ou non une valeur réelle, une signification véritable ? Quand des doutes s'élèvent au sujet de la réalité de la vie, nous devons résoudre le problème essentiel de la vie et de la mort. En définitive, seules la vie et la mort restent des problèmes importants. Quand nous ne faisons que courir après la nourriture, le sexe, et que nous sommes dirigés par le système social, nous n'avons pas l'occasion de réfléchir sur nous-mêmes. Notre conscience n'est pas assez forte pour mener à une réflexion sur la mort. Nous devons nous éveiller ! Une telle réflexion sur notre propre conscience devrait être décidée par la qualité et l'intensité de notre expérience de la vie. Certains disent : « On doit mourir un jour. » Et, pour eux, la mort se résume à « Tant pis, c'est la vie ! » C'est une conclusion juste. Mais il est facile de parler ainsi, alors que la solution n'est pas si facile. Il n'est pas si aisé de décider et accepter de mourir. Cela demande de profondes expériences, et une longue réflexion.

Notre problème du *samsara* (transmigration et réincarnation) n'est pas celui d'autrui ; de plus il ne peut être résolu par l'étude scientifique. Par exemple il est difficile à ceux qui ont eu le satori d'expliquer cette expérience et de la certifier objectivement, car eux-mêmes l'ont expérimentée, et non les autres. Ils ne peuvent que dire : « Vous devez expérimenter, pratiquer ! »

Dans les sutras, le *samsara* est parfois nié, parfois affirmé. Dans le passé, à l'époque du Bouddha, le sutra *Milindapanha* explique cela.

Le roi Milinda, en Grèce, demande au bodhisattva Nagasena : *Qu'est-ce que le samsara ?* Nagasena répond : *Ô Grand Roi ! Ici l'on naît et l'on meurt, là on meurt et on naît, puis à nouveau on naît et à nouveau on meurt, on naît, on meurt... Ô Grand Roi, ceci est samsara*

Le roi dit : *Je ne puis comprendre, je vous en prie, expliquez plus clairement.*

Nagasena répliqua : *C'est pareil à la graine de mangue que l'on plante pour en manger le fruit. Quand le grand arbre a poussé et donné des fruits, les gens mangent les fruits, puis plantent les graines. Et de ces graines pousse un grand manguier, qui donne des fruits. Ainsi ce manguier ne peut avoir de fin. C'est ainsi, Grand Roi que l'on naît ici, que l'on meurt, que l'on naît, meurt, naît, meurt. Grand Roi, cela est samsara.*

Mais, dans un autre sutra, Nagasena a nié le *samsara*.

Le roi Milinda demande : *Qu'est-ce qui renaît dans le monde suivant ?* Nagasena répond : *Après la mort, le nom, l'esprit, et le corps naissent.* Le roi demande : *Est-ce le même nom, le même esprit et le même corps qui naissent après la mort ? — Ce n'est pas le même nom, le même esprit et le même corps qui naissent après la mort. Ce nom, cet esprit et ce corps créent l'action. Par cette action ou karma, un autre nom, un autre esprit et un autre corps naissent.*

Le *samsara*, la réincarnation est la répétition de la vie et de la mort. Mais cela ne signifie pas la répétition de notre nom (forme), esprit et corps. C'est la répétition de notre karma dû à notre corps et à notre esprit. Il n'y a pas répétition de notre corps ou de notre âme. Il n'y a que le mouvement du karma. Ainsi la puissance cosmique fondamentale se réalise-t-elle en tant que répétition de la vie et de la mort, comme loi naturelle. Mais, bien que cette puissance doive être réalisée à travers notre volonté personnelle, elle doit être réalisée naturellement et automatiquement, à travers la pensée du corps et de l'esprit. Par cette double construction du bouddhisme, d'une part l'existence objective de l'ego est niée; et d'autre part le pouvoir cosmique fondamental est affirmé. Lorsque nous abandonnons, que nous ne nous attachons pas, que nous n'entretenons pas notre conscience personnelle, nous pouvons suivre l'ordre universel. Zazen est la meilleure méthode pour obtenir cette énergie cosmique. *Étudier le bouddhisme, c'est étudier l'ego, étudier l'ego c'est abandonner l'ego,* a dit Dogen. *Man* : tout; *po* : existence. Nous devons recevoir la certification de toutes les existences, être illuminés par l'univers entier. Quand nous abandonnons, que nous oublions l'ego, nous pouvons devenir tout le cosmos. Notre corps et notre esprit, tous deux, deviennent complètement le cosmos.

Le satori du Bouddha sous l'arbre de la Bodhi, c'est la réalisation de l'homme qui s'éveille – réalisation dont seul est capable l'être humain, et qui consiste à s'éveiller du karma, à l'ultime réalité. Dans un sutra ancien du début du bouddhisme, le *Shobo Kyo,* il est écrit : « Au moment de sa mort, une personne qui veut renaître doit imaginer l'ombre d'un rocher sur son corps, et penser que ce rocher va rouler sur elle; elle devra alors rappeler d'autres personnes pour qu'elles lui viennent en aide, et retirent ce rocher, au moment où elle souffrira en voyant sa mort approcher et reverra toutes choses concernant sa vie passée, alors, par son imagination, elle rêvera comme suit : elle verra les aspects des relations sexuelles entre son père et sa mère, et si elle désire renaître en tant qu'homme dans sa vie prochaine, elle devra imaginer qu'elle a des relations sexuelles avec sa mère, mais que son père viendra les interrompre. La même chose arrivera avec son père, si elle désire renaître en tant que femme. La mort arrive; puis de nouveau la vie et la conscience réapparaissent, et une nouvelle vie émerge. » Les relations se recréent entre causes et effets; c'est identique à la fabrication et au moulage d'un cachet; même si la matrice se brise, la forme est déjà imprimée par le cachet. On peut repérer des analogies entre ce sutra et les théories freudiennes. Bouddha n'a accepté que partiellement cette idée, il l'a transformée de façon à la rendre plus rationnelle.

Certes, le bouddhisme utilise quelquefois la notion de causalité; à bonnes causes, bons effets, à mauvaises causes, mauvais effets. Mais ce n'est pas là l'essence du bouddhisme.

Au commencement, le Bouddha voulait trouver le mode de guérison qui soignerait l'humanité souffrante : ce fut l'examen du karma individuel. Il découvrit l'importance de la conscience, non seulement par rapport au karma, mais aussi par rapport à la puissance cosmique fondamentale, dont la conscience est la source. L'être humain peut s'éveiller seul de son karma, par lui-même, et cet éveil signifie que karma individuel et pouvoir cosmique fondamental entrent en harmonie. C'est ainsi qu'après des années d'ascétisme, de pratiques et d'exercices de yoga, selon les méthodes anciennes, affaibli et dépérissant, le Bouddha abandonna soudain cet ascétisme en découvrant la posture de zazen, sous l'arbre de la *bodhi,* et ne la quitta plus jusqu'au moment où finalement il obtient le satori. Ce satori consiste en l'observation objective du karma de toute sa vie. Dans la mesure où une personne agit, bien ou mal, elle ne peut échapper au fait de la transmigration. L'attachement empêche d'échapper au monde de la transmigration : se défaire de tout attachement signifie se libérer du monde de la transmigration. Si nous demeurons dans le monde de la morale relative, de la dualité bien-mal, nous ne pouvons nous libérer de la transmigration. Faire des *fuse* (dons), prier, faire de bonnes actions et penser que l'on a alors un bon comportement, conforme à la morale, qui engendrera de bons mérites et nous fera renaître au paradis, comme le croyaient les anciens hindous, cela ne sort pas du monde de la morale dualiste et relative.

Le véritable satori bouddhiste implique que l'on soit au-delà du monde de la causalité. Et, en particulier dans le Zen, nous devons nous situer au-delà du monde de la transmigration, et de celui de la morale. Aussi ne devons-nous pas nous rendre dépendants de l'obsession du bon karma issu des dons et des prières. Les bonnes actions, les *fuse,* les *kito* (cérémonies magiques de prières) doivent être pratiquées sans espoir quelconque d'une récompense future. Nous devons dépasser le monde de l'attachement.

En tant que pulsion de l'être humain, l'attachement possède un caractère instinctif : mais le fait d'être au-delà de l'attachement ou de s'en défaire n'implique cependant pas la négation de tout humanisme; au contraire, le rejet de tout attachement doit contribuer à la transformation de l'humanité.

Comment changer l'humanité?

Dans le sutra Milindapanha, on peut encore lire :
Le roi : *Est-il possible de ne pas renaître dans le monde prochain?*
Nagasena : *Ô! Grand Roi, quand une personne ne renaît pas dans le monde futur, certainement elle doit le savoir!*
Et Nagarajuna, de son côté déclare : *Si une personne fait disparaître la cause de sa naissance dans le monde prochain, elle le sait et le comprend.*
Quelqu'un m'a demandé : « Quelle est la raison de nos renaissances? » La renaissance n'est pas une nécessité inéluctable, si on ne la désire pas et si au contraire on désire y mettre un terme. J'avais pensé que la personne qui m'avait posé cette question avait probablement peur d'un enfer, et pour cette raison ne voulait pas y croire. Elle a certainement expérimenté un mauvais karma et ne désire donc pas aller dans un autre monde : ceux qui ont un bon karma aiment bien la pensée de la réincarnation et de la transmigration!
Croire en la transmigration et la souhaiter, ou ne pas y croire et en avoir peur, voilà deux attitudes erronées. Dans le bouddhisme, les deux aspects sont corrélatifs : d'une part, le Bouddha a réfuté toute notion de la transmigration et, d'autre part, certains textes en affirment la réalité. En fait, si nous voulons être au-delà du monde de la transmigration, au-delà de la morale, nous devons comprendre la raison de la transmigration. Pendant zazen, nous pouvons comprendre cette cause qui engendre la transmigration, avoir le satori et réaliser cela par tout notre corps et notre esprit.
Si l'on tranche tous les attachements, la substance de la transmigration disparaît du même coup. Et, s'il n'y a pas de

noumène, il n'y a plus rien à trancher ! Il n'y a plus de peur de la mort, plus d'attachement à la vie, plus d'attachement à l'ego, pas de désir de continuation de la vie : le sujet n'étant plus attaché à l'ego, la pensée de la transmigration n'est plus nécessaire. Le bois brûlé devient cendres; c'est une transformation progressive du bois; cependant que le feu se perpétue. Le karma se transmet dans la prolongation de nos pensées, de nos paroles, et de nos actions.

C'est la flamme du karma, cependant que l'ego se transforme comme le bois qui se consume. Le bois devient cendres, mais le bois ne peut pas voir les cendres, ni les cendres, le bois. Il n'y a pas de noumène. Par zazen et la conscience *hishiryo,* vous pouvez comprendre cette philosophie difficile. Mais il est inutile de tenter d'en avoir une compréhension intellectuelle.

Shiki soku ze ku. Ku soku ze shiki

L'ego est identique à *ku* (existence sans noumène), mais *ku* devient *shiki* (phénomènes).

Toutes les existences sont *ku,* phénomènes du pouvoir cosmique fondamental, situé au-delà de tous les mondes, physiques et métaphysiques, matériels et spirituels. Seule la puissance cosmique fondamentale est absolue, sans noumène, *ku.*

Ku ne signifie pas « vide », mais la puissance terrible et infinie du cosmos, l'immense potentiel cosmique. *Ku* produit et détruit toutes les existences phénoménales. Ainsi le *ku soku ze shiki* du *Hannya Shingyo,* signifie-t-il l'indifférenciation de *ku* et des phénomènes, *ku* désignant l'absolu.

La foi chrétienne consiste à croire en un Dieu ayant une entité personnelle. Comme je l'ai déjà expliqué, Dieu désigne la puissance ou le potentiel cosmique, l'énergie fondamentale et invisible. Mais ce ne sont là que des mots... On ne peut saisir Dieu comme entité substantielle. Le cosmos dans sa totalité est dépourvu de substance, ce que certifie aujour-

d'hui la science moderne[1]. La puissance cosmique fondamentale est de toute éternité, sans commencement ni fin, existence absolue et éternelle. Nous en sommes tous les fils, nous
faisons partie du Tout cosmique. Nous devons nous éveiller
à cette totalité, ce qu'exprime Dogen dans le *Shobogenzo-
genio-koan* par la formule : « recevoir la certification de toutes
les existences ».

Pendant zazen, par l'abandon de l'ego, la justesse de la posture, la respiration et la conscience *hishiryo,* nous pouvons
faire l'expérience de l'unité de notre corps et du cosmos : à
ce moment, notre ego et le cosmos s'interpénètrent, la conscience *hishiryo* est en parfaite unité avec le cosmos dans sa
plénitude, et l'investit en totalité En termes religieux, il
s'agit de l'union divine, ou la communion mystique.

Dans le tantrisme, l'hindouisme traditionnel ou même le
bouddhisme tibétain, cette puissance cosmique fondamentale correspond à ce qui est nommé en sanscrit *sakti* (ou
shakti), littéralement « puissance », ou « énergie ». Dans la
philosophie non dualiste hindoue, on trouve parfois le terme
de *Maya,* désignant la force cosmique qui actualise le
Brahman infini (ou Être suprême) en tant que monde phénoménal fini. Dans le Tantra, l'image de l'union sexuelle symbolise sur le plan cosmique l'ego humain se fondant dans le
pouvoir cosmique. L'harmonie devient totale, l'orgasme
sexuel se transmue en satori cosmique... C'est une voie dangereuse pour le commun des mortels. La symbolique tantrique peut certes revêtir une signification profonde si elle est
appréhendée dans une dimension transcendante et rattachée
au domaine du sacré. Mais je ne peux croire à l'équivalence
union sexuelle-union divine, ni à celle de l'orgasme-satori!
L'ego et la puissance cosmique sont sans cesse placés dans
une relation duelle, mais, à travers zazen, nous pouvons
expérimenter qu'inconsciemment, naturellement, automatiquement, l'ego devient Dieu ou l'absolu. Zazen devient le

---

1. Voir F. Capra, *le Tao de la physique,* éd. Tchou.

cosmos. *Shakti,* c'est zazen lui-même! Votre posture de zazen elle-même est Dieu! Aussi devez-vous avoir foi en zazen. Pendant zazen, abandonner l'ego signifie abandonner tout attachement à la substance de l'ego : *mushin,* non-esprit. De *mu,* négation et *shin,* esprit. Le professeur Suzuki aimait à utiliser ce terme; Dogen employait plutôt *hishiryo,* qui a son origine dans le *Shin Jin Mei,* poème sur « la Foi en l'esprit », de Maître Sosan. La conscience *hishiryo* ne peut pas être pensée, appréhendée, observée, ni conçue par la conscience égotique, humaine qui, rappelons-le, correspond au sixième sens dans le bouddhisme, source d'illusion comme les cinq autres.

La vie phénoménale du cosmos consiste en relations d'interdépendance dont notre corps et notre esprit procèdent et participent. De nos jours, les recherches avancées menées en sciences biologiques se heurtent encore à la question sur la nature substantielle de la vie, question irrésolue au demeurant, et certes insoluble par tout mode cognitif de la réflexion humaine. L'ego étant sans substance propre, le *karma* n'a donc pas de substance non plus. Réaliser cela conduit à la possibilité de trancher toute transmigration et toute réincarnation. Comme dit le sutra *Visuddhimagga* :

Il n'y a pas d'auteur au karma; il n'y a personne qui puisse en recevoir les résultats; il y a seulement des productions phénoménales qui apparaissent et disparaissent en se transformant selon un mode d'interactions complexes, créant un enchaînement analogue à la relation existant entre la graine et l'arbre. Le karma n'est autre que cet enchaînement sans fin. Il ne peut être reconnu de phénomène antérieur, originel. Aussi aucune transmigration future ne peut-elle apparaître.

Notre vue sur la transmigration est le fruit direct des données de notre conscience limitée, inapte à dépasser l'élément temporel, donc à saisir l'absolu éternel. Causes et effets n'ont aucune existence substantielle, fixe ou continue. Ils sont *ku,* sans noumène, mouvants, sans fixité. Les notions de « karma sans substance propre », d'« existence sans noumène », de

« non-substantialité de toute chose » n'équivalent en rien à un nihilisme. L'action mouvante du karma, productrice de phénomènes, est affirmée, par opposition à toute immobilité ou toute fixité d'une substance karmique établie, qui, elle, est niée. Le mouvement constitue l'action du karma. Le potentiel cosmique se manifeste, dans le monde humain, par l'illusion de notre conscience égotique : cette conscience est à la fois produit du karma et productrice de karma, d'interactions, qui n'existent elles-mêmes que par l'illusion de notre ego. Aussi l'éveil dans le bouddhisme correspond-il à la réalisation de la puissance cosmique fondamentale, en latence dans l'être humain, et par conséquent dans ses actions. Cet éveil consiste en la découverte de l'immortalité de l'acte, du mouvement perpétuel, principe fondamental du karma.

La conscience hishiryo est l'essence secrète de zazen (Dogen).

Pendant zazen, nous devons penser sans penser, entendre sans entendre, voir sans voir, sentir sans sentir.

L'humanisme de Shakyamuni Bouddha a été construit à partir de la puissance cosmique. On ne considère pas que l'être humain soit soumis totalement à un pouvoir absolument déterminant. Il détient au contraire la possibilité d'éveiller en lui la liberté absolue, en s'ouvrant pleinement à l'énergie cosmique. A l'opposé, en Europe, avec l'avènement de la Renaissance et le foisonnement de pensées nouvelles qui éclosent à cette époque, la sacro-sainte autorité de l'Église éclata, alors qu'elle exerçait sa puissance en maintenant les esprits dans la crainte du châtiment divin. Les luttes et les persécutions furent nombreuses, mais elles ne purent cependant enrayer l'évolution d'un mouvement d'ensemble où perçaient le besoin de vérité rationnelle et le goût de l'art; cet humanisme, qui ne s'implanta pas sans tâtonnements ni divergences, se chargea d'érudition et se constitua en sciences particulières, prémices au rationalisme du XVIIe siècle. L'Église allait s'affaiblissant et ne pouvait plus lutter contre l'autorité de la raison, dont elle avait pourtant essayé de limiter le champ. A la fin du XVIIe siècle et durant tout le XVIIIe, la souveraineté universelle de la raison démantèlera le principe de la foi, qui était jusqu'alors la clef de voûte de l'ordre établi. Dieu dut mourir, sacrifié à la désaliénation et au salut de l'homme. Les philosophes se sont alors emparés de la foi, entreprenant de rallier celle-ci à la raison, à l'intérieur d'un système qui leur était propre. La remise en question des textes religieux entraîna le déploiement des systèmes métaphysiques, mais, du fait de leurs divergences fondamentales, ceux-ci ne purent suppléer à la solidité d'une doctrine religieuse universelle. L'humanisme polyvalent du XXe siècle est l'aboutissement de cet éclatement et d'une telle floraison : au long des siècles, la raison s'est mise progressivement au service d'un bonheur humain plus matériel que spirituel, précipitant le processus de décadence de la civilisation. Le pouvoir cosmique (l'Esprit Saint des chrétiens) et l'homme furent dès lors incompatibles dans la recherche du bonheur.

Dans le karma occidental, on observe toujours l'extérieur; il est de ma mission d'imprégner ce karma de l'essence de la civilisation orientale et de faire jaillir de cette union la quintessence de leurs valeurs complémentaires.

Le karma et la destinée

Qu'y a-t-il de vraiment important dans notre vie? Quelle vie devons-nous mener? Quelle sera notre mort?

Le problème de la vie et de la mort est le problème fondamental de l'homme depuis qu'il a commencé à être. Le bonheur est la clef de voûte qui sous-tend la résolution de ce problème. Mais quel bonheur? Bonheur spirituel et bonheur physique sont tous deux nécessaires et indissociables. Nous devons certes nous nourrir, avoir une vie sexuelle; mais la plupart des hommes souffrent de ces besoins pourtant vitaux. En effet, les besoins satisfaisables se transforment en désirs, avidités, faims et appétits insatisfaits; le désir d'amour tend à être la préoccupation prédominante de la vie. Et ce karma complexifié réapparaît en force pendant et par zazen.

Le problème quotidien du mode de nutrition a toujours été très important dans le Zen. Le *tenzo* (cuisinier du temple au Japon) est le second en importance après le chef du temple. Pendant les sesshins Zen, la façon de prendre les repas est particulière; elle suit un rite inexistant à l'heure actuelle dans notre vie de tous les jours. Que l'on s'adonne tantôt à l'ascétisme, tantôt au tantrisme, c'est entendu, mais nous devons contrôler notre mode de vie et trouver le juste équilibre! La simplicité pendant une période de sesshin est ce qu'il y a de plus recommandable, en particulier dans les domaines de la nutrition et de la sexualité. Par cette simplicité de la vie qui influence votre zazen, vous pouvez accéder au véritable bonheur spirituel. Le corps et l'esprit deviennent totalement solidaires.

La vraie et pure sagesse est accessible par zazen, dans la vraie posture, pendant que nous observons notre esprit intérieur. Jusqu'à présent, les Occidentaux ont surtout tourné leur esprit vers l'extérieur, recherchant la connaissance à travers l'observation objective. Même ceux qui continuent zazen depuis longtemps regardent l'extérieur, observent, analysent et dissèquent; ils contournent la forme, la retournent, la découpent, mais n'en comprennent pas le fond essentiel. Ils ne peuvent comprendre le véritable esprit du Maître. *I shin den shin,* « de mon âme à ton âme ». Aussi, ne puis-je pas donner le *shiho*.

La destinée implique la soumission à un sort décidé par une force supérieure. Dieu gouverne les hommes qui n'ont pas de contrôle sur le sort qui leur est assigné. Le mot latin pour destin est *fatum* : « ce qui a été dit (sous-entendu : par l'oracle) ». Le terme grec *moïra,* correspond à la déesse de la Destinée dans la mythologie grecque. *Moïra* désigne en outre la règle qui donne à chaque être humain sa part de destin.

Ainsi la notion de destinée en Occident a-t-elle toujours été liée au déterminisme et à l'hétéronomie. Dieu gouverne le sort des hommes, menés par les forces divines qui échappent à leur libre vouloir. « Lorsque la destinée rend visite à l'homme, personne ne peut lui échapper, pas même les braves et les téméraires » (Homère).

Il est très important de se libérer de ce fatalisme, et même de la soumission au déterminisme. Personne n'a vraiment expliqué ni même entrevu la possibilité d'échapper à l'emprise du fatalisme omniprésent dans la pensée occidentale (et plus précisément indo-européenne). L'idée de fatalité, et la doctrine qui en dérive, le fatalisme, sous-entendent la qualité malheureuse du destin. Dès lors, paradoxalement, la question se pose pour l'homme de savoir comment éviter son mauvais destin, de connaître la méthode pour accéder au bonheur éternel, et en finir avec sa destinée malheureuse.

Quelle est la source de notre malheur?

L'Occident répond : « Une force extérieure (divine) agence et gouverne nos vies. » Et l'Orient : « Nous sommes la cause même de notre propre malheur; nous devons nous comprendre nous-mêmes pour accéder au plus haut bonheur. »

Les civilisations antiques de la Grèce et de l'Inde ont entretenu de nombreux échanges. Aussi leurs mythologies respectives offrent-elles de nombreuses correspondances. La déesse Shakti, en Inde, correspond à l'énergie cosmique, elle associe à la fois les trois principes de :

— création, ou émanation,

— protection, ou maintenance,

— destruction, ou réabsorption.

Dans la mythologie grecque, *Moïra,* la destinée, regroupe ces trois mêmes aspects personnifiés en :

— *Clotho,* la fileuse, qui déroule le fil de la vie et préside aux naissances humaines.

— *Lachésis,* dispensatrice du sort, qui préside à la vie des humains, et assigne à chacun sa destinée.

— *Atropos,* inflexible, qui tranche sans pitié le fil de la vie.

La cosmogonie hindoue se fonde sur la trinité (ou *trimurti*) constituée par trois grandes figures :

— *Brahma,* l'aspect créateur de l'Absolu (ou *Brahman*).

— *Vishnou,* son aspect protecteur ·

— *Shiva,* l'aspect destructeur.

La mythologie grecque s'adresse cependant plus particulièrement au désir de l'homme, à la différence de la mythologie hindoue qui est essentiellement une cosmogonie. La première pose les bases du fatalisme, la seconde définit les principes universels du karma de l'homme comme de l'univers. Le fatalisme grec est spécifiquement humain. Le karma hindou est gouverné par l'unique pouvoir absolu de *Shakti,* qui associe les trois principes de création, protection et destruction, au niveau du cosmos tout entier, et de la multitude d'êtres qui l'habitent. *Shakti* correspond à la fois à la puissance cosmique fondamentale – le triple aspect dynamique de *Brahman* – et à *Maya,* qui réalise le *Brahman* infini sous la forme du monde phénoménal fini. Au niveau humain elle détermine également la *Kundalini,* énergie représentée sous la forme d'un serpent enroulé, qui conditionne l'éveil de l'être humain se déployant tout le long des centres nerveux vertébraux, de la racine au sommet de la tête.

La notion de karma n'exclut pas la possibilité d'échapper à son destin. La volonté de l'homme peut intervenir dans son karma, et le transformer. L'être humain n'est pas un organisme définitivement structuré et rigide, il est en perpétuelle évolution. Sa structure évolutive caractérise ainsi sa souplesse et sa faculté d'adaptation aux circonstances. Une multitude de possibilités s'offrent à lui, qui vont de la rigidité tenace, affirmation de l'ego, à la souplesse la plus adaptable, abandon de l'ego. Cette faculté d'adaptation, voilà précisément ce que je nomme « suivre l'ordre cosmique ».

La loi de causalité, qui définit le déterminisme, est si rigoureuse, que l'entre-croisement des déterminations qui tissent telle personnalité ne peut donner lieu qu'à une seule résultante possible. La marge de choix laissée à l'homme dans les limites de ce déterminisme est quasi nulle.

A l'opposé, le karma peut être source de liberté totale, dans le cas où il est en parfaite harmonie avec le courant de l'ordre cosmique, il est alors gouverné par le pouvoir cosmique fondamental. Ce dernier n'existe pas seulement en dehors de nous, il est inhérent à chacune de nos cellules. Aussi pouvons-nous contrôler et gouverner la puissance qui nous habite. Nous pouvons inlassablement transcender les limites sans cesse mouvantes qui caractérisent les traits secondaires de notre personnalité.

L'action à contre-courant de l'ordre cosmique est productrice de karma, c'est-à-dire de caractéristiques égotiques comparables à des tumeurs qui, si elles ne sont enrayées à temps, provoquent le dépérissement de l'organe puis de l'être : c'est l'entraînement dans le cycle infernal des réincarnations et transmigrations, l'enchaînement au *samsara*. Parachever sa vie consiste à accéder à la pure et parfaite liberté en suivant la loi cosmique, en se fondant sur elle, se dépouillant de tout karma égotique. On régénère de la sorte ses cellules malades et l'on redonne sa vie plénière au corps, qui n'est plus empêché dans sa liberté d'action. On agit pleinement, librement : c'est l'authentique et unique liberté. Comme l'a fort bien dit Hermann Hesse : « Notre destinée existe en nous-mêmes et non pas à l'extérieur. » Notre destinée se forge en nous, elle croît dans notre esprit : ainsi en va-t-il de la souffrance, la racine demeure dans les profondeurs de notre imperfection. La cause extérieure joue seulement le rôle d'un catalyseur qui fait apparaître ce mal à la surface. L'aliénation à l'ego illusoire et rigide représente la cause primordiale, extirper de soi tout aspect égotique revient à agir pour la libération véritable du soi.

Nous sommes la cause de notre aliénation. Celle-ci est le lot d'une conscience fermée, égoïste, qui offre une structure rigide aux fluctuations mouvantes de l'énergie cosmique. L'ego, figé en lui-même, c'est-à-dire dans ses désirs, ses sentiments, ses vues et ses volontés propres, se heurte sans cesse à tout ce qui n'y répond pas. La réflexion morale offre à l'être humain le pouvoir de l'appréciation qualitative. Cette appréciation de lui-même et du monde extérieur conditionne le choix de son propre devenir que l'être oriente selon le sens qu'il lui donne : affranchie de la satisfaction de ses impulsions et de ses appétits, la conscience devient apte à prendre des initiatives, à opter dans le contexte d'un système de valeurs substitué lucidement à un simple vouloir-vivre pulsionnel. L'action devient désintéressée, les forces constitutives de l'ego diminuent, laissant se développer les forces morales en harmonie avec l'ordre de l'univers. La tension décroît, libérant l'énergie qui se répand dans l'infinité du cosmos. La libération s'opère...

La rivière fait une longue conférence,
Sans interruption, de minuit à l'aube,
Elle chante 84 000 Sutras.
Comment pourrais-je le lendemain,
Vous en communiquer toute la signification?

Pour certains, le murmure de la rivière n'est qu'un bruit dont ils veulent s'échapper pendant zazen. Mais il est très difficile de se situer au-delà. Si, au lieu de tenter de vaincre, on devient intime avec le Zen, on peut en comprendre toute la profondeur.

Nietzsche a parlé de *l'amor fati,* l'amour du destin. Le fatalisme est l'attitude des faibles et des esclaves. L'ascétisme est hypocrite, anti-naturel, contraire aux valeurs vitales. L'attitude la plus vraisemblable face à la destinée ne réside pas finalement dans la soumission inconditionnelle ni dans la fuite, mais dans une acceptation compréhensive : devenir intime avec son destin et le comprendre revient finalement à se comprendre soi-même, profondément, et à s'assumer pleinement, en toute conscience. Cette attitude aboutit chez Nietzsche au thème de « l'Éternel Retour ». Mais bien qu'ayant combattu toute sa vie l'hypocrisie et les préjuges, en faveur d'un acquiescement à la vie dans sa réalité, avec ses douleurs et ses joies, Nietzsche n'a pu, en définitive, dépasser le cadre des aliénantes vicissitudes de sa propre existence.

La notion de destinée est une notion ultime en ce qu'elle implique Dieu et l'homme, le microcosme humain et le macrocosme universel, le devenir de l'être humain au sein du cosmos... Nous devons procéder à une analyse de notre destinée. La notion de karma dans le bouddhisme peut nous y aider, car elle correspond effectivement à la compréhension des lois de l'enchaînement des causes et des effets. Je dis toujours : « Zazen consiste à devenir intime avec son ego. » Kodo Sawaki le répétait également : *Zazen revient à comprendre l'ego.* Pour Maître Dogen : *Étudier le bouddhisme, c'est étudier l'ego, et étudier l'ego, c'est abandonner l'ego.* On dit aussi parfois : « Zazen : conquérir l'ego, être au-delà de l'ego. » Zazen permet de tout résoudre : les problèmes du destin, du karma, de la solitude, de l'ego, de l'amour, du sexe... C'est un koan.

Nous devons comprendre que le concept de destinée est illusoire, vide, création humaine sans fondement. Personne ne peut créer notre destinée. Le karma nous enseigne que les illusions relatives à notre destinée sont elles-mêmes productrices de karma. Ainsi le karma inclut-il la destinée. Mais, par ailleurs, l'observation de notre karma peut nous amener à le trancher et à accéder à la dimension de la vraie liberté, elle-même aspect du karma transmuté. La vraie liberté signifie la liberté d'action et de comportement, dégagée de tout antécédent déterminant. Cette action libre est le principe du karma.

Le fatalisme signifie parfois l'espérance en l'éternité. Dans le tréfonds de l'abandon perce l'espoir de l'éternité. Le karma de son côté n'est ni une vision ni une illusion, mais l'intuition de l'action du pouvoir éternel de la nature — la réalité appréhendée à travers l'intuition.

La réalité de l'esprit — de la pensée absolue et de l'intuition — n'est pas l'objet des cinq organes des sens, elle se situe au-delà. Nous pouvons comprendre cela en zazen. La vérité dans sa pure authenticité appartient au domaine de l'ineffable. Aussi je parle toujours de la communication *i shin den shin,* d'esprit à esprit, au-delà du langage.

La pureté du vent,
La clarté de la lune,
Qui peut les peindre?

Karma et loi de cause à effet

Beaucoup pensent que le karma se réduit à une relation de cause à effet. C'est une erreur. Le karma n'a pas l'aspect irrévocable et mystérieux qui caractérise le destin. Le principe de causalité seul ne peut gouverner notre vie, qui est un tout composite. La pluralité des antécédents, ou causes antérieures, ne donne pas systématiquement naissance à une seule résultante possible; la vie psychique est certes tributaire de ces antécédents, mais n'est pas rigoureusement déterminée par eux. Au niveau de la conscience humaine apparaît la notion de choix volontaire, d'option délibérée, lucide, donc de possible, sans nécessité. Dans l'ordre de la nature minérale, végétale, et animale, les phénomènes sont soumis à la seule nécessité, à la seule loi physique du déterminisme : si les conditions requises sont réunies, le phénomène apparaît. Mais le déterminisme, qui définit le principe de causalité ne peut avoir de prise sur le psychisme humain : plus un être s'éveille à la réalité et la comprend, moins le déterminisme a de prise sur lui, plus sa liberté d'action, son autonomie sont grandes et son action imprévisible.
Le principe de causalité est une donnée rationnelle de la philosophie occidentale, mais ce rationalisme est inapte à formuler la totalité de la réalité, en particulier lorsqu'il s'agit

de réalité métaphysique ou religieuse, domaine qui relève de l'intuition, par essence irrationnelle, non discursive, immédiate.

Un tel rationalisme limitatif ne peut donner de vision véritable de la vie, cette somme d'interdépendances, ce tout global en perpétuel devenir. Notre vie quotidienne se ramène à un tissu complexe de composantes dont aucune science ni aucune théorie ne peut rendre compte, sinon de son point de vue partiel. La réalité vécue de notre conscience actuelle constitue la seule réalité. Lorsqu'il est appliqué à la vie humaine et à son destin, le déterminisme, réduisant ceux-ci à un simple principe mécaniste, oublie un aspect important de la conscience humaine : la volonté, action de la conscience par laquelle se définit le choix. Celui-ci appartient au domaine de l'imprévisible et appelle la liberté. C'est un impondérable qui s'affirme à mesure que la conscience s'éveille à la compréhension et à la connaissance.

La vision spirituelle est intuitive et directe : toutes les données, mêmes les plus lointaines, sont actualisées et comprises instantanément. Certes, la philosophie et les sciences humaines se donnent également pour objet la compréhension globale de la vie, mais la philosophie ne sera jamais qu'hypothétique; quant aux sciences humaines, prenons l'exemple de la psychologie. Sa vision objective, discursive et analytique des phénomènes l'empêche de saisir de l'intérieur la totalité de la personnalité. La thérapeutique se révèle de ce fait limitée et inapte à créer, chez le sujet, une nouvelle activité, fraîche, vivante et régénératrice. La psychologie peut expliquer les conditions de formation et les caractéristiques des bonnos, mais difficilement amener une transformation remarquable chez le sujet. Elle n'est guère source de satori... Il arrive que la spiritualité revête un aspect philosophique, ou psychologique, mais ce ne sont que divers aspects d'un tout sans limite, vus tels en fonction de l'approche que chacun a de la réalité. La loi de causalité, qui établit la relation entre une cause (ou un entrecroisement de causes) et un effet, exerce donc une compréhension partielle. Le karma, en revanche, désigne la (ou les) relations entre une pluralité de causes et une pluralité d'effets possibles, relation sous-tendue par *en,* l'interdépendance, l'interaction. Au seul résultat possible issu du déterminisme doivent être substituées la pluralité de résultats possibles issus du karma, la notion de possibilités karmiques.

Notre vie actualise une longue évolution dont l'origine se perd dans la nuit des temps. Devenir qui s'accomplit dans la durée, elle est en perpétuelle transformation avec une part d'invariance qui caractérise l'individu : un individu reste lui-même, mais n'est jamais le même. La causalité — et son corollaire le déterminisme — est une loi reconnue universellement dans le domaine de la physique newtonienne : l'on va d'une situation donnée, constituée d'états, dont chacun engendre des effets rigoureusement déterminables, vers un futur qui est sa conséquence directe, où l'avenir est inclus dans le passé et commandé par lui. Mais la physique quantique a dû lui substituer la notion de probabilité, et de fortes présomptions s'élèvent contre elle quand il s'agit de l'étendre au domaine psychique. En effet, la conscience d'abord obscure, puis l'intelligence lucide qui opèrent l'ouverture vers le dehors, au détriment des forces égotiques repliées sur elles-mêmes, visent à échapper à une fatalité mécanique et à s'affranchir des lois qui régissent la matière et les états inférieurs (instinctifs et impulsifs) de la conscience. La vie éveille l'énergie et la coordonne dans le sens que lui donne l'homme, selon sa perception des valeurs. Le choix pose déjà les prémices de la liberté : plus le choix s'affranchit des exigences de l'ego, plus la liberté apparaît manifeste, et plus l'action de l'homme devient improbable. Cette faculté de choix réalise l'équation de la liberté : celle-ci manifeste l'ouverture totale de la conscience à l'ordre cosmique, de sorte que, finalement, sujet et objet, conscience individuelle et ordre cosmique, ne sont plus différenciés. Alors le choix se nie lui-même, prenant l'aspect de tous les possibles, et s'étendant à l'infini.

Toutefois la force des éléments déterminants antérieurs (des effets du karma passé) dépasse souvent en intensité la force de justesse morale pressentie à travers l'ordre cosmique, et accule l'homme à la défaite face aux forces subconscientes qui le gouvernent à son insu. L'ignorance de la véritable nature de l'existence, l'incompréhension des causes antérieures et subconscientes constituent le principal facteur de la défaite. Cette ignorance est nommée *avidya* en sanscrit, et *mumyo* en japonais. La cessation de l'ignorance mène à la libération du poids du karma passé. Alors la véritable sagesse s'élève dans notre esprit inconsciemment, naturellement, automatiquement à travers l'expérience de zazen. La conscience personnelle devient réflexion absolue, elle fait éclore la compréhension totale de tous les phénomènes et de l'au-delà des phénomènes. La raison scientifique et objective et la conscience spirituelle subjective deviennent alors complémentaires.

Une seule cause ne produit pas un seul effet, et de nombreuses causes créent de nombreux effets. Notre corps n'est pas si simple, il est très délicat. Si nous sommes trop nerveux, cela se répercutera certainement sur l'estomac, qui lui-même influencera le cerveau. Si le foie n'est pas en bon état, on a tendance à être coléreux. La rate aide le foie et les reins. Si la rate est atteinte, ces deux organes s'affaiblissent. Si l'on est trop coléreux, le foie perd sa force. Si la vessie est en mauvais état, les reins le seront également. Les reins malades influencent le cœur. Le cœur malade influence les reins. La maladie des reins se propage sur la vessie. Tous les organes internes sont interdépendants. Si l'un est malade, tous se dégradent. Quand on est malade, c'est notre point faible qui tombe malade. A l'époque moderne, l'estomac et les intestins, interdépendants avec le cerveau, sont particulièrement atteints. Nous mangeons trop. L'estomac s'empoisonne et perd de son activité, ce qui fait que les intestins n'agissent pas. La circulation du sang se dégrade dans les intestins, et le sang souillé devient du poison... Pendant zazen, vous pouvez non seulement comprendre votre esprit, mais aussi sentir votre corps. Si votre estomac n'est pas en bon état, votre haleine ne sera pas fraîche, ou une partie de votre estomac sera douloureuse. Si vos poumons sont faibles, et que vous êtes habitués à vivre dans une chambre chauffée, le fait de respirer de l'air frais vous fera tousser.

Il nous faut comprendre l'importance de l'interdépendance. Pas seulement dans le corps, mais en toutes choses.

En sanscrit « cause » se dit *hetu,* qui signifie « progrès ». L'effet, *phal,* signifie « fruit ». La plupart des philosophes, des intellectuels, des scientifiques, partent toujours de la cause qui engendre un effet. Mais dans notre vie quotidienne, il n'en est pas ainsi. Il y a de nombreuses causes et de nombreux effets, et à partir des effets peuvent se produire des causes. Telle est la vie réelle. La réalité de notre vie quotidienne dans la société entre mari et femme, dans notre famille, réalise toujours une interaction. Si l'un ne va pas bien, l'autre aussi va mal. Cette relation n'est pas d'abord une cause, puis ensuite un effet, mais une relation mutuelle d'interdépendance.

L'amour réalise une très délicate relation d'interdépendance. S'il n'est qu'unilatéral, ce n'est pas le véritable amour. Parfois un homme aime une femme. Cette femme répond à son amour, alors l'homme devient encore plus passionné, et la femme fuit. Parfois l'homme aime, la femme s'enfuit, alors l'homme s'enfuit à son tour, et la femme lui court après. Si vous ne comprenez pas cette relation mutuelle, cette interdépendance, vous ne pouvez résoudre les problèmes de votre vie quotidienne.

Pendant zazen, notre vie n'existe pas seulement par nous-mêmes, notre élan vital provient de l'énergie cosmique, de la puissance cosmique qui nous dirige. En zazen, on peut ressentir cela. Quand nous l'expérimentons, c'est le satori. On peut le saisir intellectuellement, mais il faut le comprendre du tréfonds du corps et de l'esprit.

Notre vie entretient une relation mutuelle entre l'ego et

toutes les existences du cosmos. Nous ne vivons pas seuls. Les égoïstes ne peuvent comprendre cela. Aussi tombent-ils malades. Ils ne peuvent guérir et devenir heureux. Si l'on abandonne l'ego, on obtient beaucoup du pouvoir de l'interdépendance.

Si une cellule de notre corps devient cancéreuse, elle lutte contre les cellules fraîches, saines. Les cellules cancéreuses deviennent égoïstes, et elles luttent dans le sens opposé, toujours contre... contre. A la fin, elles se répandent dans tout le corps et tuent les cellules saines. Il en va de même dans notre monde moderne, les gens égoïstes se renforcent, et cela engendre la crise de la civilisation.

On peut recevoir la véritable énergie cosmique par la posture juste de zazen. L'activité, l'énergie se manifestent. On peut obtenir de l'extérieur, des autres personnes, des autres existences, tous ensemble, en influence mutuelle, ce qu'on appelle *ki,* qui se renforce mutuellement. Dans une cheminée, une seule bûche ne donne pas un grand feu, mais s'il y a beaucoup de bois, la puissance du feu devient forte.

L'interdépendance (Engi)

L'un des mots les plus célèbres du vocabulaire bouddhiste en Chine et au Japon est *en* ou *engi,* « interdépendance ». *Innen* signifie la relation, l'interdépendance (*in :* cause ; *nen :* karma), et aussi, parfois, l'effet qui se manifeste par suite de l'interdépendance. Il n'y a pas seulement une cause, il y a beaucoup de *en,* d'interdépendance, qui font apparaître l'effet.

Qu'est-ce que en? Quand cela existe, autre chose existe. Quand cela apparaît, autre chose apparaît; quand cela n'existe pas, autre chose n'existe pas non plus; quand cela prend fin, autre chose prend fin (Visuddhimarga Shastra).

En sanscrit, *en,* l'interdépendance, se dit *pratyaya :* ce qui signifie « faire face », et aussi « revenir, sauter en arrière, rebondir ». Interdépendance en sanscrit a le sens d'une balle que l'on jette contre un mur et qui revient. La cause apparaît, s'en va et revient.

Dans notre vie, nous existons toujours par les relations mutuelles. Une interdépendance est toujours nécessaire parmi les animaux, les plantes, parfois entre les animaux et les plantes, entre les animaux et les hommes. Vous pouvez le comprendre par de nombreux exemples, comme la vie et la mort... Dans le bouddhisme, vie et mort ont été expliquées par la logique du principe de l'interdépendance. *Ku soku ze shiki, shiki soku ze ku.*

Si nous faisons zazen, nous pouvons tout trancher, oublier le corps, être tout à fait solitaires. Nous pouvons regarder objectivement notre esprit, devenir profondément intimes avec nous-mêmes. Ainsi, notre esprit peut-il communiquer avec la puissance cosmique fondamentale.

L'être humain ne peut se placer au-delà du courant du temps. Chacun doit mourir une fois, la mort nous rendra visite. Tout le monde sait cela. Tandis que le fatalisme est la loi humaine dans la dimension temporelle, l'interdépendance réalise la loi cosmique dans la dimension spatiale. Il devient alors possible de laisser place à la volonté humaine, à l'espoir. La liberté par-delà le temps et l'espace est une expérience mystique. Mais, dans notre monde social réel, n'existe que la liberté de notre volonté, limitée profondément par l'espace-temps. Nous devons nous éveiller au fait que l'ego est la réalisation du pouvoir cosmique fondamental et consiste en la relation de l'interdépendance avec toutes les existences.

Tels sont les principes du *nirvana* vivant. Si vous comprenez bien cela, c'est la réponse à la question : « Pourquoi avez-vous dit qu'il faut devenir comme mort pour expérimenter l'éveil ? » Si l'on m'avait posé cette question à la suite d'une profonde réflexion sur le *nirvana* et la mort, cela aurait été une grande question. Mais j'ai ressenti pendant le *mondo* que la question n'était pas tellement profonde. J'ai répondu : « C'est le principe du *nirvana* vivant. » *Nirvana* signifie en

sanscrit : « mort complète ». Pourquoi le *nirvana* vivant?
C'est l'essence du bouddhisme Mahayana... Le *nirvana* vivant,
c'est zazen. Zazen est vivant – éveil total. Mais zazen devient
nirvana. Vous devez entrer dans votre cercueil...
L'esprit veut avoir la vie éternelle. Si le corps meurt, tous ses
éléments sont absorbés dans le cosmos. Aussi ne prennent-ils
pas fin. L'esprit aussi demeure dans le cosmos, car corps et
esprit sont unité, comme le recto et le verso d'une feuille de
papier. Si nous souhaitons ou espérons quelque chose, l'objet de notre souhait réalise l'existence du souhait ou de l'espoir. Si nous souhaitons ou espérons vivre éternellement,
cette éternité existe, la vie éternelle se réalise. Ce n'est pas
impossible. Ainsi, on peut l'appeler le *nirvana* vivant, et nous
pouvons l'obtenir ici et maintenant. C'est zazen!
L'ascétisme est une méthode qui permet de trouver clairement l'esprit éternel en coupant les *bonnos* du corps. On fait
briller clairement l'âme seule, en coupant tous les obstacles
physiques. Il existe une méthode opposée. Après avoir bien
mangé, bien fait l'amour, certainement tout le monde sera
fatigué, sans appétit. Alors il est possible d'atteindre le
monde de la purification sans souillure. Telle est l'approche
tantrique de l'univers phénoménal. Les grands docteurs,
c'est-à-dire les grands religieux, utilisent les deux sortes de
méthodes pour guérir les mauvaises éruptions :
– l'une consiste à les faire rentrer dans le corps,
– l'autre à les opérer de l'extérieur, à les trancher.
Soit absorber nos poisons à l'intérieur du corps, soit les faire
sortir à l'extérieur. En résorbant nos organes sexuels, on peut
contrôler les *bonnos* sexuels. Mais au contraire, en créant une
éruption, on peut les résoudre et en finir. Il ne faut pas
oublier que l'objet est d'atteindre la condition du *nirvana*
vivant, d'une dimension plus élevée que les désirs du corps.
Trancher ou satisfaire les passions ne sont que des méthodes
pour atteindre cette haute dimension. Aussi ne faut-il pas se
complaire dans la méthode.
Nous pouvons donc communiquer avec la puissance cos-

mique fondamentale. Mais la seule pratique de ces deux méthodes ne rend pas assez exact ou parfait pour pouvoir communiquer pleinement avec ce pouvoir cosmique. Bouddha Shakyamuni lui-même, puis tous les Maîtres de la transmission, ont expérimenté ces méthodes à des degrés divers. Bouddha Shakyamuni fit l'expérience de la jouissance sexuelle dans son palais. Il s'en lassa. Il était entouré de nombreuses jeunes femmes et avait une jolie épouse. Dans sa demeure, il y avait trop de plaisirs sensuels et de nourriture. Alors il s'est enfui. Puis il a expérimenté une vie ascétique, il a suivi pendant six ans le yoga traditionnel. Ces deux méthodes l'ont complètement épuisé. Il a expérimenté ces deux aspects, puis finalement, il a fait l'expérience du satori sous l'arbre *bo,* par la posture de zazen. Dans son autobiographie, Nagarjuna a expliqué très profondément ces deux méthodes. Les Maîtres de la transmission aussi les ont comprises. Bodhidharma avait beaucoup de disciples en Chine. Après avoir quitté l'empereur Lyang, il resta au temple de Shaolin et eut de nombreux disciples, moines et nonnes. Bien sûr, il se concentrait sur zazen, sur *shikantaza.* Mais il faisait aussi pipi, mangeait, dormait... Parfois il faisait du karaté. Mais il se concentrait seulement sur zazen. Tout le monde, tous les grands Maîtres ont compris cela, à travers l'expérience de ces méthodes. Le *nirvana* vivant est chose difficile. Trancher les illusions par l'ascétisme n'est pas si facile. Et, au contraire, atteindre la dimension élevée par le tantrisme sexuel peut se révéler une méthode dangereuse pour les personnes ordinaires. Par cette seconde méthode, il est facile de commettre des erreurs : cela peut devenir un mauvais karma pour ceux qui la pratiquent mal. Les moralistes peuvent les critiquer car ils brisent les règles communes et ont une influence délétère sur la société. Aussi je veux dire que zazen est la seule voie aisée pour équilibrer ces deux méthodes, et au-delà de l'ascétisme et du tantrisme, atteindre directement l'absolu et parfait *nirvana* vivant, « ici et maintenant ».

Notre ego, à la fois corps et esprit, est dépourvu de substance, de noumène. Notre karma consiste en une interdépendance avec toutes les existences du cosmos, il est dirigé par la puissance cosmique fondamentale. Après la mort, notre substance n'existe pas, seul demeure notre karma en tant que phénomène interdépendant avec l'ensemble du cosmos. Il peut continuer éternellement. Le karma en tant que phénomène est nommé en allemand *das wahrhafte Seiende*, « le courant de l'existence ». On peut l'appeler le courant de nous-mêmes dans le grand ordre cosmique. Alors on peut s'éveiller pour vivre dans l'éternité. Si l'on souhaite et espère vivre éternellement, notre esprit existera éternellement dans le cosmos. C'est le principe du *nirvana* vivant, la plus haute dimension du bonheur dans la vie humaine. Zazen est lui-même grand satori, *nirvana* vivant, non-esprit, *hishiryo,* pensée absolue au-delà de la pensée, oubli de l'ego dans la puissance cosmique.

Les gens sont attristés par la mort du corps. J'en ai fait l'expérience dans mon enfance. Mon premier choc fut quand ma grand-mère est morte. J'ai secoué son cercueil : « Pourquoi es-tu morte? » Elle m'aimait, j'étais très triste, mais elle ne pouvait revivre dans son cercueil. La famille l'a recouverte d'un linceul, on l'a emmenée au temple pour la cérémonie, puis on l'a incinérée. J'ai alors regardé le corps qui brûlait. En province, on peut assister à l'incinération. J'ai vu une flamme rouge et une fumée bleue. La fumée du corps qui brûle rend les spectateurs tristes. J'ai pensé : « Le corps de ma grand-mère brûle, mais certainement son âme demeure. » Je l'espérais. Je ne voulais pas que son âme brûle. A Paris, l'une de mes premières disciples s'est tuée dans un accident d'automobile. J'en ai reçu alors un grand choc. J'ai eu la pensée, l'espoir que son âme existe en ce monde... Le problème de l'immortalité de l'âme n'est pas un objet de discussion, dépourvu de signification sentimentale, c'est une question d'intuition. Depuis les temps les plus anciens, les gens veulent croire à la doctrine de l'immortalité de l'âme, même si elle n'est pas raisonnable, même si elle n'est ni vraie ni sage. Même si une doctrine niant l'immortalité de l'âme semble plus raisonnable, plus intelligente, plus scientifique, même si l'on affirme que l'âme disparaît totalement avec le corps, les religieux et les spirituels ne veulent pas y croire, ils veulent avoir foi en l'éternité de l'esprit pur. Kant a dit que c'est une demande, une requête humaine. Pour ma part, je pense que c'est moins une demande, que le désir chéri de l'être humain.

Les catholiques enterrent le corps mort dans un cimetière et croient qu'il ressuscitera au ciel. Cela dénote un attachement à vouloir faire vivre le corps éternellement. Les bouddhistes brûlent le corps, on ne peut alors s'y attacher. A l'époque actuelle, en Amérique, pour certaines cérémonies funéraires, on orne le corps des morts et leur visage, pour leur conserver la beauté de la vie!

Nous devons résoudre le problème posé par notre propre mort. Alors notre vie peut devenir tout à fait forte, sans peur.

Bouddha niait l'immortalité non seulement du corps, mais aussi de l'âme. Il pensait très froidement, rationnellement. Le sutra *Milindapanha* rapporte une discussion au sujet de l'existence de l'âme et du noumène, entre le roi Milinda et le bodhisattva Nagasena. Il traite de *vedagu*, l'âme, en sanscrit. Le roi demande : « *Vedagu* existe-t-il ou non? » Le bodhisattva Nagasena répond : « Il n'existe pas. » Le mot *vedagu*, signifie l'« âme matérielle », par exemple les feux follets que l'on voit dans les cimetières après la pluie, ou aux lieux où l'on incinère les corps; dans les temps anciens, on pensait que c'était l'âme. A l'époque actuelle, plus personne n'y croit. On a compris que c'est un phénomène chimique de phosphorescence. Puis le roi posa une question philosophique, d'une plus haute dimension : « Existe-t-il un *atman?* » *Atman* signifie ego, noumène, âme spirituelle, substance de notre corps et de notre esprit Nagasena nia également l'existence de l'*atman*...

Pendant zazen, notre corps devient tout à fait calme. Je dis toujours : « Vous devez entrer dans le cercueil, mourir dans le dojo pendant zazen! » Cela veut dire oublier, abandonner votre corps. L'esprit seul demeure, et la conscience *hishiryo* devient unité avec la puissance cosmique fondamentale. Les Maîtres de la transmission et tous les patriarches l'ont certifié : *zazen lui-même est satori*. C'est le *nirvana* vivant! Ici et maintenant notre vie devient éternité.

Dans la posture de zazen, les mains forment un ovale; vous devez y déposer le cosmos. Les mains, qui sont en contact avec le centre d'énergie vitale situé quelques centimètres sous le nombril, nommé *kikai tanden* (océan du *ki*), deviennent le symbole du cosmos. Cela se dit *Hokkai join. Hokkai*, « cosmos ». « *Jo*, « zazen ». *In,* « cachet, symbole, signe, signature ».

Penser du tréfonds de la non-pensée;
Ne pas penser du fond de la pensée;
Comment penser sans pensée?
Comment ne pas penser en pensant?
C'est hishiryo, l'au-delà de la pensée.
C'est le secret de zazen.   Dogen — *Fukanzazenji*

Zazen est la plus haute méditation, la méditation au-delà. La pensée consciente est produite à partir du cerveau frontal. Cette partie du cerveau est de nos jours d'autant plus développée que l'éducation est fortement intellectualisée et qu'elle se fonde sur l'acquisition accrue du savoir. L'aspect intuitif de la connaissance est contesté comme étant sans fondement rigoureux; ainsi le cerveau central, constitué essentiellement par le thalamus, est-il très peu utilisé. Nous ne savons plus penser avec le corps. A l'inverse, les animaux n'agissent qu'en fonction du thalamus, centre intuitif par lequel ils sont régis. Cette partie du cerveau correspond au cerveau instinctif et intuitif, qui est en étroite relation avec le cosmos. L'être humain pourrait être en communication directe avec la puissance cosmique, si la civilisation moderne n'étouffait pas le développement de ce système nerveux central. Hélas, chez la plupart des gens, à l'heure actuelle, ce centre est dans un état de faiblesse extrême. La faiblesse excessive du cerveau central chez l'homme est à l'origine de nombre de maladies, et provoque la crise de notre civilisation sans sagesse, à contre-courant de l'ordre cosmique. Lorsque l'hypothalamus renforce son activité, son action sur le métabolisme est accrue, et celui-ci se renforce.

Ne pas penser, du tréfonds de la pensée.

Penser, du tréfonds de la non-pensée.

On peut faire l'analogie avec, dans le *Hannya Shingyo. Ku soku ze shiki, shiki soku ze ku. Shiki* désignant les phénomènes, la pensée, et *ku,* la non-pensée. Ainsi *ku* correspond-il à la concentration, et *shiki* à l'observation. La concentration — *ku* — désigne l'activité du cerveau central; l'observation — *shiki* — celle du cerveau frontal. Par la concentration *ku,* la conscience microcosmique, elle opère le retour aux conditions originelles de l'être humain en liaison profonde avec l'ordre universel.

Le Nirvana vivant

Le *Vimalakirti Nirdesa Sutra* rapporte l'histoire suivante : Yuima se rendit un jour dans la forêt où Sariputra était depuis plusieurs semaines assis en méditation; il alla le voir et lui en fit le reproche. « Sariputra, continue ainsi zazen, oubliant ton corps et ton esprit, assis sur les trois mondes. Puis ne demeure plus dans le *nirvana,* mais réalise les nombreuses postures de ta dignité; et ensuite, sans abandonner la méthode de la Voie, réinstalle-toi en zazen, et réalise ta posture naturelle et personnelle; continue zazen, et, sans couper les *bonnos,* entre dans le *nirvana* vivant! » Le reproche de Yuima à Sariputra définit sa position vis-à-vis de la profonde philosophie de *ku* et *shiki.* Sariputra ne demeure qu'en *ku,* assis en zazen. L'opinion de Yuima, selon laquelle le zazen authentique doit être réalisé dans les *bonnos* de la vie quotidienne, définit la philosophie du bouddhisme Mahayana. Peut-être Sariputra, par sa pratique de zazen, recherchait-il l'état de *nirvana* absolu, la plénitude du satori, la sainte et transcendantale sagesse au-delà de toutes les illusions des trois mondes. Mais l'état du véritable satori doit être reflété au sein même du monde vulgaire des *bonnos*. Sariputra, certes, avait oublié que dans le bouddhisme Mahayana, la réalité doit être vécue « ici et maintenant ».

Bonno soku bodai. Les bonnos sont le nirvana.

Le *nirvana* ne se réalise pas hors du monde; nous devons réaliser cela, et convier le *nirvana* vivant à habiter au milieu de notre vie quotidienne, et même à s'établir dans le monde le plus exécrable, où seule est écoutée la voix du démon, où le *dharma* et le pur enseignement bouddhique sont bafoués impudemment, où les enseignements sacrés sont mis en doute. Bien sûr, il n'est pas question de s'attacher à un monde de souillures. Il faut tout simplement ne pas s'attacher et suivre la Voie du Milieu. Et le Sutra ajoute : *La belle fleur de lotus ne croît pas dans le champ verdoyant, ni sur la haute montagne; elle naît de l'étang boueux, ce bas lieu de la nature. Sans entrer dans l'océan des bonnos, nous ne pourrons obtenir le trésor de la sagesse absolue.* Les *bonnos*, le karma, sont la semence, l'origine, la source du *nirvana* vivant.

Le *nirvana* vivant n'existe pas dans la vie recluse des monastères ni dans l'existence ascétique des ermites. Le satori idéal, la communion divine, imaginés comme étant en rupture complète avec notre vie quotidienne, ne sont que leurres, artifices abstraits, aussi éloignés du réel que la poupée l'est de l'enfant. C'est pourquoi j'énonce les cinq articles suivants :

1. Que vous portiez l'habit du monde et gardiez vos cheveux, n'en continuez pas moins à faire zazen et à avoir le comportement, l'action et les manières pures et justes. Certes, il vaut mieux porter l'habit de moine et se raser le crâne;

toutefois l'action juste n'en dépend pas, et c'est cela le plus important.

2. Que vous ayez une vie de famille ne doit pas vous amener à vous attacher au monde vulgaire.

3. Bien que vous soyez mariés ou que vous ayez un compagnon, vous devez vous réjouir de la solitude et y prendre plaisir.

4. Que vous ayez des revenus gagnés par un travail vulgaire ne doit pas vous procurer de joie.

5. Bien que trempant dans le monde du vulgaire, vous devez garder l'esprit pur de compassion, et, par votre travail, aider les êtres en jouant avec eux.

La vérité de la nature de *ku* s'éveille donc dans les *bonnos*. Les *bonnos* sont le lieu où se réalise le satori. La glace des *bonnos* devient l'eau du *nirvana*. Comment utiliser les *bonnos?* Comment changer notre karma? Importante question. Si on utilise les *bonnos* pour les *bonnos,* on perpétue le mauvais karma, la transmigration se perpétue. Dans mon enfance, je chantais souvent cette chanson en forme de poème :

Ne soyez pas vaincus par la pluie.
Ne soyez pas vaincus par le vent.
Ne soyez pas vaincus par la neige.

Même dans la chaleur de la saison d'été, avec un corps sain, sans désir et sans colère, souriant toujours paisiblement, ne mangeant que de la soupe de *guen mai* toute la journée, et un peu de légumes, ne tenez pas compte de vous-même en toute chose (soyez *mushotoku*). Pratiquez l'observation juste, l'écoute juste, la compréhension juste, la concentration juste, la mémoire juste...

J'aimerais vivre seul dans un petit ermitage au toit de paille, construit à l'ombre de la forêt de pins dans la plaine. Vivant dans cette maison, si un enfant est malade à l'est, j'irai le bercer. S'il y a une mère fatiguée à l'ouest, j'irai l'aider et masser ses épaules. S'il y a un mourant au sud, j'irai le prier de ne pas s'en faire, de ne pas avoir peur de sa mort. Mais s'il meurt, je pleurerai avec une profonde compassion pour lui et pour sa famille. Si au nord, il y a une querelle je la ferai cesser, et dirai : ne vous querellez pas, car cela ne vous est d'aucun profit. Même si d'autres me critiquent et me traitent de garçon stupide, je n'en serai pas attristé, même si d'autres m'admirent comme un bon garçon, je ne m'en réjouirai pas. J'espère devenir un enfant tel que celui-ci.

C'est une chanson enfantine japonaise qui dénote l'influence de l'attitude du bodhisattva dans l'éducation des enfants. Dans le bouddhisme Mahayana, on ne coupe pas les *bonnos*. On doit les raffiner, les sublimer dans une dimension élevée, et les utiliser pour aider les autres. Mais c'est dangereux, il ne faut pas se tromper. Certains disent : « J'aide toujours les femmes avec mes bonnos, ou j'aide toujours les hommes. Je m'ouvre à eux. » Ce n'est pas authentique. Ce n'est pas le véritable bodhisattva. Ce n'est pas juste. Voici un poème de Shinran, grand Maître de la secte Nembutsu : *Le péché ou le karma deviennent le corps de la charité et de la vertu. C'est comme la relation entre la glace et l'eau. S'il y a beaucoup de glace, cela donne d'autant plus d'eau.* Plus il y a de *bonnos*, plus il est possible d'obtenir un grand satori. On peut davantage encore atteindre le *nirvana* vivant.

La puissance cosmique fondamentale

Dans la pensée hindoue traditionnelle, *Shakti* est le pouvoir fondamental d'impulsion du cosmos. Mais Bouddha a infléchi cette notion et elle est devenue la source, le fondement des actes personnels. Dans le bouddhisme, l'action signifie la relation entre la cause et l'effet du karma, et l'effet se divise en deux aspects, positif et négatif, ou, plus exactement « effet aimé » et « effet-non aimé ». *Shakti,* la puissance cosmique fondamentale, se dit *Karitra.* Ce mot a trois sortes de significations différentes : action, cérémonie, effets.

1. ACTION

Sa signification propre est le karma. Il y a deux sortes d'actions :

— la fonction qui produit un effet : *jnana,* en sanscrit;
— l'aspect qui entraîne influence l'effet *aksepa.* Ces deux sortes d'actions se réalisent dans l'action personnelle. De ces deux causes, l'une est directe, contagieuse; l'autre est infectieuse. C'est-à-dire qu'elle se réalise par *en,* l'interdépendance. La plupart des gens pensent que la cause du karma est une cause contagieuse. C'est une erreur. L'effet, le résultat de l'action produit par la cause ne nécessite pas seulement la cause directe, mais de nombreuses causes variées. Si l'on pense que la cause du karma n'est qu'une cause contagieuse, la doctrine du karma devient non scientifique, erronée. Cette doctrine est un système plus rationnel que la science. Si on la comprend, on peut progresser fortement et rationnellement. Dans la science, la causalité n'est pas vraiment rationnelle, elle est abstraite, une cause unique produit un effet unique. Mais dans la doctrine du karma, de nombreuses causes produisent de nombreux effets.

2. CÉRÉMONIE

Qu'est-ce que la cérémonie, ou le cérémonial? Ce terme en fait sous-tend la notion de la forme accordée à un acte, la manière dont une action est faite conformément à certaines règles. Ici, je prends cérémonie au sens de « manière », de comportement dans la vie. Certains ont pu dire de la cérémonie que c'était une action réflexe, une habitude du corps, à l'image du réflexe conditionné de Pavlov. Ce n'est pas entièrement faux et, en outre, les bonnes habitudes du corps ne sont pas à négliger. Mais une telle vision est trop limitative, car, dans le Zen, contrairement à ce qui se passe dans le réflexe conditionné, le corps est vigilant. Ce qui est analysé par les sciences du comportement n'est issu que d'une observation objective extérieure. Il n'y est pas question de la dimension intérieure, dont l'analyse psychologique elle-même ne peut rendre compte. Les deux formes de conscience existent, objective et subjective, et le Zen tend à les développer à leur plus haut niveau d'épanouissement.

L'état de conscience pendant zazen, la concentration en *shikantaza*, réalise l'intériorisation subjective dont est issue la réflexion subjective, différente pour chacun et qui est toutefois en même temps un regard objectif porté sur l'intériorité. *Hishiryo* : la plus haute des consciences où subjectif et objectif sont réunis en un tout indivisible. Certains objecteront que zazen n'est pas une cérémonie. C'est la cérémonie suprême, la cérémonie par excellence, où l'attitude du corps et de l'esprit sont l'expression parfaite de l'acte absolu. Après zazen, il y a la cérémonie au sens strict : on chante le *Hannya Shingyo,* on fait *sampai* (triple prosternation), chaque jour, de la même façon : on peut y voir en effet un comportement automatique, et la rigoureuse posture de zazen elle-même peut devenir une habitude, produite par un long entraînement quotidien. Mais j'insiste toujours pour qu'à chaque instant soit produite une posture fraîche et sans cesse nouvelle, née de la conscience éveillée de zazen. Chacun des actes dans notre vie doit avoir les mêmes qualités de fraîcheur et de pureté, s'appuyant sur les vieilles habitudes acquises, mais redécouvertes dans chaque instant du vécu. Telle est la concentration... Tout comportement, toute attitude du corps influence la conscience ; c'est pourquoi on trouve dans les sutras bouddhistes, et tout particulièrement dans le *Shobogenzo* de Maître Dogen, la description de règles strictes que les moines doivent observer dans les divers actes de la vie quotidienne, actions simples et aussi ordinaires que celles de prendre ses repas, de se comporter dans les toilettes, de s'allonger et de se reposer, de marcher, de s'asseoir selon le lieu et les circonstances, de faire sa toilette, etc.

Tel est le second sens du karma : celui-ci dépend étroitement de l'attitude du corps, du comportement et des manières, de l'action quotidienne vécue à chaque instant, cérémonieusement ou non.

3. EFFETS

Ils sont de deux sortes :

1. *Karma* agréable, ou *ista,* en sanscrit.
2. *Karma* désagréable, ou *anista.*

Il s'agit du jugement subjectif de celui qui subit les effets de son karma. Aussi l'appréciation de l'effet consécutif à l'action amènera-t-elle soit à persister dans l'action ou à la réitérer si l'effet est agréable, soit à l'éviter ou à l'interrompre si l'effet est désagréable. Il n'est plus question ici de jugement objectif, c'est un problème d'appréciation subjective, de psychologie personnelle. Le bien et le mal ne recouvrent pas un sens strictement moral, mais résultent seulement d'une appréciation subjective, liée à la sensibilité et à l'affectivité propres de l'individu. D'une certaine façon, cette appréhension de la notion de bien et de mal est plus « primitive » que celle élaborée au cours de la réflexion morale, qui élargit son champ de vision à l'entourage, et prend en considération l'interdépendance spatio-temporelle. Ainsi le karma ne se transforme-t-il pas seulement en fonction de l'ordre social ou de l'évolution et n'est-il pas déterminé strictement par des règles morales et sociales, ni même par le jugement moral personnel. Au contraire, il est le plus souvent en rupture avec ces formes élaborées du comportement, déterminées par les règles et les lois; et, apprécié subjectivement par l'individu, il ne sera pas jugé comme bon ou mauvais (jugement moral), mais considéré comme un effet aimé (agréable) ou non (désagréable).

Il existe deux termes différents en chinois et en japonais pour désigner le monde, selon qu'il s'agit du monde de la nature — de l'univers —, ou du monde humain. *Sekai* désigne le monde, notre univers. *Seken,* le monde humain, et plus précisément l'univers intérieur de l'homme. Il a pour attribut constant l'impermanence, *mujo.* C'est un monde qui ne peut devenir (sinon très partiellement) l'objet d'études scientifiques. Monde de subjectivité et d'intériorité, au sein duquel la recherche d'un humanisme véritable, qui amènerait l'homme à son plus haut degré d'évolution, a été l'élément important et déterminant dans l'éclosion du bouddhisme. Les religions hindoues avaient perdu ce sens profond de l'humanisme. Elles étaient devenues trop irréelles, et proliférantes en mythologies et imageries, abondantes en symboles et en systèmes complexes. C'est pourquoi le fondement du bouddhisme s'appuie sur l'effort tendant à faire resurgir un authentique humanisme. Telle est la préoccupation première de l'enseignement du Bouddha, après que lui-même eut découvert (en devenant l'Éveillé sous l'arbre de la *bodhi*) la valeur plénière de l'authentique et absolue humanité. Bien qu'universelle, cette quête humaniste est profondément subjective et personnelle. Elle représente l'élément essentiel du monde de *seken,* que chacun vit à son niveau en fonction de son karma — monde sans cesse mouvant, changeant et impermanent, parallèlement au karma. Selon les effets agréables ou désagréables du karma, le monde de *seken* (la vie intérieure) est vécu de façon satisfaisante ou non. Toutefois, on peut marcher droit sur la Voie juste et rencontrer des obstacles : c'est l'ancien karma qui se manifeste, nécessairement. Les bons effets ne sont pas souvent immédiats. Chaque chose doit s'accomplir, et eux aussi s'accomplissent, nécessairement. Mais il ne faut pas les attendre, car cette attente, cette impatience et cette recherche du profit sont elles-mêmes semence de mauvais karma. Vous ne pourriez que récolter le contraire de ce que vous attendez. Soyez *mushotoku,* sans but ni esprit de profit, telle est la dimension ultime du monde de *seken.*

Le son de la vallée
Fait une longue et grande conférence.
Elle a chanté 84 000 sutras.
Comment, demain, pourrai-je en parler?

C'est un poème du grand écrivain et calligraphe de la Chine ancienne, Sotoba. Il eut le satori en regardant la couleur de la montagne et en entendant le son de la rivière dans la vallée. La longue et grande conférence, ce sont les paroles et l'enseignement. Le son de la vallée, c'est le bruit de la nature... La couleur de la montagne est le corps du Bouddha. Comme Shakyamuni qui devint Bouddha en contemplant l'étoile du matin, c'est par la beauté des couleurs de la nature et par la mélodie des sons qui l'animent, que Sotoba s'est éveillé.

De minuit à l'aube
Elle a chanté 84 000 poèmes.
Comment pourrais-je expliquer cette conférence?
Comment pourrais-je l'exprimer?

En faire un poème en phrases et en Kanjis? Comment exprimer l'inexprimable? Est-il possible de faire des catégories de l'ineffable, de formuler l'ultime vérité? L'observation subjective, pendant zazen, pour chacun est différente. Chacun pense différemment, le karma s'élève du subconscient, et les pensées apparaissent, diverses, multiples. Mais chacun peut trouver la condition unique de l'ultime vérité, en *hishiryo*.
Dogen, plus tard, écrivit ce poème du *San Sho Do Ei* :

La couleur de la montagne
L'écho de la vallée,
Toute chose est
De notre Bouddha Shakyamuni
L'esprit et la sainte posture.

Cela est Dieu, l'esprit et la posture de Dieu, la posture et l'esprit de zazen.
Toute société structurée et organisée comporte des lois et des règles; cela constitue l'ordre social. Mais il est toujours frappant de constater l'inexactitude, l'incompétence et l'injustice de cette « morale » sociale. Le travailleur honnête, par

exemple, peut rester pauvre sa vie durant, et l'usurpateur malhonnête s'arroger toutes les richesses qui lui assureront une vie confortable. Ce sont les limites de la morale sociale. Les actions méritoires, la « récompense » ne relèvent pas du monde social. C'est un problème profondément individuel et religieux, le problème du karma. Le mérite issu d'une bonne action est une donnée intérieure et immatérielle : il s'accomplit nécessairement, et à notre insu, à travers le fruit de nos actions qui témoignent précisément de notre karma.

Notre manière de vivre atteste de la compréhension de notre karma : notre vie en est le reflet exact, la manifestation. « L'homme doit vivre justement », a dit Socrate. Qu'est-ce que mener une vie juste ?

La réponse apparaît certes différente selon le lieu et l'époque ; les critères n'en sont pas rigoureusement universels, et cela pose une fois encore le problème des limites de la morale sociale. Toutefois, le problème du karma transcende ces données, car le karma ne se réfère pas à des lois abstraites ou philosophiques. Ses effets s'apprécient à partir des données subjectives du contentement et du mécontentement. Dans le bouddhisme, ces sentiments donnent un sens véritable au bien et au mal : toute action bonne est source de contentement intérieur, toute action mauvaise de mécontentement. Notre esprit intérieur est le juge implacable de nos actions. Toute action qui n'est pas juste, même si dans l'immédiat elle satisfait l'ego, amène ensuite un sentiment de remords (plus ou moins diffus, selon l'égoïsme de chacun). Si le remords ne se manifeste pas, c'est que vous êtes malade, ou anormal, comme le sont nombre de criminels. L'effet du karma ne se manifeste pas dans le futur immédiat ; la conséquence immédiate d'une mauvaise action volontaire est souvent une réjouissance, sinon une telle action ne serait pas. Mais cette satisfaction ne représente que la première phase des effets, qui sera suivie d'une deuxième phase plus profonde et plus lourde, la phase du mécontentement. Aussi toujours, lorsque nous agissons, devons-nous considérer le résultat karmique futur dans sa totalité et non point du seul point de vue de la satisfaction immédiate qui résulte de l'action. Zazen est douloureux « ici et maintenant », il implique des sacrifices et nécessite de l'effort; certainement, la plupart des gens pensent que nous sommes fous, que nous perdons notre temps, que nous sommes masochistes. Mais l'effet de ce karma est grand, le plus grand, infini, et il se manifestera nécessairement à l'avenir. Dogen lui-même a dit dans le *Shobogenzo* : *Par zazen, nous recevons dans le futur des mérites infinis.* Cependant, nous ne devons pas faire zazen pour que se réalise cet effet infini...

Le pouvoir d'influence du karma

Si l'on prend l'exemple d'une maladie, l'action du karma n'agit pas de façon contagieuse, mais infectieuse. Le karma demeure proprement individuel et n'a pas d'effet sur autrui. Le karma présent réalise le karma passé, et les actions du karma passé s'actualisent dans les effets du karma présent et futur. On ne reçoit que les effets de son propre karma, celui des autres n'ayant pas de relations avec soi-même. Le pouvoir du karma est subjectif et psychologique. Aussi ne peut-il être pensé objectivement par quelqu'un d'autre. Si une chose produit ou crée, elle doit avoir en elle le pouvoir de production ou de création, mais également être associée aux forces combinatoires, qui permettront à sa potentialité de se manifester. Par exemple, pour qu'une semence germe, la graine doit posséder en elle la potentialité de la germination; de plus, elle doit être placée en terrain favorable, recevant eau et soleil; l'ensemble forme la force combinatoire de la nature. Le pouvoir du karma n'est donc pas une donnée matérielle et figée, il est sans cesse mouvant, vivant. Sa substance est éternelle, et préside à l'activité de la conscience; il est élan vital.

Notre action se manifeste objectivement, dans le temps et

dans l'espace . c'est la potentialité d'un moment. Pour la loi et la morale sociale, elle n'est considérée que comme telle. Un meurtre, par exemple, sera un problème en soi pour la justice et ne sera considéré que comme tel : la police aura pour rôle de trouver le meurtrier, celui de la justice de le condamner, et le problème, socialement, sera plus ou moins résolu. Mais d'un point de vue religieux, l'action ne s'arrête pas là, et le karma engendré se perpétue, éternellement. Car la semence est présente au fond de l'action. Le karma non manifesté existe, aussi profond, aussi indestructible que le subconscient en psychologie – c'est *mushogo,* en japonais. Karma intérieur, profond, subjectif, aussi peu perceptible que les vibrations d'un son qui se prolonge, que les racines d'une plante vivace. Cette semence se perpétue, terrassant notre volonté si celle-ci est faible, luttant avec si elle est plus forte. Aussi le problème se pose-t-il d'arrêter la force de ce karma non manifesté. Le bouddhisme a toujours considéré ce problème avec attention, aussi les solutions qu'il apporte sont-elles très profondes.

Même si la volonté est forte, il est très difficile d'enrayer les actions de ces semences de mauvais karma, car le karma intérieur (ou potentialité) ne se réalise pas à la surface, il demeure enfoui, et se réalise en profondeur, imperceptiblement. Prenons une bougie : la flamme représente le karma manifesté du corps et de la conscience, toutes nos actions physiques et mentales. Si la flamme de la bougie est soufflée, c'est la fin de toutes nos actions, la fin de notre karma manifesté. Toutefois, la bougie demeure, notre corps et notre conscience demeurent; ainsi existe le karma non manifesté, en puissance de réalisation. Autre exemple : un orage sur l'océan. Les vagues s'élèvent, c'est le karma manifesté. Lorsque l'orage est passé, l'océan retrouve sa tranquillité; cependant, il contient en potentialité la manifestation du karma de la tempête. Le karma manifesté est l'acte vécu, achevé ou en voie d'achèvement. Mais demeure partout le Pouvoir invisible, la puissance non manifestée, *mushogo.*

Ce karma se perpétue et se réalisera dans les actions à venir, car il contient en lui-même la faculté de croissance et de développement; dès que la semence sera en terrain favorable, elle se développera, nécessairement, en fonction du milieu et des circonstances. La volonté ne peut rien pour l'arrêter, car la semence est si profonde que la conscience n'a aucune prise sur elle. Elle appartient au domaine du subconscient, imprégnant nos cellules et ordonné par notre cerveau central primitif. Cependant, les relations sont très étroites entre le karma manifesté (l'action du corps et de la conscience), et le karma non manifesté. Si le karma non manifesté était abstrait de tout contexte phénoménal, isolé de toute action, ce serait l'Esprit pur, l'Esprit originel, informé, éternel. Ce serait la négation du karma, le non-karma, la négation de l'action, l'Être ou l'existence pure transcendant toute action. C'est la conscience *hishiryo* de zazen... Mais le karma non manifesté se définit par rapport aux phénomènes et comme étant une manifestation en puissance, qui se réalisera en fonction du karma déjà manifesté. Aussi la relation est-elle de dépendance, comme l'ombre dépend de l'arbre. Davantage encore, une imbrication étroite les fait coexister dans un ensemble d'interactions. Certains ont voulu remonter à la cause première et savoir lequel du karma non manifesté et du karma manifesté a précédé l'autre. Éternelle et vaine question du dualiste qui ne voit pas la simultanéité des existences des innombrables phénomènes du cosmos, qui ne comprend pas la loi d'interdépendance qui les ordonne!

Qu'est-ce qui a précédé l'autre : la poule ou l'œuf? Le corps ou l'esprit?

C'est notre conscience qui pose cette question, en termes dualistes, bien sûr, car ce sont les données de notre conscience discursive, limitée dans l'espace et le temps, à travers le corps, l'ego. Aussi la question ne se pose-t-elle plus lorsque, pour comprendre, on a « rejeté le corps et l'esprit » (c'est-à-dire, les illusions nées de nos cinq sens et de notre conscience personnelle), lorsqu'on a « abandonné l'ego ». Il ne demeure alors plus aucune question : c'est la dimension de l'unité absolue.

Tant que nous persisterons à avoir la compréhension à travers les données de notre corps et de notre conscience, nous poserons vainement et sans fin cette sorte de problème.

Il est des histoires très célèbres dans le Zen sur ce sujet, entre autres un mondo entre Eno et des moines :

Un moine dit : « Le drapeau bouge. »

L'autre moine : « Non, c'est le vent qui bouge! »

Maître Eno : « C'est votre esprit qui bouge. »

L'anecdote rapporte que, par la suite, une grande nonne ayant entendu parler de ce mondo répliqua finalement .

« Tout est en mouvement, le vent et l'esprit. » Telle est la relation entre le karma manifesté et le karma non manifesté, relation d'interdépendance.

Dans le *Shobogenzo Genjokoan,* Maître Dogen rapporte l'histoire suivante :

Maître Hotetsu s'éventait tranquillement. Un jeune moine vint à lui et lui demanda : « Pourquoi vous servir d'un éventail? L'air est partout! » Le Maître lui dit alors : « Tu sais seulement que l'air existe partout; mais tu ne sais pas que, sans action, on ne peut engendrer le vent! » Aussi faut-il cesser d'engendrer des illusions pour le retrouver, encore faut-il pratiquer la posture et la respiration justes pour engendrer la conscience juste, la conscience originelle.

Lorsque vous pratiquez zazen, dans le dojo, vous engendrez le bon karma non manifesté, karma infiniment bon. Même si votre karma manifesté est mauvais, l'effet du bon karma de zazen contre-balance le mauvais, le contrôle et le fait décroître. Telle est la force, la puissance du karma non manifesté, originellement bon.

Il existe deux doctrines au sujet du karma non manifesté :

— Dans l'esprit, il n'y a pas de karma non manifesté.

— Dans l'esprit, il y a un karma non manifesté encore plus fort.

Si, pendant zazen, nous laissons passer, passer les pensées, nous pensons mais rien ne demeure, tout passe. Les pensées ne laissent aucune trace. Cela ne crée pas de karma non manifesté. L'esprit change toujours, comme celui des singes. Mais si nous pensons et créons des bonnos, si nous nous attachons à nos pensées, cela laisse des traces qui influencent fortement les neurones du cerveau frontal ou central. Les physiologues, les scientifiques l'ont certifié. Par exemple, si nous éprouvons de la haine envers quelqu'un, nous pensons sans cesse, nous ne pouvons l'oublier, et cela devient un grand bonno, un grand attachement. Le phénomène se prolonge et devient du karma non manifesté. La substance du karma est donc la pensée.

Comment pensons-nous « ici et maintenant? » Dogen a dit : *Penser de la non-pensée. Ne pas penser de la pensée. Comment penser de la non-pensée? Comment ne pas penser de la pensée? C'est hishiryo, le secret de zazen.* Le kanji *shi*, pensée; *setana* en sanscrit, signifie : « empiler, accumuler », prolonger les pensées, le bon et le mauvais *karma*.

Pendant zazen, le subconscient remonte et sort inconsciemment, automatiquement. Le karma sort et prend fin, s'évanouit. Quand nous avons une pensée, il y a un objet à cette pensée, une existence objective. « Je pense donc je suis », a dit Descartes. « Je ne pense pas, donc je suis. » C'est zazen! Les deux sont nécessaires. Parfois, je pense et parfois je ne pense pas... Donc je suis! Les philosophes français aiment la pensée. Pascal n'a-t-il pas dit : « L'homme est un roseau pensant. » Mais Maine de Biran a rectifié la pensée de Descartes : « J'agis donc j'existe... »

L'expérience humaine relie l'ego, l'esprit intérieur et les phénomènes de l'extérieur, de l'environnement. Par exemple, quand quelqu'un regarde le soleil, il n'a pas besoin de poser des questions quant à la réalité du soleil, quant à son existence. Car le soleil lui-même est toujours en mouvement. Il est constitué par de nombreux éléments. Nous contemplons l'illusion, la vision du soleil, nous ne savons pas ce qu'en est la substance véritable. L'ego lui-même n'a pas non plus de substance. Il n'a pas de réalité. Il n'existe donc pas de relation possible entre l'ego et le soleil, dépourvus l'un et l'autre de noumène. Le monde et l'homme sont en relation infinie avec des éléments ou des existences infinies par l'interdépendance, la combinaison des phénomènes. De nombreuses causes engendrent de nombreux effets. La composition des phénomènes, c'est la structure du monde à l'intérieur duquel nous vivons.

Comment créer un bon karma? Notre volonté, notre pensée, notre conscience deviennent source d'un pouvoir fondamental qui permet d'agir, de parler. Notre conscience détermine et décide de notre action. Parfois nous parlons, parfois nous agissons d'abord. Certains parlent sans arrêt, sans penser. Une certaine femme, dès qu'elle voit le visage de ses amis, se met à parler automatiquement. Certains critiquent automatiquement les autres dès qu'ils voient leurs amis. Certains, en voyant la nourriture, la critiquent : « Ce n'est pas bon! Il n'y a que du couscous et pas du tout de viande! » « Dans le *guen mai* (soupe de riz), il n'y a que de l'eau. »

Le grand Maître Fuyo Dokai en Chine fut invité par l'empereur, mais n'alla point le voir. Il ouvrit un dojo à la montagne, près d'un lac. De nombreux disciples s'y rendaient. « Si trop de monde vient, certainement l'empereur sera jaloux et se mettra en colère. » Il ne collait pas d'affiches, mais beaucoup de gens venaient. Il voulait refuser des disciples. Or les grands Maîtres avaient du mal à refuser. (Bodhidharma aussi voulait refuser. A l'époque moderne, les gens se sauvent, c'est très pratique, pas besoin de refuser... Si je donne le *kyosaku* un peu fort, ils se sauvent très vite!) Maître Fuyo Dokai, quand le nombre de ses disciples augmentait, rajoutait beaucoup d'eau dans la soupe, et pas du tout de riz. Les personnes qui avaient trop faim partaient. C'était une bonne méthode! Le professeur Okubo Doshu qui a quatre-vingt-cinq ans, lors de sa visite au dojo de Pernety, mangea la soupe de riz avec nous à l'atelier, et fut très impressionné car on avait préparé une *guen mai* très liquide. Justement ce matin-là, beaucoup de monde était venu, et on avait rajouté de l'eau. Le professeur Okubo s'est souvenu de l'histoire de Maître Fuyo Dokai.

Les grands Maîtres étudient toujours comment trancher le mauvais karma, et en particulier le karma non manifesté. Les Maîtres de la transmission se sont toujours demandés, à la fin, comment trancher le mauvais karma, pas seulement le leur, mais celui des autres. Je me le demande aussi. C'est le devoir des moines, leur vocation. Si vous devenez moine, vous devez vous concentrer sur ce problème.

Il y a deux sortessf méthodes :

— A partir de l'action du corps et de la parole, changer, influencer la conscience.

— A partir de la conscience, influencer les actions du corps et de la parole. Mais, en fin de compte, l'acte de zazen reste le grand recours.

Dans le bouddhisme, nombre d'écoles sont apparues et les grands moines ont étudié de nombreuses méthodes pour couper le karma. Dans la plupart des écoles, la doctrine du karma est devenue le pilier, la colonne fondamentale. Il y a maintenant deux grandes écoles au Japon : le Zen et le Nembutsu[1]. Le Nembutsu est plus facile que le zazen. L'Obaku utilise les deux pratiques. Il est pourtant difficile de se concentrer sur deux choses. Il faut se concentrer sur une seule. Si on se concentre sur de nombreuses choses, on ne peut les obtenir. Ce principe est énoncé dans le *Shin Jin Mei : Si on se concentre sur une seule chose, on peut tout obtenir.* Si vous vous concentrez à la fois sur zazen, le yoga, les arts martiaux, les Tibétains, vous ne connaîtrez pas le vrai Zen. Il faut se concentrer sur une chose, ainsi vous pouvez tout obtenir

1. Pratique du *Mantra.*

Shinran était concentré seulement sur le Nembutsu.
Si l'on récite Namu Amidabu, tout le karma des trois mondes décroît et finit par s'évanouir. De leur côté, Dogen et Maître Daichi ont écrit : *La pratique de zazen est la méthode la plus élevée pour trancher le karma.* Pour Dogen, revêtir le *kesa* est une voie facile pour trancher le *karma.* Aussi a-t-il écrit dans le *Shobogenzo*, le *Kesa Kudoku, les Mérites du kesa :*
Ceux qui ne peuvent faire zazen doivent revêtir kesa et rakusu, et obtiennent ainsi de grands mérites pour couper le mauvais karma. Même le karma non manifesté s'évanouit.
Avant la visite de Bodhidharma en Chine, le Nembutsu s'y était répandu. C'est le bouddhisme des sutras, la philosophie Tendaï. Le Nembutsu se concentre sur la récitation du nom de Bouddha : *Namu Amidabu,* du matin au soir. Cela signifie : je crois et respecte le Bouddha Amida. *Namu* est un terme sanscrit. *Amida* est le Bouddha idéal, non le Bouddha réel, semblable à Dieu. On retrouve la relation entre Dieu et le Christ. Dieu est le Bouddha Amida, le Bouddha Shakyamuni a la même position que le Christ. Bouddhisme et christianisme se sont influencés mutuellement à travers la Grèce. Si l'on a foi en Bouddha Amida, et si l'on se concentre toujours sur son nom, il est possible d'atteindre le parfait *Ojo (satori),* de renaître au paradis. Christianisme et amidisme sont très proches. C'est la secte Jodo. *Jo :* pure, *do :* terre, le paradis, la Terre Pure. Dans mon enfance, ma mère y croyait profondément. Jusqu'à sa mort, du matin au soir, elle avait foi et m'enseignait toujours, non pas le zazen, mais à faire *gassho* et à réciter le nom de *Namu Amidabu.* J'en ai pris tout à fait l'habitude. J'étais derrière ma mère, et, quand elle se concentrait, je me sauvais et revenais juste avant qu'elle finisse ! Mon *karma* a été profondément impressionné par cette religion.
Dans ma jeunesse, étudiant à Yokohama, j'allais au temple protestant pour pratiquer la conversation anglaise avec la fille du pasteur. Elle avait vingt-sept ou vingt-huit ans, elle était très belle. Par la conversation, elle m'enseignait aussi la Bible. Je m'en souviens encore maintenant. J'ai étudié ainsi

pendant trois ans. J'ai trouvé que le christianisme était semblable à l'amidisme. Presque identique. La seule différence résidait entre ma mère et la jeune fille américaine. La fille américaine était plus jeune, plus belle. J'ai donc changé et pensé que le christianisme était mieux. Je ne me suis pas concentré seulement sur le Christ et son message mais aussi sur cette fille. Elle m'apprenait à danser. Elle m'accompagnait au bord de la mer, en de très beaux endroits... J'ai trouvé également que ce qui différait était la doctrine du *karma,* plus profonde dans l'amidisme.

Plus tard, j'ai entendu dire que l'essence du bouddhisme Mahayana était le Zen. J'ai participé à une sesshin au temple d'Engakuji, à Kamakura. Car, pendant que j'étais étudiant, le chef d'Engakuji était notre professeur de morale, d'éthique. Il enseignait aussi le Zen Rinzai à l'école. Je me suis rendu à cette sesshin. Pendant une semaine, tous les matins, levé à 2 heures et zazen jusqu'à 6 heures. Le soir, on ne pouvait pas dormir, on était dehors et il y avait beaucoup de coups de *kyosaku.* Mon corps était tout rouge. A la fin, au bout de cinq jours, j'avais patienté... patienté. Le matin le *godo* (chef du dojo) s'est trompé, il était endormi et m'a frappé au sommet du crâne. Je me suis mis tout à fait en colère, je me suis levé, je lui ai arraché le *kyosaku* et l'ai frappé. « Je veux partir! » Dans le Rinzai, on ne fait pas face au mur pendant zazen, on se fait face. Tout le monde regardait notre bagarre. Tous se sont levés et m'ont attrapé. J'étais champion d'escrime. J'ai frappé tout le monde et j'ai dit : « Ce n'est pas une vraie religion, c'est de la violence! » Je me suis sauvé et suis allé voir le chef du temple, qui dormait dans sa chambre : « Je veux partir et arrêter zazen! » Je lui ai tout raconté. Il a éclaté de rire. « Dans l'histoire du zazen, vous êtes sûrement le seul à avoir frappé le porteur de kyosaku! » Cette histoire est très célèbre au Japon. Depuis, les moines Rinzai et Soto ont peur de moi. Kodo Sawaki disait : « Attention! attention! il est venu faire zazen! Quand vous frappez Deshimaru, faites attention. » Pendant les sesshins, personne ne me donnait le *kyosaku* : Ils avaient peur. Le responsable du kyosaku faisait toujours un détour en passant derrière moi. Mais mon comportement n'avait pas été juste et, par la suite, je l'ai regretté.

Ensuite, j'ai rendu visite à Kodo Sawaki. Il ne m'a pas du tout incité à faire zazen. Je voulais faire zazen, mais il disait : « Il ne faut pas faire zazen, cela fait mal. *Namu Amibadu,* c'est plus facile. » Du coup, j'avais encore plus envie de faire zazen.

Le karma non manifesté

J'ai composé un poème en écoutant une nuit le son du torrent de Val-d'Isère :

Quand je me tourne vers les dix années, déjà,
Que j'ai passées en France,
Bien, mal, gain, perte, tout fut vécu
Comme dans un rêve.
Au pied du refuge montagnard, au mois d'août,
Le son de l'impétueux courant.
A minuit, le vrombissement torrentiel se déverse
Par ma fenêtre vide.

Le karma non manifesté, *mushogo,* n'est pas en contradiction avec la doctrine de la disparition instantanée, selon laquelle tous les phénomènes étant illusion, imagination, saisis dans le mouvement par notre conscience, n'ont pas de réalité Cette irréalité est l'aspect véritable de toutes les existences, sans cesse mouvantes. En fonction du temps, cette donnée de notre conscience (et de son corollaire, la durée), nous désignons le mouvement par les termes de passé, présent et futur. Dans le bouddhisme, la réalité signifie : l'existence. Dans la mesure où il ne s'agit pas seulement de l'existence positive, affirmée, du mouvement de l'énergie, mais également de la non-existence, cette réalité est l'existence absolue.

Le Bouddha fut défavorable à la notion de *samsara* (transmigration). Car l'écho, la réflexion, la réverbération du karma non manifesté ne déterminent pas l'après-mort. Le karma de surface, manifesté par le corps et la parole, se transforme en écho, une réverbération qui influe sur les actions ultérieures. Ce karma manifesté devient également un obstacle à la création de bon karma sous forme non manifestée. Cela correspond au pouvoir du subconscient dans la psychologie moderne, bien que la doctrine bouddhiste pousse l'analyse beaucoup plus profondément.

Après la mort, *mushogo,* le karma non manifesté prend fin; et cela répond à la question : « Comment pouvons-nous couper les racines du karma non manifesté ? » Par la mort. Ou bien, si vous avez la même attitude d'esprit que pendant la mort. C'est la conscience *hishiryo* de zazen, le *nirvana* vivant. Ainsi pouvez-vous couper le karma non manifesté. Toutefois, celui-ci réapparaît lorsqu'on cesse d'avoir l'attitude juste de l'esprit pendant zazen. Continuez donc zazen !

Les psychologues modernes s'accordent à dire que si l'on trouvait la solution pour épurer, vider le subconscient, ce serait une immense découverte, plus importante que celles faites en physique nucléaire, et qu'elle apporterait un bienfait énorme dans le progrès de la civilisation. Zazen, depuis des siècles, est la méthode. Bien sûr, du temps de Dogen, les sciences physiques et psychologiques n'existaient pas, il était certes difficile d'expliquer cela, au seul moyen de poèmes ou d'écrits littéraires. Dogen dans le *Fukanzazengi* a toutefois expliqué : *Qu'est-ce que hishiryo ? C'est penser sans penser, ne pas penser mais penser. C'est l'au-delà de la pensée, la pensée absolue.* On ne pense pas, mais l'inconscient s'élève, et on pense inconsciemment, à partir du thalamus, du cerveau central, puis la véritable pensée apparaît, la pensée sans pensée, au-delà de toute pensée.

Le rêve durant le sommeil joue un rôle très important, car

l'inconscient s'élève, se libère, et fait disparaître la fatigue cérébrale (même si quelquefois une fatigue physique est ressentie au réveil à la suite d'un sommeil agité). Les personnes en bonne santé ne se souviennent généralement pas de leurs rêves. Le rêve en lui-même ne constitue qu'un élément de cette libération du subconscient, car le karma se reforme durant l'état de veille, et cette succession constitue un cycle sans fin. Une longue pratique de zazen est nécessaire pour épuiser ce subconscient.

Il y a deux méthodes pour éduquer, exercer la personnalité de l'homme :

1. Enseigner comment changer le cerveau, la conscience, par la morale, et plus profondément par la religion. « Vous devez réfléchir, dit le Maître, être discret, vous réfréner, être prudent, modéré, vous contrôler. » Par le contrôle de soi, vous pouvez corriger les pensées, les actions de votre vie quotidienne.

2. Il y a une autre méthode, différente : « Menton rentré, tendez la colonne vertébrale. Gardez la posture juste. » A partir du corps, on influence l'esprit. Pendant zazen, nous ne pouvons pas du tout bouger. C'est tout à fait la posture juste. Le comportement, la posture influencent la pensée, le cerveau. Pendant zazen, beaucoup de pensées surgissent, mais vous pouvez vous voir vous-même très objectivement. Vous laissez passer vos pensées, comme des reflets qui passent sur un miroir.

Dans les textes Zen, on ne peut trouver de conception du karma. Car, dans le Zen, karma a la signification de manière, comportement. Les actions dans le dojo sont donc très importantes. Quand vous entrez, il faut passer par la gauche près de la colonne à gauche de la porte, et entrer du pied gauche. Les règles, les manières sont aussi très sévères et pas seulement la posture de zazen. Il faut suivre les règles, les méthodes du dojo. A partir des manières, on éduque l'esprit. Après le *kaijo* (tambour), on met *kesa* ou *rakusu* au sommet de la tête, on chante le *Dai Sai Daisai Gedapuku,* et après l'on revêt *kesa* ou *rakusu*. Devant le Maître, pendant la *sesshin*, il est nécessaire de porter le *kesa*. Les manières révèlent une grande importance dans le Zen. Aussi karma veut-il dire *kai*. Si l'on suit les *kai*, les manières et le karma deviennent bons; ils ne cessent de s'améliorer. Le karma cesse d'être erroné. Par cette éducation, par cette méthode, on fait comprendre aux disciples que c'est *muga*, le non-noumène, la non-substance, *ku*.

Dokan, la répétition, l'entraînement du corps se révèle fondamental. Répéter la posture, les gestes, les attitudes, les cérémonies.

Shiki Soku Ze Ku
Ku Soku Ze Shiki

Dans *shiki*, nous devons trouver *ku*. Dans le karma, nous devons trouver le non-noumène, l'absolu. Nous devons faire zazen dans le karma, dans les phénomènes de la vie quotidienne. *Shiki soku ze ku*. A l'inverse, nous devons aussi trouver *shiki* dans *ku*. *Ku soku ze shiki*. Pendant zazen, dans *ku*, nous devons observer et comprendre notre *karma*. Les débutants qui chantent pour la première fois le *Bussho Kapila*, le long sutra des Repas, sont certainement étonnés de cette façon de prendre les repas.

La deuxième strophe dit :

La première cuillerée est pour couper tout le mauvais karma.
La deuxième pour produire le bon karma.
La troisième pour aider tous les êtres.
Avec tous les êtres nous devons obtenir le satori.

C'est un sutra très long, pour un simple bol de soupe *guen mai*. Pendant la récitation du sutra, vous pouvez vous observer vous-même. Lorsque vous retournez de nouveau dans les phénomènes, dans votre univers social et familial, n'oubliez pas *shiki soku ze ku*. Dans les phénomènes, trouvez *ku*, trouvez zazen.

Pendant zazen, dans *muga*, le non-ego, nous devons

comprendre notre karma, et dans le karma de notre vie, nous devons comprendre notre *muga, ku*. Alors *muga* devient le karma, le karma devient *muga*, non-noumène. *Muga, zazen*, et karma sont en unité, sans dualisme. *Bonno soku bodai*. Les bonnos deviennent le satori. Le Zen de Dogen ne consiste pas seulement en zazen, mais également en la concentration sur chaque action de la vie : au moment des repas, pendant le sommeil, la toilette, le nettoyage, le travail... Le Zen existe partout.

Qu'est-ce qu'une *sesshin ? Ses :* « toucher »; *shin :* « l'esprit ». Toucher l'esprit. Ce n'est pas toucher l'esprit égoïste. C'est toucher l'esprit de Bouddha. L'esprit de Dieu. Toucher le pouvoir cosmique fondamental en suivant l'ordre cosmique. Zazen est le *shikantaza* total. *Shikan :* seulement se concentrer. *Taza :* posture assise. Ce n'est pas une simple assise. La nature elle-même et tout le cosmos font zazen. Et il ne doit rien demeurer de l'ego. Je parle toujours d'abandonner l'ego, l'égoïsme, de faire zazen avec tout le cosmos. Dieu, Bouddha font zazen! Mais le karma de chacun se manifeste durant zazen. Il n'est pas nécessaire d'arrêter les éléments sub conscients qui apparaissent alors, vous pouvez les observer sans entretenir de pensées. Pendant zazen, nous devons dévouer notre esprit et notre corps entièrement à Dieu ou Bouddha. C'est suivre l'ordre cosmique, totalement, parfaitement. La posture est primordiale. Si votre posture est juste, vous pourrez suivre tout naturellement l'ordre cosmique. Si vous êtes malade, vous ressentirez des douleurs. Si votre ego est fort, vous ne pourrez pas vous harmoniser avec l'ordre cosmique. La respiration est importante; il ne s'agit pas de contrôler la respiration. Elle se contrôle elle-même, elle se fait inconsciemment par le corps. Notre respiration est l'action de la nature du cosmos, et le rythme de cette respiration est le rythme de la puissance cosmique fondamentale.

Notre karma s'élève comme les vagues sur l'océan. Petites ou hautes, les vagues retournent à l'océan comme le karma s'apaise après quelque temps de pratique. Le souffle se calme avec la posture correcte, comme l'a dit Maître Dogen : *Le corps juste, la posture juste, l'assise droite, contrôler sa respiration.*

Nous ne devons pas rechercher de satisfaction personnelle pendant zazen, avoir un objectif, imaginer un but, car il est en fait tout à fait vain de rechercher des effets, des résultats quelconques.

Zazen est le contraire de la danse. La danse représente les phénomènes de notre karma. L'être humain veut bouger. Dans le passé (et dans certains corps de métier, de nos jours encore), on avait une activité physique très importante. Ne fût-ce que pour trouver sa nourriture, on devait faire des efforts physiques. De nos jours, l'homme devient de plus en plus sédentaire; lorsqu'il doit se déplacer, il le fait en véhicule motorisé, dans son travail, il s'assied derrière son bureau ou sa machine; chez lui, encore, il s'assied. Mais le besoin de bouger ressort nécessairement; on peut le remarquer chez les personnes qui vont danser et qui remuent corps et tête en tous sens. Les intellectuels bougent tout particulièrement la tête. Le karma se manifeste... De plus, l'homme moderne a oublié la nature. Il ne peut plus revenir à l'harmonie naturelle qui le relierait à l'ordre cosmique.

Pendant zazen, vous pouvez tout ressentir, le bruit de la nature, les sons du torrent. Zazen est indispensable pour suivre totalement l'ordre cosmique, abandonner complètement l'ego et obtenir ainsi inconsciemment, naturellement, automatiquement le pouvoir cosmique fondamental. La posture de zazen elle-même est Dieu, Bouddha, l'univers et le cosmos tout entier.

Nous autres humains avons une existence semblable à celle du soleil ou des étoiles et de toutes les galaxies du cosmos, pareille à celle des bactéries et des champignons. Zazen est le fait de la nature située au-delà des données de l'homme. Zazen transcende l'humain en le ramenant à la vérité du cosmos. Aussi, pendant zazen, tout ce qui spécifie l'humain doit-il être abandonné. Les idées ne doivent pas être entretenues, l'acte volontaire réfuté. Les *koans,* par exemple, sont une erreur lorsqu'on les médite en zazen. C'est un jeu intellectuel, mais pas le vrai zazen. C'est intéressant, cela fait passer le temps; mais on ne peut jamais résoudre de *koan* par des concepts intellectuels.

Qu'est-ce que *mu?* Quel était mon visage avant la naissance de mes parents? Les intellectuels font erreur lorsqu'ils croient pouvoir trouver la vérité au moyen de leurs concepts et catégories mentales. D'autres croient avoir le *satori,* mais ils ne font qu'imaginer leur *satori* personnel. Ces gens-là courent seulement après leur autosatisfaction, ce qui n'est guère mieux qu'un désir sexuel ou l'envie d'un bifteck. Ce *satori*-là est la simple satisfaction de leurs propres désirs.

Pendant zazen, la recherche de votre autosatisfaction doit disparaître : vous devez abandonner l'ego, vous harmoniser avec l'ordre cosmique. C'est le vrai zazen, le vrai *satori.* Aussi, je dis toujours que la posture de zazen elle-même est le plus haut des *satori.* A ce moment, même si le karma apparaît, il est possible de suivre l'ordre cosmique. Pour l'être humain, existent le succès, l'échec, l'accident, le bonheur, le malheur, le bien, le mal. Dans la nature, il n'y a rien de tout cela. L'homme crée ces catégories, mais, lorsqu'il redevient unité avec le ciel et la terre, avec le cosmos, alors disparaît toute notion de succès, d'échec, de bonheur, de malheur... La nature ne connaît ni le bien, ni le mal, ni le bonheur, ni le malheur, elle suit, elle est l'ordre cosmique. Pour le cosmos n'existent ni miracle, ni mystère, ni étrangeté, mais l'homme ignorant tout du cosmos croit à l'étrange, au miracle, au mystère...

Nous devons nous concentrer dans chaque moment, et la succession de chacun de ces moments forme la ligne continue de la vie. Ainsi notre vie est-elle une vie de concentration. Si chacun de nos « ici et maintenant » est vide, notre vie entière demeurera une bulle creuse, qui aboutira finalement à un cercueil creux. Le troisième patriarche après Bodhi-

dharma, Maître Sosan, a écrit dans son ouvrage le *Shin Jin Mei* :
La Voie la plus haute n'est pas difficile.
Il faut seulement rejeter toute discrimination.

Seul l'homme ignorant qualifie de bien ce qu'il juge bien, et de mal ce qu'il juge mal.
Si nous voulons nous défaire de toute préoccupation sur la vie et la mort, nous devons pratiquer shikantaza, la voie la plus haute et excellente entre toutes les méthodes.
Zazen n'est que la pratique qui consiste à passer la journée assis, face au mur, paisible, sans action du corps, ni de la bouche, ni de la conscience; simple assise paisible sur un zafu rond, dans un lieu calme.

Il n'y a rien d'étrange, ni de miraculeux, ni de mystérieux à cela; mais cela amène des mérites infinis. Aussi, je vous en prie, ne passez pas vainement votre vie.
Dans le christianisme, la prière tient une place importante. Dans le Zen se pratiquent les *kito*; c'est un peu différent de la prière, et synonyme de grâce, de cérémonial. Je les pratique quelquefois, le soir au dojo. Pendant que l'on récite le *Hannya Shingyo*, j'ouvre le gros livre qui renferme ces sutras mystérieux, le *Dai Hannya Kyo*, le *Rishu Kyo*[1]. Je le déploie à la façon d'un éventail, en faisant retomber les feuillets d'un côté, puis de l'autre. Mais ce faisant, je n'agis ni pour Dieu, ni pour Bouddha; j'agis pour l'homme, en usant d'un moyen qui doit lui procurer bonheur et santé. Ce n'est qu'une cérémonie de dimension inférieure, l'aspect phénoménal du

---

1. *Dai Hannya Kyo.* Le sutra de la Grande Sagesse, qui expose la doctrine de *ku (sunyata).* Ce fut un des tout premiers sutras publiés, dont la rédaction et la structure complète furent achevées dans le courant du Ier siècle de l'ère chrétienne. Quant au *Rishu Kyo*, appelé aussi *Hannya Rishu Kyo*, il expose la vérité de *Prajnaparamita* (« la Sagesse Parfaite ») telle qu'elle fut enregistrée par le Bouddha Vairocana. Il appartient à l'enseignement du bouddhisme ésotérique *(Mikkyo)*.

Hannya Kyo. Quand j'étais jeune, je me demandais toujours pourquoi Dieu ne répondait pas à mes prières. Je posai la question à un prêtre, qui me dit : « La réponse de Dieu est le silence. » J'en fus impressionné. Ce prêtre était très habile ! Mais, par la suite, je sentis que sa réponse n'était pas suffisante. Saint Augustin a dit que la prière est une conversation avec Dieu. Il y a échange de paroles, questions et réponses. . Dans les *mondo* Zen, le Maître répond parfois par le silence. Ce silence est en soi la réponse. Et il répond ensuite à la question posée. Avec Dieu, il n'en est pas ainsi. Sa réponse, finalement, est de nous conduire à la communion ; la communion avec la Trinité, avec lui-même ou avec le Christ. Mais on ne peut dire de cette communion que c'est une réponse ; il s'agit plutôt du fruit, du mérite ultime de la prière et de la dévotion. Maître Eckhart a dit de la prière qu'elle aboutit en dernier lieu à l'union ; et la réponse de Dieu n'est autre que : « Tu es mon fils. » C'est la réponse la plus intime de Dieu le Père à sa progéniture. La réponse de Dieu le Père à Dieu le Fils s'opère à travers l'Esprit Saint qui pénètre le Fils ; à ce moment-là s'établit la communion. Dans le Zen, c'est à travers zazen, dans son corps, qu'on expérimente la vérité et que l'on communique directement avec le pouvoir cosmique fondamental. La fin est la même, mais l'explication paraît plus rationnelle, plus simple, dépourvue de mystère. Faites zazen et vous deviendrez Fils de Dieu. C'est simple !

En Europe, philosophes et théologiens négligèrent abusivement le corps. Le corps était souillure, source de tous les péchés, alors que l'esprit seul non seulement était pur, mais encore salvateur. C'était omettre de façon regrettable les erreurs issues de l'esprit. Cette omission fit sombrer les religions dans l'imaginaire spiritualiste. Aussi, maintenant, le christianisme veut-il utiliser le zazen. Plusieurs fois j'ai enseigné zazen à des moines chrétiens... Je dis toujours que zazen, en soi, est Dieu ou Bouddha. A travers la posture on devient le Fils. Pas nécessaire de donner des explications complexes, d'édifier des philosophies compliquées. L'enseignement du Christ est simple; avec le temps, l'homme l'a complexifié, obscurci, et s'en est éloigné.

Il est courant actuellement de vouloir établir des relations entre l'expérience vécue dans le Zen et l'expérience mystique dont parle Eckhart. L'expérience mystique a souvent été controversée dans le Zen du fait qu'elle a été considérée comme étant de nature dualiste dissociant corps et esprit. Le corps est souillé; aussi l'esprit veut-il fuir le corps pour retrouver la pureté. L'Esprit-Saint pénètre l'esprit de l'homme qui devient Esprit du Fils Unique en unité avec Dieu. Le corps est ainsi négligé, mis au rebut. La communion divine, la fusion mystique est recherchée au moyen du rejet du corps. Cela est proche du Zen Rinzai dans sa recherche du *satori,* (appelé *kensho :* nécessité de trouver la nature de Bouddha), où les *koans* sont censés jouer un grand rôle. C'est pourquoi le christianisme comme le Zen Rinzai sont des religions affaiblies, rejetant le corps et surestimant la fonction de l'esprit. L'imaginaire, le rêve se substituent de façon dangereuse à la réalité vécue à travers le corps. Dans le Zen Soto, la posture est primordiale, ensuite vient la respiration, et les deux simultanément définissent l'attitude de la conscience. La concentration commence par la concentration sur le corps. Dans le corps doit être réalisée la nature de Bouddha. Zazen est *mushotoku,* sans but, sans recherche de *satori,* ou de la nature de Bouddha. Zazen lui-même est le *satori* parfait. Notre corps, mais aussi notre esprit doivent être abandonnés, dans l'exacte posture de zazen.

Il faut reconnaître à Maître Eckhart [1] la dimension élevée de sa mystique qui atteste d'une très profonde compréhension. Il réprouve toute notion dualiste du corps et de l'esprit et, lorsqu'il parle de l'homme, il considère la créature dans sa

---

1. Maître Eckhart (1260-1328). Moine dominicain, théologien et mystique, réformateur de son ordre. Provincial de Saxe, puis vicaire général de Bohême, il enseigna à Paris et parcourut à pied toute l'Europe du Nord, prêchant et fondant des monastères. Son enseignement fut combattu par l'Église officielle. Voir *Les Traités* et *Sermons,* éd. du Seuil

totalité. Il dit : « Là où finit la créature, là commence l'être de Dieu. Tout ce qui t'est demandé, c'est de laisser Dieu être Dieu en toi. » Et il parle de ce vide qui doit entraîner toute disparition d'images, car « la moindre image barre à Dieu le chemin ». Ou encore : « L'abandon le plus élevé et le plus total que l'homme puisse faire, c'est l'abandon de Dieu pour Dieu. Tant que l'âme a encore un Dieu, connaît Dieu, a la moindre notion d'un Dieu, elle est encore éloignée de Dieu. C'est dans ce sens qu'il faut entendre la mort la plus intime de l'âme, celle qui lui permet de devenir divine. »

La mystique de Maître Eckhart est une mystique de la pauvreté en esprit, donc du dépouillement, privée de toute compromission avec l'intellectualité, comme il l'exprime dans son sermon :

Pourquoi nous devons nous affranchir de Dieu lui-même.

« Celui qui est pauvre en esprit doit être dépouillé de tout savoir propre, de telle sorte qu'il ne sache absolument rien ni de Dieu, ni de la créature, ni de soi-même. D'où la nécessité pour l'homme d'aspirer à ne rien savoir, à ne rien connaître des opérations divines. » Telle est, pour Maître Eckhart, la démarche de l'homme noble, c'est-à-dire de l'homme qui réalise la pauvreté totale, le dépouillement du créé et de Dieu lui-même, la libération de soi et la libération de Dieu. En cela, il est très proche du Zen authentique, par la place éminente qu'il attribue à l'abandon du corps et de l'esprit, à la transcendance du temps et de l'espace, pour que vive l'éternité dans « le temple vide de l'homme » unifié en Dieu.

L'unité Dieu-homme conduit directement à l'égalité de toutes les existences entre elles. « Tant que l'âme n'a pas abandonné Dieu, elle est mue par des désirs. Elle agit en créature située dans la dualité, souffrant et jouissant, distinguant les êtres autour d'elle. La mouche en Dieu est plus parfaite que l'ange le plus élevé hors de Dieu. » Dès lors, l'amour universel joue un rôle important, car l'homme unifié avec Dieu doit pouvoir considérer l'unité de toutes les créatures, et les aimer d'un amour égal, sans différenciation. Cette notion est très proche de la compassion bouddhiste, du *mushotoku* du Zen. Toutefois, Maître Eckhart n'a pas donné de méthode pour accéder à cette non-pensée, à la concentration *Mushotoku,* à ce qu'il nomme « le vide de l'âme ». Comment y parvenir ? Comment lui-même y est-il parvenu ? C'est l'élément pratique qui manque à toutes les mystiques.

Zazen est la plus haute et la plus pure des postures pour prier Dieu, la plus haute des postures pour se fondre dans le pouvoir cosmique fondamental. Le Saint-Esprit dont parle Paul est une notion proche du *Kensho,* du satori du Zen Rinzai. Il écrit en effet : « Par le Saint-Esprit, je vis dans la nouvelle et fraîche vie. » En unité avec le Christ, avec Dieu, le corps devient temple de l'Esprit-Saint. En recevant l'Esprit de Dieu, l'homme n'est plus « l'Adam corruptible tiré de la terre », mais « le dernier Adam incorruptible et céleste qui hérite du royaume de Dieu ». A travers le Christ « l'homme glorifié dans le Seigneur » hérite de la Sagesse divine. « Nous prêchons la sagesse de Dieu, mystérieuse et cachée, que Dieu, avant les siècles, avait destinée pour notre gloire. Mais comme il est écrit, ce sont des choses que l'œil n'a point vues, que l'oreille n'a point entendues, que Dieu a préparées pour ceux qui l'aiment. Dieu les a révélées par l'Esprit, car l'Esprit sonde tout, même les profondeurs de Dieu. Or nous n'avons pas reçu l'esprit du monde mais l'Esprit qui vient de Dieu, et nous en parlons, non avec des discours qu'enseigne la sagesse humaine, mais avec ceux qu'enseigne la Sagesse de l'Esprit » *(première Épitre de Paul aux Corinthiens, II, 7 à 13).* Le thème de ce passage est très proche du monde de *Hannya* du bouddhisme *Mahayana.*

Le Christ en prière... Quel était son mode de méditation ? Quelle était sa posture ? A travers sa prière et sa méditation, il a fait l'expérience de l'Esprit. Chez le Christ, la méditation se fait à travers le corps, dans l'unité du corps-esprit.

Écoutant le son de la vallée,
Regardant la couleur de la montagne,
Il s'unit à Dieu.

Zazen est en unité avec la vie cosmique, avec le monde divin, ou la puissance cosmique fondamentale. On peut lire dans le *Rinzai Roku* (notes de Maître Rinzaï) : « Quand vous éveillez votre esprit à l'Unique Pensée, l'illumination pure apparaît; c'est votre bouddhéité. » L'illumination pure est inscrite dans la Pensée Unique issue de l'état de conscience pendant zazen. C'est, en vous la bouddhéité, c'est-à-dire l'illumination de Bouddha en votre esprit. Dans le Soto, il n'y a pas d'illumination à rechercher : nous sommes pénétrés du pouvoir cosmique fondamental à travers zazen.

L'esprit sans but ni profit

Ayons l'esprit *mushotoku,* sans rien chercher à obtenir, sinon nous tombons dans l'égarement. Le Zen signifie tout arrêter, tout abandonner, se défaire de toute pensée, de toute idée, se débarrasser de tout rêve et de toute illusion, perdre toute notion et toute conception, se libérer de toutes les données de notre conscience. Attitude très forte... C'est pourquoi, il y a des gens qui ne peuvent supporter, comme cet homme parti en disant : « Je ne peux rien obtenir du Zen, je m'en vais! » Sans le vouloir, il a certifié que dans le Zen, il n'y a rien à obtenir. Si vous pensez avoir trouvé ou obtenu quoi que ce soit, je peux vous dire avec une absolue certitude que votre Zen est totalement faux. Dans les premiers temps du bouddhisme en Inde, il est arrivé qu'une certaine école divisât la pratique du Zen en étapes; des étapes dans la voie d'obtention du satori. Mais ni Bodhidharma, ni Dogen n'en reconnurent la signification ni n'en admirent la présence dans la Voie du Zen. Il fut toutefois reconnu dans le Zen quatre formes d'attitude de l'esprit. *La première, jin shiki raku,* désigne la volonté de rejet des diverses actions de notre conscience, en vue de l'obtention de la joie véritable. C'est l'attitude volontariste à la recherche de la satisfaction par la joie. Mais si l'on continue zazen en s'approfondissant, on arrive à *la deuxième condition de l'esprit,* qui est la condition extatique issue de ce rejet, de l'abandon de toute pensée et de toute volonté. Ce qui conduit à *la troisième condition de l'esprit :* l'esprit est pénétré par la joie profonde et véritable jusqu'au tréfonds du corps. A cet instant, on peut dépasser cette condition. On arrive alors à *la quatrième condition de l'esprit,* où, par l'abandon de tout attachement, n'existent plus ni souffrance ni plaisir, mais le seul état de pureté totale et de paix profonde. C'est la condition de *satori,* c'est *mushotoku.*

Inconsciemment, naturellement, automatiquement! Si l'on est simplement concentré, dans la posture rigoureusement exacte et la respiration juste, on peut alors obtenir l'Esprit-Saint, inconsciemment, naturellement, automatiquement... Quand on s'est libéré de l'ego, qu'on a tout abandonné, l'Esprit-Saint nous pénètre totalement. En continuant zazen, on peut faire l'expérience de cet état de vraie pureté, par-delà tout contentement et toute souffrance.

Par l'abandon total de toute volonté, de toute pensée et conception, le véritable esprit pur se manifeste. Le cerveau est nettoyé, lavé, clarifié. Dans la vie, seules les pensées importantes surgissent par l'intuition, elles se manifestent, et par la sagesse se réalisent, inconsciemment, naturellement, automatiquement. Par la pratique continue de zazen, l'esprit pénètre profondément le corps; il devient le corps; c'est alors le corps qui pense; l'action devient purement intuitive, infiniment plus juste que l'action issue de la pensée discursive et de la volonté. Dans notre civilisation on assiste la plupart du temps au processus inverse. A partir du corps, on remonte vers l'esprit. Le corps a des désirs, l'esprit cherche le moyen de les satisfaire. Pendant zazen, l'esprit investit le corps et y anéantit les désirs latents; ainsi peut-on accéder à la vraie liberté de l'esprit et du corps pleinement unifiés. L'esprit n'est plus entravé par la nécessité de satisfaire des désirs (physiques et intellectuels) qui n'existent plus; tout dualisme, toute tension et tiraillement s'évanouissent, laissant place à l'unité totale de pensée et d'action.

Lorsque le Christ, dans sa prière, fut investi par l'Esprit, il accéda au plus haut bonheur, au plus paisible des bonheurs, sans pensée, sans conscience; il fut absorbé dans son corps par la Pensée Cosmique infinie. L'Esprit-Saint pénétra jusqu'au tréfonds de son corps, jusqu'à la plus infime parcelle de ses cellules. Cela diffère de l'imagination, du rêve, de la spéculation, de la philosophie, de la science, de la psychologie, de la dansologie, de la sexologie, de la drogologie... Amusements de notre temps, amusements d'intellectuels. L'Esprit n'est pas une création de notre esprit. Au contraire, quand notre esprit est vide, Il se manifeste. La puissance cosmique fondamentale nous investit. Dès l'instant où nous comprenons que tout le cosmos est Dieu, que toutes les créations sont semblables entre elles, nous avons alors l'illumination de Bouddha. Par cette foi, qui s'approfondit à chaque instant, la vie divine ou l'illumination de Bouddha, infinie et éternelle, pénètre le tréfonds de notre esprit-corps. Par l'élargissement et l'approfondissement de cette relation mutuelle, de cet échange entre Dieu et nous-même, s'enrichit notre vie spirituelle et s'appauvrit notre vie égoïste. Du sommet de la montagne, le panorama est vaste et s'étend à l'infini. Ainsi peut-on voir l'égalité de toutes les voies, christianisme ou Zen, qui s'acheminent vers ce sommet de vérité et de vie.

Où est la voie, la vérité, la vie?

Si l'esprit bouge, le corps bouge.

Si le corps bouge, l'esprit bouge.

Je me suis beaucoup amusé à étudier la danse. Dans la danse, le corps suit l'esprit, très précisément; la danse ne naît pas à partir du corps, elle est l'expression fidèle de l'esprit, à travers le corps. Pendant qu'on danse, on agit inconsciemment.

Tout l'inconscient se manifeste à travers les mouvements; aussi ne peut-on observer son corps, ne peut-on comprendre son véritable visage. Pendant zazen, on peut observer son esprit, voir son visage, comprendre son corps. Pendant zazen, contrairement au sommeil, notre corps est dans un état de tension totale et vivante, notre esprit dans son plus haut degré d'éveil; c'est la vigilance parfaite du corps-esprit.

Entre la communion divine du Christ et le *satori* du Bouddha, sous l'arbre de la bodhi, il n'y a guère de différence. Dans le cas du Christ, le pouvoir cosmique fondamental entra dans son corps. Régénéré par l'Esprit, Jésus devint le Christ-Fils-de-Dieu, comme Shakyamuni, après quarante-huit jours de méditation et à l'aube du quarante-neuvième, en contemplant l'étoile du matin scintillante, devint Bouddha. C'est-à-dire qu'il réalisa que toutes les existences et tous les *dharmas,* étaient le principe actif du cosmos et sa manifestation. Il s'éveilla au fait que la puissance cosmique fondamentale devint lui-même, et lui-même était la réalisation.

« Ne pas bouger! » Qu'est-ce qui a bougé? Le corps? L'esprit? *Koan.* J'ai conservé un poème de Maître Jiun calligraphié par Kodo Sawaki. Jiun fut un très grand Maître. Il était moine Shingon, mais pratiquait chaque jour zazen. Voici ce poème :

Lorsque l'esprit bouge,
La montagne, le fleuve et la grande terre
Bougent de même.
Lorsque l'esprit est immobile,
Le vent qui souffle,
L'oiseau en vol,
Les nuages voguant
Demeurent immobiles.
Dans l'état de mushin (non-esprit)
Demeure la vie éternelle,
Le plus grand bonheur.
Par la pensée,

Apparaissent les souffrances;
De la non-concentration,
S'élèvent les maladies.
Demeurant dans la paix absolue
Du Ciel et de la Terre,
Dans l'harmonie du cosmos,
S'accomplissent
Les mille automnes
Et les dix mille printemps de notre vie.

Mon maître Kodo Sawaki aimait beaucoup ce poème qui fut pour moi un grand koan. Dans la vie sociale, tout le monde veut bouger; le mouvement est plus intéressant que l'immobilité; on aime danser, parler, penser : mouvement du corps, de la parole, de l'esprit. Mais, dans le dojo, plus de deux cents personnes font zazen, sans bouger. Cela peut paraître très étrange à notre époque, un grand mystère de la fin du XXᵉ siècle. A ce contact, même les enfants se calment, même le chien est couché, paisible.

Si l'on fait taire nos six sens, notre esprit s'immobilise dans le silence et la pureté de la non-forme originelle. Certes cela est difficile à pratiquer dans la vie quotidienne, où la fonction de chacun des six sens est requise. Toutefois, par la pratique continue de zazen, chacun de ces sens peut être inféodé au pouvoir de contrôle de l'esprit qui est développé durant zazen. Et dans le mouvement, l'action peut devenir libre et tranquille, insoumise aux passions des sens.

La compréhension intellectuelle est nécessaire et utile dans l'accomplissement de nos actions. Mais elle n'est qu'une occasion pour aller plus loin dans l'expérience du vécu. La véritable compréhension passe par le corps. Je dis toujours qu'on ne peut comprendre le goût d'une pomme si on n'y a pas goûté. Les sutras, la théologie, l'enseignement de l'éthique ne sont rien, s'ils sont simplement compris intellectuellement, s'ils ne conduisent pas à la pratique. Une nouvelle théologie pratique est nécessaire de nos jours, qui doit être construite sur les ruines des vieilles théologies, effondrées sous le poids de leur dogmatisme.

Dans le Zen, *shikantaza* a été pénétré par tous les grands maîtres de la transmission. La transmission de cette expérience religieuse est une donnée spécifique du Zen et sa caractéristique fondamentale. Zazen et vie quotidienne, zazen et *samu* (travail manuel), envers et endroit d'une même feuille, l'un ne va pas sans l'autre, l'un et l'autre sont en relation de dépendance et d'influence mutuelles. Le geste du Christ qui m'a le plus impressionné est celui qu'il a eu envers ses disciples au moment de la Cène. Il lave les pieds de chacun et leur dit : « Si je vous ai lavé les pieds, moi, le Seigneur et le Maître, vous devez aussi vous laver les pieds les uns les autres, car je vous ai donné un exemple afin que vous fassiez comme je vous ai fait : car en vérité, le serviteur n'est pas plus grand que son Seigneur. Si vous savez ces choses, vous serez heureux pourvu que vous les pratiquiez. » Un état d'esprit oublié de nos jours par les religieux : l'action humble. Je veux bien laver les pieds de mes disciples ! Lorsque je suis arrivé à Paris, du matin au soir, je faisais des massages, c'est plus difficile que de laver les pieds.

La foi est la donnée de base de la spiritualité, la donnée fondamentale et primordiale; la plus importante, car elle déterminera la force du dévouement, l'empressement à l'application dans la pratique de la Voie. C'est une donnée irrationnelle, elle-même née de l'irrationnel; car la foi s'éveille d'une manière abrupte et impromptue, à partir de faits impressionnants qui font vibrer en l'homme les cordes ténues du sentiment religieux.

La religion sans pratique est vide, elle perd sa raison d'être : la communion, qui s'établit à travers la prière et la méditation, est le fait fondamental qui sépare la religion du discours théologique et de la philosophie. L'expérience religieuse doit conduire à résoudre, de l'intérieur, les problèmes rationnels que pose la philosophie, conçus dans les limites restrictives de l'intellect. En ce sens, elle est voie de connaissance intuitive et immédiate du Tout. Ouverture sur l'Absolu, elle transcende toute philosophie, théologie et métaphysique, limitées aux données rationalistes de la connaissance logique — discursive et partielle —, enserrées dans le relatif. C'est pourquoi, la philosophie est perpétuellement polémique, parce que hypothétique, sans valeur sûre. Elle évolue sans cesse, alors que la religion est éternellement identique à elle-même, dans la vérité ultime où elle aboutit à travers l'expérience mystique du silence, de la non-pensée, de l'au-delà de la pensée.

S'il existe dans la spiritualité une notion de transcendance, c'est bien de la transcendance des limites de la pensée qu'il s'agit. Dieu, l'ineffable, l'inexprimable, l'invisible est bien transcendant au monde de l'intelligible, à l'homme défini comme être pensant et conscient. Le silence, la fin de toute pensée, de toute parole, de toute spéculation, l'immobilisation de l'esprit rendent Dieu immanent à l'homme. Retour de l'homme à Dieu ou à la puissance fondamentale, réunion de ce qui était auparavant Un.

Certes, il peut exister une certaine corrélation entre la philosophie, en tant qu'amour de la sagesse, et la religion. Cela est surtout vrai pour l'Orient où la philosophie se confond souvent avec la religion. En ce qui concerne la philosophie occidentale, on a pu dire, avec raison, qu'il existe autant de métaphysiques que de métaphysiciens, contrairement à l'Orient qui perpétue une tradition dont le message revêt un caractère invariable du fait qu'elle plonge ses racines dans le vécu de l'expérience religieuse suprême et universelle.

L'Occidental, par sa prédilection pour les idées abstraites, par son goût de la recherche intellectuelle et de la compréhension logique, érige des systèmes qui n'en finissent jamais de se dépasser dialectiquement l'un l'autre. Alors que l'Occidental donne la primauté à l'esprit — c'est-à-dire au mental, à l'intellect — sur le corps, pour l'Oriental, l'esprit (dans cette acception) n'est qu'agitation, mouvement incessant, source de trouble qu'il faut faire cesser par l'ascèse silencieuse. Cela rejoint la mystique occidentale et montre finalement la scission qui s'est opérée entre mystiques et philosophes, ces derniers répugnant à toute ascèse du corps-esprit, d'autant que celle-ci aurait sonné le glas de leurs interminables bavardages. C'est la raison pour laquelle la philosophie occidentale n'a jamais survécu au temps, excepté bien sûr la philosophie de ceux qui ont vécu l'expérience religieuse, et qu'on appelle sages, ou mystiques.

Les religions orientales ne font pas cas de la notion de transcendance. Il y est question de nature. Dans le bouddhisme, l'homme a la nature de Bouddha, qu'il doit retrouver par la méditation. Celle-ci n'est rien d'autre que le silence, la pauvreté d'esprit dont parlent les grands mystiques occidentaux. La dévotion, pour importante qu'elle soit dans cer-taines religions orientales, ne doit pas faire oublier que le culte véritable est intérieur, qu'il est rendu à cet esprit pur et originel que l'homme porte en lui et qui est la nature même de la divinité. Maître Eckhart l'avait compris, ce qui lui valut les persécutions de l'Église; et nombre d'autres mystiques, comme saint Thomas, qui disait : « Nous ne pouvons pas comprendre Dieu par la seule théologie. Nous pouvons comprendre ce que Dieu n'est pas. » Telle est l'idée maîtresse qui fonde l'existence même du Zen! Retrouver la nature de Bouddha, se fondre dans la divinité. Cela présuppose et exige l'abdication totale de la raison. Dieu transcende en effet l'intellect, et se situe au-delà de toute conception. Les propositions théologiques, les arguments (métaphysiques) seraient lettre morte si l'expérience religieuse ne leur donnait pas vie. Aussi le plus important n'est-il pas de porter son dévolu sur le jeu des concepts qui dont dépourvus de contact avec la suprême vérité et qui en éloignent celui qui la recherche. *Le plus important est de s'abîmer sans relâche dans l'assise immobile du corps et le silence de l'esprit qui résument la pratique de zazen.* Zazen est la plus haute attitude de prière, la dimension la plus élevée du culte et de la dévotion.

Interrogé pour savoir quand viendrait le royaume de Dieu,

le Christ a dit : « Le royaume de Dieu ne vient pas sous une forme, sous un aspect visible. On ne dira pas : « Voyez, il est ici ou il est là. Car, voyez, le Royaume de Dieu est au milieu de vous. » Cela veut dire que le Royaume de Dieu existe dans votre esprit.

Le Christ avait exactement compris l'esprit du Zen. Dieu n'existe pas au ciel. Pourquoi serait-il en un lieu lointain? Après le Christ, la plupart se sont trompés. Dieu existe partout. Mais ici et maintenant, il faut savoir où il existe!

Théologiens, philosophes, artistes, écrivains, professeurs, et même religieux ont une vision de Dieu trop objective, tournée vers l'extérieur. Ils ont oublié la recherche subjective. Ils ne regardent pas profondément à l'intérieur de leur esprit. Zazen n'est pas une chose que l'on montre à l'extérieur : c'est se regarder soi-même, profondément, intimement, dans les profondeurs de son esprit. Zazen consiste à trouver, découvrir Dieu à l'intérieur de notre esprit. Pas au fond des cieux! Même le poète Schiller s'y est trompé dans son interprétation poétique, *l'Hymne à la joie,* que Beethoven a mis en musique dans le finale de sa *Neuvième Symphonie :*

Hymne à la joie

Mes frères, cessons nos plaintes!
Qu'un cri joyeux élève aux cieux nos chants
De fêtes et nos accords pieux!...
...Frères, au plus haut des cieux
Doit régner un tendre père.
Tous les êtres se prosternent.
Pressens-tu ce père, Monde?
Cherche alors le Créateur
Au-dessus des cieux étoilés!

Pourquoi devrions-nous chercher Dieu dans les étoiles? Pourquoi demeurerait-il dans les cieux? Ce n'est pas une vision correcte! Pourquoi Schiller n'a-t-il pas dit que Dieu existe dans notre esprit? Mais, après tout, Dieu est peut-être aussi dans les étoiles...

Dogen reçut l'ordination de Maître Eisai, célèbre Maître Rinzai. Il étudia profondément le bouddhisme Tendai. Et cependant, il alla en Chine. Il a par la suite rencontré de nombreux maîtres Rinzai en visitant beaucoup de temples. Puis, à la fin, il reçut le *shiho* de Maître Nyojo, et retourna au Japon. Il voulut alors répandre la pratique du zazen. Il écrivit le *Fukanzazengi*. *Gi* ne signifie pas « poème » ou « sutra », mais « règle pratique ». Il a écrit à la première page : *La Voie existe partout et tout le monde a la nature de Bouddha.* Il n'est donc pas nécessaire de pratiquer une vie difficile dans un temple, comme je le pensais au début, car tout le monde a déjà potentiellement la nature de Bouddha.

Une femme m'a dit : « J'ai déjà l'Esprit-Saint. » Mais si on ne pratique pas, on ne peut pas le réaliser! Quand on fait zazen, on retourne aux conditions normales. La posture de zazen est la potentialité. Dans le *Hannya Shingyo,* nous répétons toujours : *ku soku ze shiki, shiki soku ze ku. Ku* est la potentialité. Mais sa réalisation à travers les circonstances, le karma, donne les phénomènes, les *shiki,* à travers l'interdépendance. *Ku soku ze shiki.* Quand on entre dans le dojo, on devient tout à fait calme. *Shiki soku ze ku.* La potentialité est nécessaire. Les *bonnos* se transforment en *bodhi.* A l'opposé, la *bodhi,* le *satori* deviennent *bonnos.* Une pratique forte est nécessaire. Les grands Maîtres, les grands religieux ont eu une expérience profonde, une pratique dure qui a tout transformé en bonne interdépendance, en bon karma.

Maître Dogen a écrit dans le *Shobogenzo* un passage très important sur l'existence et le temps, *Uji.* Il y a trois sortes de temps :

1. *Le temps commun, ordinaire.* Le passé, le présent, le futur. Cela, tout le monde le comprend.
2. *Le temps subjectif, la durée.* Le courant du temps et le courant opposé qui va du futur au présent et au passé. Si l'on

voyage en train, le train avance, mais le paysage défile et passe, recule. Quand on met le pied, la main dans le courant de la rivière, le pied ou la main restent au même endroit et l'eau passe, passe.

3. *L'essence de la philosophie de Dogen.* Dans la philosophie européenne, on a parlé des deux premières sortes de temps. Mais Dogen a dit que ces deux sortes de temps n'existent pas, car le temps passé est déjà écoulé, terminé. Il n'existe plus. Le temps futur n'est pas encore advenu, il n'a pas d'existence. Le temps n'existe donc pas Seul existe le présent. Le moment, maintenant, existe. Mais si nous suivons ce maintenant, ce point, cet instant, si nous nous concentrons sur ce maintenant... maintenant... maintenant... ce point devient une ligne droite, comme en géométrie. La ligne devient l'éternité, elle est reliée à l'éternité. *Ici et maintenant,* je suis assis en zazen. Ici est le centre du cosmos. Si nous dessinons un point sur un ballon, il est toujours au centre. Si même une seule personne est assise en zazen, son zazen se répand complètement dans tout le cosmos. Et, à l'inverse, tout le cosmos se concentre en vous-même. Vous ne faites que zazen, tout à fait solitaire. Mais toutes les existences sont incluses. Une seule personne faisant zazen a une relation d'interdépendance avec toute l'humanité. Telle est la philosophie de Dogen. Aussi faut-il se concentrer ici et maintenant.

Si le diable vient, frappe-le. Si Bouddha vient, frappe-le. Avec le *kyosaku.* Nous ne devons nous attacher à rien. Il est écrit dans *Shodoka* :

Il n'y a ni Bouddha ni Dieu. Tous les sages et vénérables sont comme des éclairs dans le ciel.

La posture essentielle

Kodo Sawaki me dit un jour : « Pourquoi le Zen m'a-t-il tellement impressionné ? Ce n'est pas tant la lecture du *Shobogenzo* ou des sutras, ni même les paroles des Maîtres ou des moines. Quand je suis entré au temple d'Eiheiji, je n'ai pu devenir moine. Je travaillais aux cuisines. Je ne pouvais revêtir l'habit de moine. Je nettoyais le dojo. J'étais coursier aux cuisines. Parfois, je sortais pour acheter des légumes. Chaque jour, c'était ainsi. Mais, lorsque j'avais du temps, l'après-midi, avant de dormir, je faisais zazen. J'imitais les jeunes moines du dojo d'Eiheiji. Ma chambre était très sale, dans la cuisine, très étroite, à côté des légumes, près des odeurs des navets et des concombres, à côté du *tamari* et du *miso*. Je faisais zazen dans cette chambre. » Un jour, le *tenzo,* le chef de la cuisine, qui est un personnage très important dans le temple d'Eiheiji – il occupe la deuxième ou la troisième position après le chef du temple – ouvrit la porte de la chambre... Il vit alors la posture de Kodo Sawaki, âgé de seize ou dix-sept ans et en fut complètement impressionné. Il fit *gassho*. Il n'a pas fait *sampai,* mais c'était tout juste. Il fit quelques pas en arrière, les mains jointes en *gassho,* les frottant l'une contre l'autre, et dit : « C'est la véritable assise du Bouddha en zazen, le véritable Bouddha vivant! » Il était tout à fait abasourdi. Ce *tenzo* frappait tout le temps Kodo Sawaki et tous les jours se mettait en colère contre lui. Mais ce jour-là, lorsqu'il vit cette posture, il fut tout à fait respectueux. Il fit *gassho* et dit d'une forte voix : « Véritable Bouddha vivant! » Alors Kodo Sawaki pensa : « Seule la posture de zazen est le véritable Bouddha vivant. »

La patience est très importante. La chance, l'occasion de faire zazen n'est pas souvent offerte aux humains. Il ne faut pas courir après le *satori,* mais tout laisser passer, sans s'attacher à quoi que ce soit. Même à l'amour pour Dieu, même à la posture, l'image, l'attitude de Dieu...

Pendant zazen, votre esprit est comme dans un cercueil. Votre vie devient la potentialité cosmique. C'est mon *koan* de Val-d'Isère 1977!

Devant l'université de Komasawa, à gauche et à droite de l'entrée, il y a deux grandes statues en posture de zazen. A droite se trouve le bronze de Kodo Sawaki en zazen. A gauche, la posture nue d'un jeune homme avec une pièce d'étoffe comme un *kesa,* couvrant à moitié l'épaule gauche. C'est la posture très forte d'un homme jeune. Kodo Sawaki est revêtu d'un *kesa* et d'un *kolomo,* pareil à Bouddha. Et à gauche, c'est un homme énergique, sauvage et jeune avec une inscription : « Le Dragon assis. »

Le sculpteur qui avait fait la statue de Kodo Sawaki voulait faire l'année suivante une exposition internationale. Il l'a faite et est devenu célèbre. Il s'en fut trouver Kodo Sawaki : « Je veux représenter une posture de zazen très forte d'un homme jeune. Quelle est la meilleure posture parmi celles de vos disciples ? » J'avais alors vingt-quatre ans. Je n'étais pas moine. Je n'avais reçu que l'ordination de bodhisattva. Il y avait beaucoup de disciples plus anciens. Mais Kodo Sawaki m'a demandé d'être le modèle de cette statue. Le sculpteur est venu chez moi et a pris de moi une photo dévêtue. C'était aussi un jeune disciple de Kodo Sawaki, qui avait à peu près cinq ans de plus que moi. Il m'a demandé de venir dans son atelier, dans la banlieue de Tokyo. Chaque samedi et chaque dimanche, je m'y rendais et faisais zazen, cela dura trois mois. C'était très impressionnant, et je m'en souviens encore. A la fin, Kodo Sawaki est venu dans cet atelier et a corrigé des détails. Il a rentré le menton, un peu creusé les reins, et demandé au sculpteur de tirer un peu les fesses en arrière. C'était une très belle posture !

Pendant l'exposition, de nombreux visiteurs sont venus. Ils ont déposé un don, en argent, devant cette statue. Certains ont offert de l'encens et ont fait *gassho.* Plus tard, le sculpteur a voulu me donner cette statue et l'a transportée chez moi. Je venais de me marier. Ma femme a pris peur. On ne pouvait pas faire l'amour si on la mettait dans la chambre à coucher ! Je l'ai dit à Kodo Sawaki. « C'est vrai, a-t-il convenu, il ne faut pas faire zazen devant votre femme. Cela va certainement l'effrayer. Mieux vaut amener cette sculpture à l'université de Komasawa, cela fera un bon modèle. »

J'allais souvent voir Kodo Sawaki à l'université de Komasawa, il y était devenu professeur et y donnait des conférences. Il était alors à la fois *godo* à Sojiji et professeur à l'université. Avant mon mariage, je dormais chez lui, dans cette université. Quand d'autres professeurs célèbres ou d'autres gens venaient le voir dans sa chambre, il me présentait et disait toujours : « Ce garçon est le modèle de la statue en zazen. Cette sculpture est mieux que la mienne ou que celle du Bouddha. En général, les statues représentent des personnes célèbres, mais ces personnes ne sont pas tellement bien, alors que leur statue les représente sous un noble aspect. »

Les originaux ne sont pas si parfaits. Je devais devenir cette statue. C'était mon *koan,* et pas seulement pendant le temps du zazen. Jusqu'à aujourd'hui, je ne l'oublie pas. C'est devenu un *koan* pour toute ma vie. Cette statue est l'une des causes pour lesquelles je suis devenu moine, inconsciemment. A cette époque je n'y pensais pas tellement, mais dans mon subconscient, je me disais : « Je dois devenir semblable à cette statue... »

Quand je voulais suivre mon mauvais karma, je réfléchissais toujours et me rappelais cette statue. « Je ne dois pas me tromper... » Ma statue m'a guidé dans ma vie! Cette sculpture représentait mon corps... Maintenant, j'oublie ma posture. Je n'y suis pas trop attaché. Je la pratique inconsciemment. Parfois je me corrige, parfois je me concentre sur les *kusen* (enseignement oral). Quand je dis : « Menton rentré! Tendez la taille! Poussez le ciel avec la tête! Poussez la terre avec les genoux! », je m'adresse à moi-même, pas seulement à vous. Il y a plus de quarante ans que je continue. Je parle à mon esprit...

Je vous en prie, faites attention au comportement de votre corps! Votre posture, votre esprit et votre corps sont unité. Si la posture est juste, votre esprit aussi devient juste. Si la posture est immobile, l'esprit aussi devient immobile. Si la posture est tranquille, l'esprit aussi est tranquille. La posture, l'attitude, le comportement influencent l'esprit.

Je vous souhaite bonheur et santé!

Zazen
Posture d'Éveil [1]

La pratique de zazen est le secret du Zen. Zazen est difficile, je le sais. Mais, pratiqué quotidiennement, il est efficace pour l'élargissement de la conscience et le développement de l'intuition. Zazen ne dégage pas seulement une grande énergie, c'est une posture d'éveil. Pendant sa pratique, il ne faut pas chercher à atteindre quoi que ce soit. Sans objet, il est seulement concentration sur la posture, la respiration et l'attitude de l'esprit.

La posture. Assis au centre du *zafu* (coussin rond), on croise les jambes en lotus ou en demi-lotus. Si l'on rencontre une impossibilité, et qu'on croise simplement les jambes sans mettre un pied sur la cuisse, il convient néanmoins d'appuyer fortement sur le sol avec les genoux. Dans la position du lotus, les pieds pressent sur chaque cuisse des zones comprenant des points d'acupuncture importants correspondant aux méridiens du foie, de la vésicule et du rein. Autrefois, les samouraïs stimulaient automatiquement ces centres d'énergie par la pression de leurs cuisses sur le cheval.

Le bassin basculé en avant au niveau de la cinquième lombaire, la colonne vertébrale bien cambrée, le dos droit, on pousse la terre avec les genoux et le ciel avec la tête. Menton rentré, et par là même nuque redressée, ventre détendu, nez à la verticale du nombril, on est comme un arc tendu dont la flèche serait l'esprit.

Une fois en position, on met les poings fermés (en serrant le pouce) sur les cuisses près des genoux, et l'on balance le dos bien droit, à gauche et à droite, sept ou huit fois en réduisant peu à peu le mouvement jusqu'à trouver la verticale d'équilibre. Alors on salue *(gassho),* c'est-à-dire que l'on joint les mains devant soi, paume contre paume, à hauteur d'épaule,

1. Tiré de *la Pratique du Zen,* par Taïsen Deshimaru, éd. Albin Michel.

les bras pliés restant bien horizontaux. Il ne reste plus qu'à poser la main gauche dans la main droite, paumes vers le ciel, contre l'abdomen; les pouces en contact par leur extrémité, maintenus horizontaux par une légère tension, ne dessinent ni montagne ni vallée. Les épaules tombent naturellement, comme effacées et rejetées en arrière. La pointe de la langue touche le palais. Le regard se pose de lui-même à environ un mètre de distance. Il est en fait porté vers l'intérieur. Les yeux, mi-clos, ne regardent rien — même si, intuitivement, on voit.tout!

La respiration joue un rôle primordial. L'être vivant respire. Au commencement est le souffle. La respiration Zen n'est comparable à aucune autre. Elle vise avant tout à établir un rythme lent, puissant et naturel. Si l'on est concentré sur une expiration douce, longue et profonde, l'attention rassemblée sur la posture, l'inspiration viendra naturellement. L'air est rejeté lentement et silencieusement, tandis que la poussée due à l'expiration descend puissamment dans le ventre. On « pousse sur les intestins », provoquant ainsi un salutaire massage des organes internes. Les maîtres comparent le souffle Zen au mugissement de la vache ou à l'expiration du bébé qui crie aussitôt né.

L'attitude de l'esprit. La respiration juste ne peut surgir que d'une posture correcte. De même, l'attitude de l'esprit découle naturellement d'une profonde concentration sur la posture physique et la respiration. Qui a du souffle vit longtemps, intensément, paisiblement. L'exercice du souffle juste permet de neutraliser les chocs nerveux, de maîtriser instincts et passions, de contrôler l'activité mentale.
La circulation cérébrale est notablement améliorée. Le cortex se repose, et le flux conscient des pensées est arrêté, tandis que le sang afflue vers les couches profondes. Mieux irriguées, elles s'éveillent d'un demi-sommeil, et leur activité donne une impression de bien-être, de sérénité, de calme,

proche du sommeil profond, mais en plein éveil. Le système nerveux est détendu, le cerveau « primitif » en pleine activité. On est réceptif, attentif, au plus haut point, à travers chacune des cellules du corps. On pense avec le corps, inconsciemment, toute dualité, toute contradiction dépassées, sans user d'énergie. Les peuples dits primitifs ont conservé un cerveau profond très actif. En développant notre type de civilisation, nous avons éduqué, affiné, complexifié l'intellect, et perdu la force, l'intuition, la sagesse liées au noyau interne du cerveau. C'est bien pourquoi le Zen est un trésor inestimable pour l'homme d'aujourd'hui, celui, du moins, qui a des yeux pour voir et des oreilles pour entendre. Par la pratique régulière de zazen, chance lui est donnée de devenir un homme nouveau en retournant à l'origine de la vie. Il peut accéder à la condition normale du corps et de l'esprit (qui sont un) en saisissant l'existence à sa racine.

Assis en zazen, on laisse les images, les pensées, les formations mentales, surgissant de l'inconscient, passer comme nuages dans le ciel — sans s'y opposer, sans s'y accrocher. Comme des ombres devant un miroir, les émanations du subconscient passent, repassent et s'évanouissent. Et l'on arrive à l'inconscient profond, sans pensées, au-delà de toute pensée *(hishiryo),* vraie pureté. Le Zen est très simple, et en même temps bien difficile à comprendre. C'est affaire d'effort et de répétition — comme la vie. Assis sans affaires, sans but ni esprit de profit, si votre posture, votre respiration et l'attitude de votre esprit sont en harmonie, vous comprenez le vrai Zen, vous saisissez la *nature de Bouddha.*

Glossaire

* *Alaya :* « Réservoir de la conscience ». L'inconscient, qui contient et reçoit toutes les potentialités, et alimente la conscience.
* *Amala :* pure conscience. Conscience de satori. L'inconscient le plus profond, source de la conscience spirituelle et religieuse.

Ben do wa : chapitre I du *Shobogenzo,* de Maître Dogen. « Exposé sur l'importance du zazen. »

* *Bodhi :* l'état de Bouddha.
* *Bodhidharma :* né à Ceylan au VIᵉ siècle. Alla en Chine par la mer et arriva à Canton. Fondateur et premier patriarche du Zen en Chine. Pendant neuf ans, il pratiqua zazen dans la montagne. Il vécut très vieux.
* *Bodhisattva :* « Bouddha vivant ». Chacun peut réaliser qu'il l'est et consacrer sa vie à aider les autres hommes en participant à la réalité sociale. Rien ne le distingue d'eux, mais son esprit est Bouddha.

Bonno : les illusions.

* *Bouddha :* la racine sanscrite *Boudh* signifie l'éveil et Bouddha : *l'éveillé.* Ce mot désigne le Bouddha historique, Çakyamuni, qui vécut il y a 2 500 ans, et aussi tous ceux qui ont atteint la plus haute vérité, la vraie liberté. Les maîtres peuvent être appelés Bouddhas. Nous avons tous, au fond de nous, la nature de Bouddha, l'essence originelle de la vie humaine.

---

* Les mots précédés d'un astérique sont d'origine sanscrite.

* *Çakyamuni :* le Bouddha historique.

* *Dharma :* selon la racine sanscrite : l'ensemble des processus qui régissent la vie cosmique, les lois de l'univers, découvertes ou à découvrir. Désigne aussi parfois tantôt l'enseignement du Bouddha, tantôt toutes les existences, ou bien toutes les vérités, la vérité cosmique.

* *Dharma kaya :* le corps du *dharma,* corps de Bouddha. L'essence du *dharma.*

Do : la Voie, la plus haute vérité.

Dogen : 1200-1253. Le fondateur de l'école Soto au Japon. En 1223, il alla en Chine, où il pratiqua le Zen avec Maître Nyojo durant quatre ans. Il revint au Japon en 1227. En 1244, il s'installa au temple d'Eihei-ji.

Dojo : lieu où l'on pratique la méditation Zen.

Ego : le petit moi, possessif et limité, qu'il faut détruire dans la mesure où il est fait d'illusions, alors que chacun tend à lui attribuer une réalité véritable.

Eka : 487-593. Le second patriarche. En 520, il vint trouver Bodhidharma. L'histoire dit qu'il se coupa le bras gauche pour prouver sa sincérité.

Eno : 638-713. En chinois : Houeï-Neng, le sixième patriarche. C'est lui qui a véritablement établi l'école Zen en Chine. Il eut plus de quarante disciples, dont Nangaku et Seigen.

Fuse : le don sans but personnel, pas seulement matériel, également spirituel.

Gassho : action de joindre les mains verticalement devant soi. Ne demande pas une foi objective, est symbole de l'unité de l'esprit et de l'existence.

Genjokoan : chapitre initial exprimant l'essence du *Shobogenzo* de Maître Dogen.

Godo : gardien du Dojo.

Guenmaï : soupe traditionnelle, à base de riz complet et de légumes.

* *Hannya shingyo* ou *Makahannya haramita shingyo* (*Maha prajna paramita hridaya sutra* en sanscrit) : c'est l'essence du *Sutra de la Sagesse Suprême,* l'essentiel d'un ensemble de sutras très développés que l'on trouve dans six cents livres, et le texte central du bouddhisme Mahayana. Il est chanté dans les dojos à l'issue du zazen

Hara : littéralement : les intestins. Signification physiologique : concentration de nerfs aussi importante que le groupe de nerfs situé à la base du cerveau. Le hara devient vigoureux par la pratique du zazen et la respiration juste. Centre de l'énergie et de l'activité.

* *Hinayana ou Theravada* : cent ans après la mort de Bouddha, deux courants se formèrent : un courant conservateur et un courant novateur : Hinayana (Petit Véhicule) est le courant plus passif, fondé sur la loi et les préceptes. S'est répandu surtout dans le sud de l'Asie (Ceylan, Thaïlande, Birmanie...).

Hishiryo : penser sans penser. Au-delà de la pensée.

I shin den shin : de mon âme à ton âme.

Kaï : préceptes.

Kanji : idéogramme. Devenu synonyme de calligraphie.

* *Karma* : enchaînement des causes et des effets. L'acte et ses conséquences (actions, paroles et pensées, êtres et choses sont étroitement interdépendants).

Keizan : quatrième successeur de Dogen. Fondateur du temple de Sojiji.

Kesa : symbole de la transmission de maître à disciple. L'habit du Bouddha, l'habit du moine. *Rakusu* : petit *kesa,* plus pratique pour la vie courante, les voyages, et donné aussi aux disciples *(bodhisattvas).* A l'origine, fut créé par le Bouddha. Lorsqu'il eut découvert zazen, Bouddha se rendit au bord du Gange, où l'on brûlait les morts. Il prit des morceaux de linceul, les lava dans le fleuve, les teignit avec la terre ocre (*kasaya* en sanscrit signifie : ocre) et les assembla. Plus tard, on se servit des feuilles des arbres et on mêla les couleurs de façon à ce que les morceaux de chiffon inutilisés, une fois lavés et cousus ensemble, aient une couleur « cassée », non vive. Le sens du *kesa,* dont les coutures dessinent une rizière, est : évocation du travail. Et surtout : l'étoffe la plus usagée peut devenir la plus belle, la plus sacrée, de même que l'être le plus perverti peut devenir le plus éveillé.

Ki : activité invisible emplie de l'énergie du cosmos. Devient l'énergie du corps, dans toutes ses cellules.

Kin-hin : après zazen, marcher lentement selon la méthode transmise.

Koan : originellement : principe de gouvernement .ci, problème contradictoire de l'existence. Principe de vérité éternelle transmis par un Maître.

Kodo Sawaki : 1880-1965. Maître de Taïsen Deshimaru, dont ce dernier a reçu la transmission *(shiho)* et l'héritage spirituel.

Kontin : assoupissement.

Ku : vacuité, vide.

Kusen : enseignement pendant zazen.

Kwatz : cri du Maître Zen, qui part du hara.

Kyosaku : bâton du Maître Zen. Le coup de *kyosaku,* pendant le zazen, a un effet à la fois tonifiant et calmant.

Mahayana : ou Grand Véhicule. Courant novateur du bouddhisme. Amour universel et activité pour le salut de l'humanité. La Voie active. S'est répandu en Chine, au Tibet et au Japon.

Maka hannya haramita shingyo : Sutra de la Sagesse Suprême. Commun à tout le bouddhisme.

* *Mana* : conscience qui est comprise comme le sixième sens par lequel sont perçues les fonctions mentales.

Moxas : sorte de pointe de feu appliquée sur les points des méridiens d'acupuncture à l'aide d'un bâton d'encens ou d'un cône d'armoise (ce qui a un effet bénéfique sur les organes correspondant au méridien touché). Traitement intermédiaire entre les massages et l'acupuncture proprement dite.

Mondo : Mon : questions, *do :* réponses. Questions et réponses entre disciples et maître.

Mu : absolument rien.

Mui : au-delà.

Mushotoku : sans but ni esprit de profit.

* *Nagarjuna :* considéré comme le Patriarche de la plupart des écoles du bouddhisme japonais. Propagateur de la Voie du Milieu Auteur des commentaires de la *Mahaprajna Paramita* (Hannya Shingyo).

* *Nirvana :* extinction complète des phénomènes. Désigne parfois la mort.

Nyojo : Maître instructeur de Dogen en Chine.

Obaku : troisième école Zen du Japon. Houang-po, dont le nom se dit Obaku en japonais, le troisième successeur de Houeï-Neng, qui était l'instructeur de Lin-Tsi (Rinzaï), fonda cette école au IXe siècle en Chine. Ingen l'introduisit au Japon assez tard, en

1654. Elle conserva la pure doctrine et les coutumes chinoises.

Rinzaï : dans le Zen, il n'y a pas de sectes. Mais à partir de Houeï-Neng (Eno) cinq écoles se formèrent selon les lieux et les méthodes d'éducation. Toutes pratiquaient le zazen. Il reste les deux principales, le Rinzaï et le Soto. Dans le Rinzaï, on utilise plus formellement les *koans*, et le zazen, que l'on pratique face au centre du dojo, est devenu une méthode pour atteindre le *satori*.

Roshi : *ro* : vieux, *shi* : maître. Titre honorifique donné aux grands Maîtres responsables d'un temple.

Saké : alcool de riz.

* *Samadhi* : (*Zan Maï* en japonais), concentration.

Sampai : prosternation, devant le Bouddha ou devant le Maître, front contre terre, les paumes des mains dirigées vers le ciel de chaque côté de la tête (symboliquement pour recevoir les pas du Bouddha).

Samu : concentration sur le travail manuel.

* *Sangha* : dans le bouddhisme, groupe du Maître et des disciples.

Sanran : excitation.

San sho do ei : recueil de chants et de poèmes, de Maître Dogen.

Satori : s'éveiller à la vérité cosmique.

Sekito : 700-790. Premier disciple de Seigen.

Sesshin : période d'entraînement intensif au zazen. Un à plusieurs jours de vie collective, de concentration et de silence dans le dojo. On fait quatre à cinq heures de zazen par jour, entrecoupées de conférences, mondos, travail manuel *(samu)* et repas.

Shiho : certificat de transmission et de succession remis par le Maître au cours d'une cérémonie.

Shikantaza : « Seulement s'asseoir. » Se concentrer sur la pratique du zazen.

Shiki : les phénomènes, les formes, les choses visibles.

Shin : le cœur, l'âme, l'esprit, l'intuition.

Shin jin mei : *Poème de la foi en zazen,* de Maître Sozan (?-606).

Shinku : la véritable Vacuité.

Shobogenzo : le *Trésor de la Vraie Loi,* œuvre maîtresse de Maître Dogen.

* *Skandhas* : agrégats (sensation, perception, pensée, activité, conscience).

Soto : dans l'école Soto, zazen est pratiqué sans but, sans objet et face au mur. Le Maître ne donne pas systématiquement de *koans,* mais ses réponses aux questions des disciples, utilisant les éléments de la vie quotidienne, deviennent des *koans.*

* *Sunyata :* semblable à *ku.*

* *Sutras :* l'enseignement du Bouddha, transcrit par ses disciples. Est devenu en fait l'enseignement des Maîtres, inclut tout leur enseignement à partir des paroles du Bouddha.

* *Tathaghata :* la nature de Bouddha.

Teisho : parole vivante du Maître.

Tendaï : du chinois Tien-T'ai, fondé par le chinois Chih-Kai (531-597). Cette école a comme premier Patriarche Nagarjuna, et s'appuie sur le *Sutra du Lotus de la Loi Juste.* La triple vérité du Tendai est : vacuité, temporalité et Voie du Milieu. La brillance du miroir est *ku* parce qu'en réalité non existante. Ce qui est reflété est temporaire et impermanent. Le miroir représente le chemin du milieu. Les monastères T'ien-T'ai de Chine étaient déjà très connus à l'époque de Nara (710-784) par des textes. Mais ce fut en 806 que le moine Saicho (767-812) — connu sous le nom posthume de Dengyo Daishin — fonda l'école au Japon, au Temple Enryaku Ju, sur le mont Hiei face à Kyoto, qui était la nouvelle capitale à cette époque.

Tenzo : cuisinier.

Transmigration : doctrine héritée de la pensée indienne, selon laquelle, après sa mort, la parcelle d'énergie psychique, indestructible (*l'atman*), contenue dans chaque être, se réinvestit dans une nouvelle création de l'un des trois mondes, à moins que l'être réussisse à échapper au cycle des renaissances (*samsara*) en entrant dans le *nirvana.*

Unsui : « Nuage et eau », nom du moine Zen.

Zafu : coussin dur rempli de kapok, sur lequel on s'assied pour la pratique de zazen; le Bouddha se confectionna un coussin d'herbes sèches. Relever l'assise est nécessaire pour poser les genoux à terre et bien redresser la colonne vertébrale.

Zen : Tch'an en chinois, *Dhyana* en sanscrit. Vrai et profond silence. Habituellement traduit par : concentration, méditation sans objet. Retour à l'esprit originel et pur de l'être humain.

Table

EXTRAITS DU CATALOGUE

Spiritualités vivantes / Poche

Changer l'avenir pour une vie harmonieuse, Thich Nhat Hanh.
Nâgârjuna et la doctrine de la vacuité, Jean-Marc Vivenza.

Beau Livre

L'Univers du Zen. Histoire, spiritualité, civilisation, de Jacques Brosse.
Zen (album illustré), Laurent Kaltenbach, Michel Bovay et Evelyn de
    Smedt.
Une Promenade au Japon, de Hachiro Kanno.

Carnets de sagesse

Paroles zen, Marc de Smedt et Taisen Deshimaru.

Les Carnets du calligraphe

Poèmes zen de Maître Dôgen, traduits et présentés par Jacques Brosse,
    calligraphies de Hachiro Kanno.
Le Sabre et le pinceau. Poèmes anciens du Japon, de Maître Akeji.

« *Spiritualités vivantes* »
Collection fondée par Jean Herbert

au format de poche

Composition et impression Bussière, mars 2005
Editions Albin Michel
22, rue Huyghens, 75014 Paris
www.albin-michel.fr
ISBN 2-226-02247-3
ISSN 0755-1835
N° d'édition : 23459. – N° d'impression : 051023/1.
Dépôt légal : mars 1985.
Imprimé en France.